青少年知识小百科

U0693833

银行知识百科

YIN HANG ZHI SHI BAI KE

云南大学出版社

图书在版编目（CIP）数据

银行知识百科/王烨主编.—昆明：云南大学出
版社，2010

（青少年知识小百科）

ISBN 978 - 7 - 5482 - 0323 - 0

Ⅰ.①银… Ⅱ.①王… Ⅲ.①银行—青少年读物
Ⅳ.①F83 - 49

中国版本图书馆 CIP 数据核字（2010）第 260100 号

青少年知识小百科
银行知识百科

主　　编：王　烨
责任编辑：于　学　段义珍
装帧设计：林静文化

出版发行：云南大学出版社
电　　话：（0871）5033244　5031071　　（010）51222698
经　　销：全国新华书店
印　　刷：北京旺银永泰印刷有限公司

开　　本：710mm×1000mm　1/16
字　　数：329 千字
印　　张：15
版　　次：2011 年 3 月第 1 版
印　　次：2011 年 3 月第 1 次印刷
书　　号：ISBN 978 - 7 - 5482 - 0323 - 0
定　　价：29.80 元

地　　址：云南省昆明市翠湖北路 2 号云南大学英华园内
邮　　编：650091
E - mail：market@ynup.com

前　言

　　时光如梭、岁月如流、迈步进入 21 世纪。这是一个信息的时代、这是一个知识的世界、这是一个和谐发展的社会。亲爱的青少年读者啊，遨游在地球村，你将发现瑰丽的景象——自然的奥秘、文明的宝藏、宇宙的奇想、神奇的历史、科技的光芒。还有文化和艺术，这些是人类不可缺少的营养。勇于探索的青少年读者啊，来吧，快投入这智慧的海洋！它们将帮助你，为理想插上翅膀。

　　21 世纪科学技术迅猛发展，国际竞争日趋激烈，社会的、信息经济的全球化使创新精神与创造能力成为影响人们生存的首要因素。21 世纪世界各国各地区的竞争，归根结底是人才的竞争，因此培养青少年创新精神，全面提高青少年素质和综合能力，已成为我国基础教育的当务之急。

　　为满足青少年的求知欲，促进青少年知识结构向着更新、更广、更深的方向发展，使青少年对各种知识学习发生浓厚兴趣，我们特组织编写了这套《青少年知识小百科》。它是经过多位专家遴选编纂而成，它不仅权威、科学、规范、经典，而且全面、系统、简洁、实用。《青少年知识小百科》符合中国国情，具有一定前瞻性。

　　知识百科全书是一种全面系统地介绍各门类知识的工具书，是人类科学与思想文化的结晶。它反映时代精神，传承人类文明，作为一个国家或民族文明进步的标志而日益受到世界各国的重视。像法国大学者狄德罗主编的《百科全书》，英国 1768 年的《不列颠百科全书》，以及我国 1986 年出版的《中国大百科全书》等，均是人类科学与文化的巨型知识百科全书，堪称"一所没有围墙的大学"。

　　《青少年知识小百科》吸收前人成果，集百家之长于一身，是针对中国青少年的阅读习惯和认知规律而编著的；是为广大家长和孩子精心奉献的一份知识大餐，急家长之所急，想孩子之所想，将家长的希望与孩子的想法完美体现的一部智慧之书。相信本书会为家长和孩子送上一份喜悦与轻松。

　　全书 500 多万字，共分 20 册，所涉范围包括文化、艺术、文学、社会、历史、军事、体育、未解之谜、天文地理、天地奇谈、名物起源等多个领域，都是广大青少年需要和盼望掌握的知识，内容很具代表性和普遍性，可谓蔚为大观。

　　本书将具体的知识形象化、趣味化、生动化，知识化、发挥易读，易看的功能，充分展现完整的内容，达到一目了然的效果。内容上人性、哲理兼融，形式上采用编目式编辑。是一部可增扩青少年知识面、启发青少年学习兴趣的百科全书。

　　本书语言生动，富有哲理，耐人寻味，发人深省，给人启迪，有时甚至一生铭记在心，终生受益匪浅，本书易读、易懂让人爱不释手，阅读这些知识，能够启迪心灵、陶冶情操、培养兴趣、开阔眼界、开发智力，是青少年读物中的最佳版本，它可以同时适用于成人、家长、青少年阅读，是馈赠青少年的最佳礼品，而且也极具收藏价值。

　　限于编者的知识和文字水平，本书难免有疏漏之处，敬请专家学者和广大读者批评指教，同时，我们也真诚地希望这套系列丛书能够得到广大青少年读者的喜爱！

本书编委会

目　录

第一章　经济风云——银行世界

在我们普通而平凡的日常生活中,经济活动始终占据着无与伦比的主导地位,控制着人们生计营生的生活节奏。也许人们在忙碌奔波的迂回中,不经意间忽略了一种与我们经济生活息息相关的无形纽带,它就是银行。

然而在现实中,银行却与我们的衣食住行紧密相连,相辅相成。它不但对人们的生活质量产生重要影响,而且还对推动社会发展起着不可估量的独特作用。从知识的角度来看,我们对银行的认识是表面和肤浅的。其实,银行知识属于金融学的范畴。虽然银行的概念是抽象而具体的,但它却有自己完备的体系和运营模式,为此值得我们去学习和了解。

第一节　走近生活——认识银行

1. 顾名思义——银行的定义

银行并不是伴随人类社会的出现而与生俱来,自古就有的。它是社会经济发展到一定程度衍生的产物。对于我们来说,它既熟悉又陌生。在金融领域,银行作为一个独立、系统的金融体系,凌驾于人们的经济生活之上。它不仅是社会发展的主力军,更是经济高度发达的具体体现,也是货币的聚集和流通的枢纽,给人一种想入非非的神秘之感。

我国历史上,银行发展由来已久。在我国,之所以有"银行"的称谓,与我国经济发展的历史有关。

在以前的商品流通过程中,白银一直是社会主要的货币材质之一。"银"往往代表的就是货币,而"行"则是人们通常对大商业机构的通俗称谓。久而久之,人们就把办理与银钱有关的大金融机构称为"银行"。在我国,"银行"一词最早出现在太平天国时期洪仁玕所著的《资政新篇》中。

宋朝时期,中国就出现了具有高利贷性质及无利息存款业务的钱庄与票号;而第一家具有近代特征的银行是1897年清朝成立的上海中国通商银行。在近代,人们才把发行货币、办理信用业务的金融机构称做"银行"。在国外,银行英文的意思是"bank",它源于意大利文的"banco",原意为"柜台"。

不同的地区对银行有着不同的定义。一般认为,最早的银行是1580年意大利在威尼斯成立的银行。其后，荷兰在阿姆斯特丹、德国在汉堡、英国在伦敦也相继设立了银行。18世纪末至19世纪初，银行得到了普遍发展。

在现代，银行是指通过存款、贷款、汇兑、储蓄等业务，承担信用中介的金融机构。它是最重要的金融机构，主要的业务范围有吸收公众存款、发放贷款以及办理票据贴现等。

为什么人们把储蓄的场所叫"银行"？

金银自从有了货币职能以后，金、银、铜三种金属都做过货币，并在流通领域被大多数人所使用。虽然金比银贵重，且铜又比银更为通用，但在当时世界范围内，银是贸易流通的主货币，而铜质货币则是作为辅币使用，金虽具有流通职能，但不适宜携带。

银行最早出现于欧洲。11世纪时，欧洲商业日渐兴起，当时意大利的威尼斯和热那亚曾经是沟通欧亚的贸易要冲，四面八方的生意人云集，流通着各国货币，为了鉴别和兑换，出现了钱币商。由于条件简陋，办事处只有一条长凳，所以商人们称它"banco"。

有趣的是，"banco"一词译成汉语时被称做"银行"。原来这个词传入我国时，我国的货币主要是白银。早在西方文明来到中国之前，中国就已经有了钱庄、银号等经营货币业务的商行。"银"字成了货币的代名词，而"行"则来自商行，所以后来人们称外国人在中国开设的公司为"洋行"。

1856年，香港出版的一本书中最早谈到了"银行钱票"一语。我国开设的首家银行是1897年成立的中国通商银行。1904年，清朝的户部（相当于现在财政部）奏请成立了大清户部银行，1908年更名为"大清银行"，这是我国首家国家银行。

2. 为利而生——银行的实质

银行其实就是企业，只不过它是一种特殊的企业。和工商企业一样，银行经营的目的都是为了牟取利润。而所谓"特殊"，是因银行所经营的对象不同于一般的企业。一般企业经营的是以使用价值形态存在的商品，而银行经营的则是货币。

为什么现在人们要把钱存入银行？

在生活中，人们把钱存入银行主要有两个原因：首先，出于安全考虑，大量现金放在身上不安全；其次，存钱于银行也是一种投资方式，因为可以取得利息，也可以为未来的需求积累必要的资金。

3.立业之本——银行利息与利率

利息又称"子金"，是货币资金的使用者为在一定时期内使用货币资金（又称本金）所支付给货币资金所有者的报酬。它来自生产者使用这笔资金发挥营运职能而形成的利润的一部分；它具体是指货币资金在向实体经济部门注入并回流时所带来的增值额。利息的的计算公式是：利息＝本金×利率×时间。

利息按照支付对象的不同可以分为存款利息和贷款利息。存款利息是单位和个人将款项存入银行，银行按规定支付给存款单位和个人的利息；贷款利息是银行将款项借给企业或个人，按规定向企业或个人收取的利息。

利息具有影响企业行为、居民资产选择行为和政府行为的功能。它作为企业的资金占用成本，已直接影响企业经济效益水平的高低。企业为降低成本、增进效益，就要千方百计减少资金占压量，同时在筹资过程中对各种资金筹集方式进行成本比较。对于居民资产来说，金融工具的增多为居民的资产选择行为提供了客观基础，而利息收入则是居民资产选择行为的主要诱因。正是利息的刺激，居民的选择行为对宏观经济调控与微观经济基础的重新构造都产生了不容忽视的影响。在这一过程中，由于利息收入与全社会的赤字部门和盈余部门的经济利益息息相关，因此，政府也能将其作为重要的经济杠杆对经济运行实施调节。

利息的多少取决于三个因素：本金、存期和利息率水平。

利率又称利息率，表示一定时期内利息量与本金的比率，通常用百分比表示。利率是单位货币在单位时间内的利息水平，表明利息的多少。就其表现形式来说，利率是指一定时期内利息额同借贷资本总额的比率。从借款人的角度来看，利率是使用资本的单位成本，是借款人使用贷款人的货币资本而向贷款人支付的价格；从贷款人的角度来看，利率是贷款人借出货币资本所获得的报酬率。

一般来说，利率根据计量的期限标准不同，表示方法有年利率、月利率、日利率。

现代经济中，利率作为资金的价格，不仅受到经济社会中许多因素的制约，而且，利率的变动对整个经济产生重大的影响。

利率是经济学中一个重要的金融变量，几乎所有的金融现象、金融资产均与利率有着或多或少的联系。

当前，世界各国频繁运用利率杠杆实施宏观调控，利率政策已成为各国中央银行调控货币供求，进而调控经济的主要手段，利率政策在中央银行货币政策中的地位越来越重要。合理的利率，对发挥社会信用和利率的经济杠杆作用有着重要的意义。利息率的高低，决定着一定数量的借贷资本在一定时期内获得利息的多少。影响利息率的因素，主要有资本的边际生产力或资本的供求关系。此外，还有承诺交付货币的时间长度以及所承担风险的程度。

在西方,利息率政策是宏观货币政策的主要措施。政府为了干预经济,可通过变动利息率的办法来间接调节通货。在萧条时期,降低利息率,扩大货币供应,刺激经济发展;在膨胀时期,提高利息率,减少货币供应,抑制经济的恶性发展。所以,利率对人们的生活有很大的影响。

银行汇款要做到路径优化

随着银行业务不断开展,汇款速度不断提高。目前,一些银行的国内汇款均能做到24小时内到账,加急情况甚至2小时即可到达。

其实,决定汇款速度的因素不仅仅是银行的汇款系统。现在许多银行承诺的"24小时到账",主要是指在一家银行内的汇款,因为如果汇款人和收款人的账户均开在同一家银行,汇款的处理过程就只要使用一家银行的清算系统,汇款途中基本不存在手工处理环节,因而可以保证汇款的到账速度,甚至做到实时到账。因此,汇款人要让自己的汇款真正达到银行承诺的速度,在汇款时尽量使汇款行和收款行保持一致。这样可以避免跨行汇款造成的时间上的延误。同时,在办理汇款时,汇款人的账户信息一定要准确无误应,认真核对自己填写的收款人信息,保证准确和完整,否则就无法实现"2小时或24小时到账"。

形式多样的银行利率种类

为了更清楚地表明不同种类利率的特征,按照不同的划分法和角度,利率呈现多样性的划分。

(1)按照计算利率的期限单位,利率可划分为年利率、月利率和日利率。

(2)按照利率的决定方式,利率可划分为官方利率、公定利率与市场利率。

(3)按借贷期内利率是否浮动,利率可划分为固定利率与浮动利率。

(4)按照利率的地位,利率可划分为基准利率与一般利率。

(5)按照信用行为的期限长短,利率可划分为长期利率和短期利率。

(6)按照利率的真实水平,利率可划分为名义利率与实际利率。

(7)按照借贷主体的不同,利率可划分为中央银行利率,包括再贴现、再贷款利率等;商业银行利率,包括存款利率、贷款利率、贴现率等;非银行利率,包括债券利率、企业利率、金融利率等。

(8)按照是否具备优惠性质,利率可划分为一般利率和优惠利率。

利率的各种分类之间是相互交叉的。有的利率,既是年利率,又是固定利率;既是差别利率,也是长期利率与名义利率。各种利率之间以及内部都有相应的联系,彼此间保持相对结构,共同构成一个有机整体,从而形成一个国家的利率体系。

百科小知识

三驾马车——我国的法定利率、基准利率和合同利率

在我国金融体系中，法定利率、基准利率和合同利率有着不同的定义。

法定利率是经国务院批准和国务院授权中国人民银行制定的各种利率为法定利率。法定利率的公布、实施由中国人民银行总行负责。

基准利率是中国人民银行对商业银行和其他金融机构的存、贷款利率为基准利率。基准利率由中国人民银行总行确定。

合同利率是贷款人根据法定贷款利率和中国人民银行规定的浮动利率范围，经与借款人共同商定，并在借款合同中载明的某一笔具体贷款的利率。

百科小知识

一鸟双翼——银行的存款利率和贷款利率

存款利率和贷款利率是银行收支平衡的主要手段。

资金之源——银行存款利率

存款利率指银行客户按照约定条件存入银行账户的货币，一定时间内利息额同贷出金额即本金的利率。存款利率有活期利率和定期利率之分，有年、月、日利率之分。

利润之源——银行贷款利率

贷款利率是银行利率的一种。一般情况下，贷款利率比存款利率高，两者之差是银行利润的主要来源。

贷款利率会涉及财政与信贷。提高贷款利率，扩大存贷利差，会增加银行利润；同时会减少企业利润，减少财政收入；反之，降低贷款利率，减小存贷利差，会减少银行利润；同时会增加企业利润，从而增加企业收入。

（1）按照货币资金借贷关系持续期间内利率水平是否变动来划分，贷款利率可分为固定利率与浮动利率。

浮动利率是指在借贷期限内利率随物价或其他因素变化相应调整的利率。借贷双方可以在签订借款协议时就规定利率可以随物价或其他市场利率等因素进行调整。

固定利率与浮动利率相比各有自己的优点和缺点。固定利率便于借方计算成本，而浮动利率可以减少市场变化的风险，但不便于计算与预测收益和成本。

（2）根据贷款期限，贷款利率可分为长期贷款利率和短期贷款利率。

长期利率是相对于短期利率而言的。它是指融资期限在一年以上的各种金融资产的利率，如各种中长期债券利率、各种中长期贷款利率等，是资本市场的利率。

4. 国贸杠杆——银行汇率

汇率也称"外汇行市或汇价",是国际贸易中最重要的调节杠杆。汇率是一个国家货币兑换另一国货币的比率,是以一种货币表示另一种货币的价格。由于世界各国货币的名称不同,币值不一,所以一国货币对其他国家的货币要规定一个兑换率,这就是汇率。

各国的货币之所以可以进行对比,能够形成相互之间的比价关系,原因在于它们都代表着一定的价值量,这是汇率的决定基础。

在金本位制度下,黄金为本位货币。两个实行金本位制度的国家的货币单位可以根据它们各自的含金量多少来确定他们之间的比价,即汇率。例如,在实行金币本位制度时,英国规定 1 英镑的重量为 123.274 47 格令,成色为 22 开金,即含金量 113.001 6 格令纯金;美国规定 1 美元的重量为 25.8 格令,成色为 900‰,即含金量 23.22 格令纯金。根据两种货币的含金量对比,1 英镑 = 4.866 5 美元,汇率就以此为基础上下波动。

在纸币制度下,各国发行纸币作为金属货币的代表,并且参照过去的作法,以法令规定纸币的含金量,称为金平价。金平价的对比是两国汇率的决定基础,但是纸币不能兑换成黄金。因此,纸币的法定含金量往往形同虚设。所以在实行官方汇率的国家,由国家货币当局(财政部、中央银行或外汇管理当局)规定汇率,一切外汇交易都必须按照这一汇率进行。在实行市场汇率的国家,汇率随外汇市场上货币的供求关系变化而变化。汇率对国际收支、国民收入等具有影响。

百 科 小 知 识

国际标准的金本位制度

国际金本位制度是以黄金作为国际储备货币或国际本位货币的国际货币制度。在金本位制下,每单位的货币价值等同于若干重量的黄金(即货币含金量);当不同国家使用金本位时,国家之间的汇率由它们各自货币的含金量之比——金平价来决定。

金本位制于 19 世纪中期开始盛行。在历史上,曾有过三种形式的金本位制:金币本位制、金块本位制、金汇兑本位制。其中金币本位制是最典型的形式,就狭义来说,金本位制即指金币本位制。

世界上首次出现的国际货币制度是国际金本位制度。它大约形成于 19 世纪 80 年代年末,在金本位制度下,黄金具有货币的全部职能,即价值尺度、流通手段、贮藏手段、支付手段和世界货币。

英国作为世界上最早的发达资本主义国家。1821 年前后,它就采用了金本位制度。19 世纪 70 年代,欧洲和美洲的一些主要国家先后在国内实行了金本位制。从此,国际金本位制度在国际上大致形成。

自成一体的纸币本位制度

纸币本位制度，也称"自由本位制"，是以国家或中央银行所发行的纸币为本位货币的一种货币制度。而这种货币的单位价值，并不与一定量的任何金属保持等值关系的货币制度。

由于这种纸币，不论对内对外，都不能要求政府兑换成金银，故又称为"不兑换纸币制度"。不兑换纸币既然不与一定量的金属保持等值关系，所以它的价值不受一定量金属的束缚，发行数量也不被动地受所拥有金属数量的限制，可以自由变动。

纸币本位制与金属本位制的名称"束缚本位制"相对称。在这一制度下本位货币既然已与金属价值脱离联系，为了稳定其对内对外的价值，发行者对之须有周密的计划与有效的管理。所以经济学家们又称之为"管理纸币本位制"。当今世界各国的货币制度，几乎都是纸币本位制。

在国际贸易中，每个国家生产的商品都是按照本国货币来计算成本的。如果这种贸易商品要拿到国际市场上去竞争，商品的成本就一定会与汇率发生联系。汇率的高低也就直接影响这种商品在国际市场上的成本和价格，直接影响商品的国际竞争力。加之，汇率的波动会给进出口贸易带来大范围的波动，因此很多国家和地区都实行相对稳定的货币汇率政策。我国的进出口额高速稳步增长，在很大程度上得益于稳定的人民币汇率政策。

（1）汇率与进出口。一般来说，本币汇率下降，即本币对外的币值贬低，能起到促进出口、抑制进口的作用；若本币汇率上升，即本币对外的比值上升，则有利于进口，不利于出口。

（2）汇率与物价。从进口消费品和原材料来看，汇率的下降要引起进口商品在国内的价格上涨。至于它对物价总指数影响的程度则取决于进口商品和原材料在国民生产总值中所占的比重。反之，本币升值，其他条件不变，进口品的价格有可能降低，从而可以起抑制物价总水平的作用。

（3）汇率与资本流出入。短期资本流动常常受到汇率的较大影响。当存在本币对外贬值的趋势下，本国投资者和外国投资者就不愿意持有以本币计值的各种金融资产，并会将其转兑成外汇，发生资本外流现象。同时，由于纷纷转兑外汇，加剧外汇供求紧张，会促使本币汇率进一步下跌。反之，当存在本币对外升值的趋势下，本国投资者和外国投资者就力求持有的以本币计值的各种金融资产，并引发资本内流。同时，由于外汇纷纷转兑本币，外汇供过于求，会促使本币汇率进一步上升。

犬牙交错的汇率种类

汇率的分类多种多样，不同的标准有不同的分类。

（1）按照国际货币制度的演变划分，汇率有固定汇率和浮动汇率之分。

固定汇率是指由政府制定和公布，并只能在一定幅度内波动的汇率。

浮动汇率是指由市场供求关系决定的汇率。浮动汇率涨落自由，一个国家的货币市场原则上没有维持汇率水平的义务,但在必要时可进行干预。

(2)按照制订汇率的方法划分,汇率分为基本汇率和套算汇率。

各国在制定汇率时,必须选择某一国货币作为主要对比对象,这种货币称之为关键货币。根据本国货币与关键货币实际价值的对比,制订出对它的汇率,这个汇率就是基本汇率。美元是国际支付中使用较多的货币,各国都把美元当做制定汇率的主要货币,常把对美元的汇率作为基本汇率。

套算汇率是指各国按照对美元的基本汇率套算出的直接反映其他货币之间价值比率的汇率。

(3)按照银行买卖外汇的角度划分,汇率有买入汇率、卖出汇率、中间汇率和现钞汇率之别。

买入汇率,也称买入价,即银行向同业或客户买入外汇时所使用的汇率。采用直接标价法时,外币折合本币数较少的那个汇率是买入价,采用间接标价法时则相反。

卖出汇率,也叫卖出价,即银行向同业或客户卖出外汇时所使用的汇率。采用直接标价法时,外币折合本币数较多的那个汇率是卖出价,采用间接标价法时则相反。

买入卖出之间有个差价,这个差价是银行买卖外汇的收益,一般为1%~5%。银行同业之间买卖外汇时使用的买入汇率和卖出汇率也称同业买卖汇率,实际上就是外汇市场买卖价。

中间汇率是买入价与卖出价的平均数。西方国家发布汇率信息时常用中间汇率,套算汇率也用有关货币的中间汇率套算得出。

一般国家都规定,不允许外国货币在本国流通,只有将外币兑换成本国货币,才能够购买本国的商品和劳务,因此产生了买卖外汇现钞的兑换率,即现钞汇率。常理上,现钞汇率应与外汇汇率相同,但因需要把外币现钞运到各发行国去,并且运送外币现钞要花费一定的运费和保险费。所以,银行在收兑外币现钞时的汇率通常要低于外汇买入汇率;而银行卖出外币现钞时使用的汇率则高于其他外汇卖出汇率。

(4)按照银行外汇付汇方式划分,汇率分为电汇汇率、信汇汇率和票汇汇率。

电汇汇率是经营外汇业务的本国银行在卖出外汇后,即以电报委托其国外分支机构或代理行付款给收款人所使用的一种汇率。由于电汇付款快,银行无法占用客户资金资金,同时,国际间的电报费用较高,所以电汇汇率较一般汇率高。但是电汇调拨资金速度快,有利于加速国际资金周转,因此电汇在外汇交易中占有绝大的比重。

信汇汇率是银行开具付款委托书,用信函方式通过邮局寄给付款地银行转付收款人所使用的一种汇率。由于付款委托书的邮递需要一定的时间,银行在这段时间内可以占用客户的资金,因此,信汇汇率比电汇汇率低。

票汇汇率是指银行在卖出外汇时,开立一张由其国外分支机构或代理行付款的汇票交给汇款人,由其自带或寄往国外取款所使用的汇率。由于票汇从卖出外汇到支付外汇有一段间隔时间,银行可以在这段时间内占用客户的头寸,所以票汇汇率一般比电汇汇率低。票汇有短期票汇和长期票汇之分,其汇率也不同。由于银行能更长时间运用客户资金,所以长期票汇汇率较短期票汇汇率低。

(5)按照外汇交易交割期限划分,汇率有即期汇率和远期汇率。

即期汇率,也叫现汇汇率,是指买卖外汇双方成交当天或两天以内进行交割的汇率。

远期汇率是在未来一定时期进行交割,而事先由买卖双方签订合同、达成协议的汇率。到了交割日期,由协议双方按预订的汇率、金额进行钱汇两清。

远期外汇买卖是一种预约性交易,是由于外汇购买者对外汇资金需要的时间不同,以及为了避免外汇汇率变动风险而引起的。远期外汇的汇率与即期汇率相比是有差额的,这种差额叫远期差价,有升水、贴水、平价三种情况,升水是表示远期汇率比即期汇率高,贴水则表示远期汇率比即期汇率低,平价表示两者相等。

(6)按照对外汇管理的宽严程度区分,汇率有官方汇率和市场汇率之说。

官方汇率是指国家机构(财政部、中央银行或外汇管理当局)公布的汇率。官方汇率又可分为单一汇率和多重汇率。多重汇率是一国政府对本国货币规定的一种以上的对外汇率,是外汇管制的一种特殊形式,目的在于奖励出口,限制进口,限制资本的流入或流出,以改善国际收支状况。

市场汇率是指在自由外汇市场上买卖外汇的实际汇率。在外汇管理较松的国家,官方宣布的汇率往往只起中心汇率作用,实际外汇交易则按市场汇率进行。

(7)按照银行营业时间划分,汇率分为开盘汇率和收盘汇率。

开盘汇率,又叫开盘价,是外汇银行在一个营业日刚开始营业时进行外汇买卖使用的汇率。

收盘汇率,又称收盘价,是外汇银行在一个营业日的外汇交易终了时使用的汇率。

举足轻重——汇率变动对经济的影响

汇率对国际贸易的影响

在国际贸易中,汇率变动被视为是一种国际竞争与扩张的手段。它可使货币贬值达到扩大对外销售的目的,也可通过货币高估实现对外掠夺的目的。因此,汇率的频繁波动可以加大发达国家与发展中国家的矛盾。

在进出口贸易中,汇率下降,能起到促进出口、抑制进口的作用。如果外汇汇率上涨,则会导致本币汇率下跌。对于物价而言,汇率下降会引起国内价格总水平的提高;汇率提高起到抑制通货膨胀的作用。

对于贸易中的资本流动,汇率对长期资本流动影响较小。从短期来看,汇率贬值,资本流出;汇率升值,有利于资本流入。

此外,汇率对非贸易收支也有影响。对于一个国家,货币汇率下跌、外币购买力提高,会导致本国商品和劳务变得低廉。如果本国货币购买力降低,国外商品和劳务变贵,则有利于本国旅游与其他劳务收支状况改善。

汇率对本国经济的影响

假如一个国家的货币汇率下跌,而国内的价格又保持不变或上涨相对缓慢,这样就会对本国单方转移收支产生不利影响。

汇率对长期资本流动影响较小。从短期来看,汇率贬值,资本流出;汇率升值,有利于资本流入。

汇率对官方储备的影响

本国货币变动通过资本转移和进口贸易额的增减,直接影响本国外汇储备的增加或减少;储备货币汇率下跌,使保持储备货币国家的外汇储备的实际价值遭受损失,储备国家因货币贬值减少债务负担,从中获利。

汇率对国际经济的影响

汇率不稳,会加深国家争夺销售市场的斗争,影响国际贸易的正常发展。同时也会影响某些储备货币的地位和作用,促进国际储备货币多元化的形成。

汇率的变动会加剧投机和国际金融市场的动荡,但会促进国际金融业务的不断创新。

百 科 小 知 识

汇率对我国国内物价的影响

(1)汇率变动通过进口商品价格的变化而变化。

(2)汇率变动以后,假如我国对外出口贬值,则对出口有利,而对进口相对不利;在其他因素不变情况下,国内市场的商品供应趋于紧张,价格趋于上涨。

(3)汇率变动后,如果我国本币对外贬值,出口增加,进口减少,贸易逆差减少以至顺差增加,则会导致增加我国货币的投放量,在其他因素不变下,推动国内价格上涨。

(4)对于货币兑换国家,假如我国本币对外币有升值之势,使大量国外资金流入,以谋取利差,若不采取必要控制措施,也会推动国内物价的大幅上涨。

汇率对国民收入、就业和资源配置的影响

如果我国本币贬值,则有利于我国出口、限制进口,限制的生产资源转向出口产业、进口替代产业,促使国民收入增加、就业增加,由此改变国内生产结构。

5.五彩缤纷——银行的分类

现代国家的银行结构非常繁杂,银河系似的全景图组织,形式、种类繁多,主要有:政府银行、官商合办银行、私营银行;股份制银行、独资银行;全国性银行、地方性银行;全能性银行、专业性银行;企业性银行、互助合作银行等。

政府银行,也称政策性银行。政府银行是政府为资助国民经济某一方面的发展而设立或控制的银行。由于政策性银行的业务领域是政府扶持的,而这种扶持

又不是具有普遍性,而是扶持某个特定的领域,所以也将它归为专业性银行一类。

私人银行或私营银行,是独资或个人合伙经营的非股份公司形式的银行。它是早期实业银行的一种组织形式,但随着资本主义经济的发展,私人银行由于筹资规模小,难以满足大额货币资本的需求,逐渐被股份制银行的组织形式所取代。

股份制银行是完全由企业法人持股的商业银行。1987年4月8日成立的招商银行是我国第一家完全由企业法人持股的股份制商业银行,总行设在深圳。截至2007年,中国通过银监会批准成立的股份制银行包括:华夏银行、招商银行、光大银行、兴业银行、中信银行、民生银行、交通银行、上海浦东发展银行、广东发展银行、深圳发展银行、恒丰银行、渤海银行、中国邮政储蓄银行、北京银行、天津银行、上海银行、南京银行、浙商银行、徽商银行、江苏银行、盛京银行、宁波银行、大连银行、富滇银行、海峡银行、深圳平安银行。

按照职能划分,银行可为中央银行、商业银行、投资银行、储蓄银行和其他专业信用机构。它们构成以中央银行为中心、股份商业银行为主体、各类银行并存的现代银行体系。

在世界范围内,因为各国的经济发展水平参差不齐,银行的类别也各不相同。一般情况下,国外的银行以投资为主,除了国家的中央银行外,主要是投资银行和储蓄银行,而投资银行主要做证券以及风险投资业务。我国目前没有专门的投资银行,但是有一些投资公司,银行业务内也会有一些投资性的部门。

民营银行是私营银行吗?

民营银行是指完全按照商业原则和市场规则运作的商业银行形式,既包括民有民营(即私营银行)的典型形式,也包括国营民营的特殊形式。

从民营银行的定义看:第一,民营银行强调的是经营形式,而不是所有制类型,民营不等于民有。第二,就经营形式而言,民营银行对应的是国营银行,而不是国有银行。

从产权和企业的角度来看,民营银行有三个重要特征:第一,以赢利为唯一目标,完全以市场原则来运作;第二,民营银行管理结构的形成是建立在纯粹经济利益关系的基础上;第三,具有灵活的用人和分配激励机制。

由此可见,民营银行并不完全等同于私营银行。

6. 各尽其责——银行的职能和作用

在社会经济蓬勃发展的过程中,银行以它独特的功能和作用承担着重要的社会职能。

中央银行在整个国家金融体系中具有独一无二的特殊地位。中央银行为了保证货币政策的顺利实施,必须通过有效的金融监管活动,对商业银行与中央银行政策意向相冲突的经营活动加以限制,所以它的职能和作用比较独特。而商业银行及其他类赢利性银行的职能和作用却大致相似的。

唯我独尊——中央银行的地位和职能

中央银行具有三项主要职能:制定和执行货币金融政策、对金融活动实施监督管理和提供支付清算服务。

(1)制定和执行货币金融政策。

中央银行作为一国货币政策的制定和执行者,通过对金融政策的制定和执行,运用金融手段,对全国货币、信用活动进行有目的的调控,影响和干预国家宏观经济,实现其预期货币金融政策的目标和职能。

中央银行调节的主要对象是全社会信用总量,可以通过调节全社会信用总量直接调节社会总需求和总供给。中央银行是独享货币发行权的银行,无论是流通中的现金还是各企业单位在银行的存款货币都与中央银行的货币供应有直接关系,因此,通过中央银行收缩与扩张货币供应量,就可以调节社会总需求和总供给的关系;在商品经济条件下,经济的运转离不开货币资金,无论企业财务资金还是国家财政资金,都与银行信贷资金有着密切的内在联系,因此,中央银行可以通过调节银行的信贷资金比较主动、积极地调节社会总供给和总需求,为社会经济的健康发展创造条件。

(2)金融监管。

中央银行的金融监管职能是指中央银行作为全国的金融行政管理机关,为了维护全国金融体系的稳定,防止金融混乱对社会经济的发展造成不良影响,而对商业银行和其他金融机构以及全国金融市场的设置、业务活动和经济情况进行检查监督、指导、管理和控制。

中央银行两种主要的金融监管手段是依法实施金融监管和运用金融稽核手段实施金融监管。依法实施金融监管是指依照国家法律、行政法规的规定,对金融机构及其经营活动实行外部监督、稽核、检查和对其违法行为进行处罚,以达到稳定货币、维护金融业正常秩序等目的所实施的一系列行为。金融稽核,是中央银行或监管当局根据国家规定的稽核职责,对金融业务活动进行的监督和检查。

中央银行金融监管的目的是:维护金融业的安全和稳定,调整各类金融机构之间及其内部关系,保证公共利益和银行存款户的安全,贯彻执行国家的金融法规和政策,促进社会经济的正常发展,防止金融危机及不适当金融活动对国家经济造成危害。

因此,为了防止或缩小由银行内控不严而引起的各种风险,中央银行实行预防性管理。这些措施主要有:

①市场准入控制是保证金融业安全稳定发展的有效的预防性措施,通常对于

银行营业都要有最低认缴资本的限制。

②资本充足性，除最低资本要求外，一般还要求银行自有资本与资产总额、存款总额、负债总额及风险投资之间保持适当的比例。

③流动性管制，既包括本币流动性，也包括外币流动性，流动性监督总的改进趋势是以考核银行资产负债期限和利率结构搭配是否合理为基础对流动性进行系统的评价。

④业务范围的管制。

⑤贷款风险的控制，大多数中央银行通常限制一家银行对单个借款者提供过多的贷款，以分散风险。

⑥外汇风险管理。

⑦准备金管理。监管当局的主要任务是确保银行的准备金是在充分考虑、谨慎经营和真实评价业务质量的基础上提取的，如果认为准备金的提留不符合要求，监营当局将采取相应措施监督有关银行达到要求。

（3）提供支付清算服务。

所谓支付体系就是对市场参与者债务活动进行清算的一系列安排。一般而言，市场活动越发达，对债务清算安排的要求就越高。而一国支付体系的构造特别是中央银行在支付体系中所发挥的作用如何又直接影响一国经济运行的效率。

经济体系中的债务清算过程就是货币所有权的转移过程。现实经济中的支付货币有三种形式：现金、存款、中央银行货币。与支付货币的三种形式相适应，经济体系中的支付系统也可以分为三个层次：现金支付、由商业银行帮助微观经济主体进行的存款支付、由市场参与者交易行为产生的债务关系以及商业银行本身在债务市场活动中产生的债务关系造成的商业银行之间的债权债务关系的清算支付。前两个层次的支付是不需要中央银行介入的，而第三个层次的支付则必须由中央银行提供中央银行货币转移支付才能最终完成。

百　科　小　知　识

术语解释——存款保险

存款保险是指国家货币主管部门为了维护存款者利益和金融业的稳健经营与安全，在金融体系中设立负责存款保险的机构，规定本国金融必须或自愿地按吸收存款的一定比率向保险机构交纳保险金进行投保的制度。投保有官方的、有银行自己组织的、也有当局和银行联合组织的。多数国家存款保险包括外国银行在本国的分支机构和附属机构，而不包括本国在外国的机构。

在商言商——赢利性银行的职能

赢利性银行即商业银行，主要是经营货币的企业，它的存在方便了社会资金的筹措与融通，它是金融机构里非常重要的一员。

因此可见，赢利性银行的业务，一方面，它以吸收存款的方式，把社会上闲置的货币资金和小额货币节余集中起来，然后以贷款的形式借给需要补充货币的人去使用。在这里，赢利性银行充当贷款人和借款人的中介。另一方面，赢利性银行为商品生产者和商人办理货币的收付、结算等业务，它又充当支付中介。总之，赢利性银行起信用中介作用。

赢利性银行的基本社会职能主要包括：信用中介、支付中介、信用创造和金融服务。

（1）充当信用中介。就是银行将社会上闲置的货币资本，以存款形式集中起来，再贷给其他企业，作为货币资本的借者与贷者的中介。

（2）转变社会各阶层的货币收入和货币积蓄为资本，将零星的货币存款集中起来，贷放出去，可以扩大社会资本总量，加速商品经济的发展。

（3）创造代替铸币的信用流通工具。银行可以创造代替现实货币流通的信用工具，如支票、信用卡等。

（4）充当支付中介。银行在办理货币支付与资本运动有关的技术性业务时，执行支付中介职能，成为社会的"公共簿记"。

百 科 小 知 识

国际标准——《有效银行监营的核心原则》

20 世纪 80 年代和 90 年代的金融危机过后，国际社会逐渐认识到，有必要制定一整套国际标准和守则，从而提高各国和整个国际金融体系抵御风险的能力。迄今为止，国际货币基金组织、经合组织、巴塞尔银行监管委员会、国际会计准则委员会等国际组织已先后推出了多项国际标准和守则，其中，《有效银行监管核心原则》是巴塞尔委员会颁布的旨在指导各国、各地区提高银行业监管有效性的一些基本要求。

1997 年 10 月，《有效银行监营的核心原则》在国际货币基金组织和世界银行香港年会上通过，正式成为银行业监管的国际标准。

巴塞尔委员会制定的《有效银行监营的核心原则》涉及了监管体系的基本因素，成为国际银行业监管共同遵守的原则。它是良好监管实践的基本标准，适用于世界各国、各地区。《有效银行监管的核心原则》出台后，已经成为指导各国和各地区衡量和完善银行业监管有效性的实用工具，为完善监管做法和加强全球金融稳定作出了重要贡献。

第二节　塔状树图——银行体系

1. 至高无上——中央银行

中央银行是一国最高金融主管。它是一般商业银行发展而来的，具备了银行的基本特征，又具有特殊性，它是一国货币金融的最高权力机构。如，我国的中国人民银行、美国的美联储、英国的英格兰银行、德国的德意志联邦银行等。

中国人民银行是我国的中央银行，也是国务院组成部门之一，实际上是行政管理机关。它组成于 1948 年 12 月 1 日。中国人民银行根据《中华人民共和国中国人民银行法》的规定，在国务院的领导下依法独立执行货币政策，履行职责，开展业务，不受地方政府、各级政府部门、社会团体和个人的干涉。但它不对个人和企业办理银行业务。

"美联储"

在美国，最早具有中央银行职能的机构是 1791 年获批的"美国第一银行"和"美国第二银行"。1837—1862 年的"自由银行时代"，美国没有正式的中央银行，而 1862—1913 年，一个私营的国家银行系统起到了履行中央银行职能的作用，这就是以后发展而来的美国联邦储备委员会，即"美联储"。

美国的中央银行是由 12 个区联邦储备银行组成的联邦储备体系构成。它处于美国银行和金融体系的中心地位。"美联储"作为中央银行，它较好地发挥着发行的银行、银行的银行、政府的银行等职能。它的这些职能作用的发挥，除了充分运用法律手段以及最大限度地运用三大传统手段之外，还有一个重要的方面，就是用行政的手段对金融行业实行管理，兼有金融监管机构的双重职能。

百 科 小 知 识

为什么说美元是当今世界的通用货币

美元是外汇交换中的基础货币，也是国际支付和外汇交易中的主要货币，在国际外汇市场中占有非常重要的地位。

第二次世界大战后期，为了促进战后重建，1944 年 44 个国家的代表在美国的新罕布什尔州开会讨论新的国际货币安排，建立了所谓"布雷顿森林体系"。美国凭借强大的政治、经济和军事实力，成为布雷顿森林体系的最大获益者。

布雷顿森林体系的最大特点是赋予美元等同于黄金的地位，其他国家货币均与美元挂钩，实行可调整的固定汇率制，从而奠定了美元在世界货币中的霸主地位。

英格兰银行

英格兰银行是英国的中央银行。它负责召开货币政策委员会,对英国国家的货币政策负责。英格兰银行是伦敦城区最重要的机构和建筑物之一。自1694年英国银行法产生,英格兰银行开始运作,之后逐步转换职能;1964年至今,英格兰银行一直作为英国的中央银行,是全世界最大、最繁忙的金融机构。

英格兰银行总行设于伦敦,职能机构分政策和市场、金融结构和监督、业务和服务三个部分,设15个局(部)。同时英格兰银行还在伯明翰、布里斯托、利兹、利物浦、曼彻斯特、南安普顿、纽卡斯尔及伦敦法院区设有8个分行。由于英格兰银行大楼位于伦敦市的针线大街,加之历史悠久,因此它又被人们形象地称为"针线大街上的老妇人"或者"老妇人"。

英格兰银行享有在英格兰、威尔士发钞的特权,苏格兰和北爱尔兰由一般商业银行发钞,但以英格兰银行发行的钞票作准备;作为银行的最后贷款人,英格兰银行保管商业银行的存款准备金,并作为票据的结算银行,对英国的商业银行及其他金融机构进行监管;作为政府的银行,英格兰银行是代理国库,稳定英镑币值及代表政府参加一切国际性财政的金融机构。因此,英格兰银行具有典型的中央银行的"发行的银行、银行的银行、政府的银行"的特点。

英格兰银行的领导机构是理事会,由总裁、副总裁及16名理事组成,是最高决策机构,成员由政府推荐,英王任命,至少每周开会一次。正副总裁任期5年,理事为4年,轮流离任,每年2月底离任4人。理事会选举若干常任理事主持业务。理事会下设5个特别委员会:常任委员会、稽核委员会、人事和国库委员会以及银行券印刷委员会。理事必须是英国国民,65岁以下,但下院议员、政府工作人员不得担任。

随着经济的蓬勃发展,伦敦逐渐成为世界的金融中心。因应实际需要,英格兰银行形成了有伸缩性的再贴现政策和公开市场活动等调节措施,成为近代中央银行理论和业务的样板及基础。

百 科 小 知 识

开创先河——世界近代中央银行的鼻祖

中央银行的产生和发展经过了一个漫长的过程。它的产生是以商品经济发展比较成熟和金融业发展的客观需求为基本前提。

世界上最早设立的中央银行是瑞典银行,它原是1656年由私人创办的欧洲第一家发行银行债券的银行。1668年,瑞典银行由政府出面改组为国家银行,对国会负责。但直到1897年才独占发行权,开始履行中央银行职责,成为真正的中央银行。其次是1694年成立的英格兰银行,虽然它成立晚于瑞典银行,但被公认为是近代中央银行的鼻祖。

英格兰银行的演变过程是典型的中央银行的演变过程。1694年,英格兰银行在英国女王的特许下成立,向社会募集股本120万镑。成立之初,它就取得了不超过资本总额的钞票发行权,主要目的是为政府垫款。1833年,英格兰银行取得钞票无限法偿的资格。1844年,英国国会通过了《银行特许条例》(即《比尔条例》)。从此,英格兰银行分为发行部与银行部,并逐渐垄断了全国的货币发行权。

1928年,英格兰银行成为英国唯一的发行银行。同时,它还凭自身日益提高的地位承担商业银行间债权债务关系的划拨冲销、票据交换的最后清偿等业务,在经济繁荣之时接受商业银行的票据再贴现,而在经济危机的打击中则充当商业银行的"最后贷款人",由此取得了商业银行的信任,并最终确立了"银行的银行"地位。

1933年7月,英格兰银行设立了"外汇平准账户"代理国库。1946年之后,英格兰银行被收归国有,但仍为中央银行,并隶属于财政部,掌握国库、贴现公司、银行及其余的私人客户的账户,承担政府债务的管理工作,但它的主要任务仍然是按政府要求决定国家金融政策。

德意志联邦银行

德意志联邦银行是德国的中央银行,同时也是德国银行系统的一部分。由于自身雄厚的实力和规模,德意志联邦银行是银行组织中最有影响力的成员,德意志联邦银行和欧洲中央银行都位于德国的法兰克福。

德意志联邦银行建于1957年,前身是德意志各邦银行。从1948年6月20日发行德国马克起,直到2002年欧元实体货币开始流通之前,德意志联邦银行一直是德国马克的中央银行。它是第一个被赋予完全独立性的中央银行,代表了被称为"联邦银行模式"的中央银行模式,这和政府决定的"新西兰模式"目标是相对应的。

20世纪后期,德意志联邦银行因为成功控制通货膨胀而受到世界的普遍尊重,这使德国马克成为最重要的货币之一,也使得德意志联邦银行对其他很多欧洲国家拥有实际上的潜在影响力。

欧洲中央银行

欧洲中央银行简称EBC,是根据1992年《马斯特里赫特条约》的规定于1998年7月1日正式成立的,它的前身是设在法兰克福的欧洲货币局。

欧洲中央银行的职能是维护货币的稳定,管理主导利率、货币的储备和发行以及制定欧洲货币政策;它的职责和结构以德意志联邦银行为模式,而独立于欧盟机构和各国政府之外。

欧洲中央银行是世界上第一个管理超国家货币的中央银行。独立性是欧洲中央银行的一个显著特点,它不接受欧盟领导机构的指令,不受各国政府的监督。它是唯一有资格允许在欧盟内部发行欧元的机构，1999 年 1 月 1 日欧元正式启动后，11 个欧元国政府将失去制定货币政策的权力，而必须实行欧洲中央银行制定的货币政策。

欧洲中央银行的组织机构主要包括执行董事会、欧洲央行委员会和扩大委员会。执行董事会由行长、副行长和 4 名董事组成，负责欧洲央行的日常工作；由执行董事会和 12 个欧元国的央行行长共同组成的欧洲央行委员会，是负责确定货币政策和保持欧元区内货币稳定的决定性机构；欧洲央行扩大委员会由央行行长、副行长及欧盟所有 15 国的央行行长组成，任务是保持欧盟中欧元国家与非欧元国家接触。

欧洲中央银行大厦

欧洲央行委员会的决策采取简单多数表决制，每个委员只有一票，货币政策的具体执行仍由各欧元国的中央银行负责。同时各欧元国的中央银行仍然可以保留自己的外汇储备。而欧洲中央银行只拥有 500 亿欧元的储备金，由各成员国中央银行根据本国在欧元区内的人口比例和国内生产总值的比例来提供。

1998 年 5 月 3 日，在布鲁塞尔举行的欧盟特别首脑会议上，原欧洲货币局局长维姆·德伊森贝赫被推举为首任欧洲中央银行行长，任期 8 年。

2. 防微杜渐——银行监管机构

银行监管机构是监督银行日常健康运行的主要机构。世界各国银行都有自己严格的监管机构，如美国联邦储备委员会、联邦存款保险公司和货币监理署；我国的银行监管机构是中国银行业监督管理委员会，简称"银监会"，成立于 2003 年。

两极多元——美国的银行监管机构

因为历史的原因，美国的银行监管体系形成了"两级多元化"的格局。"两级"是指美国银行分为联邦注册（国民银行）和州注册（州立银行），与此相对应的美国银行监管机构也分为联邦和州两级。"多元化"也就是指银行监管机构多元化。联邦一级的政府监管机构包括美国联邦储备体系、美国货币监理署、联邦存款保险公司和储蓄监管局，还有各类州立的监管机构。

美国银行的种类以及银行注册单位的不同决定了银行所接受监管的政府部门的不同。

美国联邦储备委员会

美国联邦储备委员会是由美国国会在通过欧文·格拉斯法案（又称"联邦储

备法案")的基础上建立的,由伍德罗·威尔逊总统于 1913 年 12 月 23 日签字确认。

美国联邦储备系统负责履行美国的中央银行的职责,这个系统是根据《联邦储备法》于 1913 年成立的。系统主要由联邦储备委员会、联邦储备银行及联邦公开市场委员会等组成。

美国联邦储备系统的核心机构是美国联邦储备委员会,简称"美联储"。它的全称叫"联邦储备系统管理委员会",也可以称做"联邦储备系统理事会"。美联储是一个联邦政府机构,委员会由 7 名成员组成。其中,主席和副主席各 1 名,委员 5 名。美联储的成员须由美国总统提名,经美国国会上院——参议院批准方可上任,任期为 14 年;但主席和副主席的任期为 4 年,可以连任。

位于美国华盛顿大区的"美联储"总部

"美联储"的基本职能有:

(1)通过三种主要的手段:公开市场操作、规定银行准备金比率、批准各联邦储备银行要求的贴现率来实现相关货币政策。

(2)监督指导各个联邦储备银行的活动。

(3)监管美国本土的银行,以及成员银行在海外的活动和外国银行在美国的活动。

(4)批准各联邦储备银行的预算及开支。

(5)任命每个联邦储备银行的九名董事中的三名。

(6)批准各个联邦储备银行董事会提名的储备银行行长人选。

(7)行使作为国家支付系统的权利。

(8)负责保护消费信贷的相关法律的实施。

(9)依照《汉弗莱·霍金斯法案》的规定,每年 2 月 20 日及 7 月 20 日向国会提交经济与货币政策执行情况的报告(类似于半年报)。

(10)通过各种出版物向公众公布联邦储备系统及国家经济运行状况的详细的统计资料,如通过每月一期的联邦储备系统公告。

(11)每年年初向国会提交上一年的年度报告(需接受公众性质的会计师事务所审计)及预算报告(需接受美国审计总局的审计)。

(12)另外,委员会主席还需定时与美国总统及财政部长召开相关的会议并及时汇报有关情况,并在国际事务中履行好自己的职责。

美国货币监理署

美国货币监理署负责美国国民银行以及联邦注册的外资银行分支机构的监管。作为国民银行的主要监管者,美国货币监理署所监管的资产占美国商业银行资产总额的一半以上。

美国货币监理署是美国成立最早的联邦政府金融监管机构,隶属于美国财政部。监理署长由美国总统认命,并经美国联邦参议院通过,任期五年,总部设在华盛顿。货币监理署下设9个职能部门。其中,国民银行监管部主要负责监管政策的制定;大银行监管部负责监管23家大型国民银行,即总资产在250亿美元以上,业务较为复杂的银行。它的监管力量主要集中在23个监管派驻组和伦敦监管局。其中,中型银行和社区银行的监管部负责对资产在250亿美元以下的中型银行及社区银行的实行监管,下设有4家大区分局、52家支局和25家办事处;国际与经济事务部是监管工作的宏观经济、技术方面的支持部门,主要为现场检查提供技术支持。

美国货币监理署的经费主要来源于向国民银行征收的半年一次的评估费用,占经费总额的97%;另外的3%来源于持有财政部债券的利息收入,以及银行的注册费用和其他费用。

美国联邦存款保险公司

美国联邦存款保险公司是独立的联邦政府机构,成立于1933年。在19世纪20年代和30年代的早期,成千上万的银行破产,美国联邦存款保险公司应运而生。

美国联邦存款保险公司直接向美国国会负责,并接受美国会计总署的审计。联邦存款保险公司的职能:首先是提供存款保险职能。联邦存款保险公司为全美9 900多家独立注册的银行和储蓄信贷机构的8种存款账户提供限额10万美元的保险,全美约有97%的银行存款人的存款接受联邦存款保险公司的保险。其次是履行银行监管职能。联邦存款保险公司直接监管了5 616家非美联储成员的州注册银行和储蓄信贷机构,为维护公众信心和维护金融系统的稳定提供存款保险机制。最后是处置倒闭存款机构的职能。

如果会员银行发生破产或无法偿还债务的危机时,联邦存款保险公司将为这个会员银行的每个储户提供最高限额为10万美元的存款保险。

作为美国的银行监管机构之一,美国联邦存款保险公司大量采用现场检查的方式来对银行进行监管。联邦存款保险公司进行现场检查的领域很多,存在好多不同的现场检查计划。比如信息系统检查计划、消费者保护检查计划、安全和健全检查计划,每一个计划都针对银行业务的不同领域或方面,由监管机构派出的专家执行。所有这些监管计划综合在一起,就构成了银行监管机构现场检查的所有方面。

联邦存款保险公司于1998年颁布"电子银行安全和健全检查计划",这个计划属于安全和健全检查计划中的一部分,主要针对的是采用不同层次电子银行系统的银行,侧重点在于这些银行的安全和健全程度。

自动提款——ATM机

"ATM"是自动柜员机的英文缩写。它是一种高度精密的机电一体化设备,利用磁卡或智能IC卡储存用户信息并通过加密键盘输入密码,然后通过银行内部网络验证并进行各种交易的金融自助设备。

自动柜员机的出现减轻了银行柜面人员的工作压力,更为人类提供了安全方便的金融服务体验。

自动柜员机的功能主要包括:现金取款、现金存款、现金存取款、余额查询、本行或异行转账、修改密码等基本功能;有些多功能ATM还提供诸如存折打印、对账单打印、支票存款、信封存款、缴费、充值等一系列便捷服务。

1967年6月27日,英国人约翰·谢珀德·巴伦发明的第一部电脑自动提款机(即自动柜员机),安装于英国伦敦北部的巴克莱银行分行。1995年,我国在"上海金卡工程"中首次启用和开通自动柜员机。

审慎管理——中国银监会

我国的银监会是我国境内银行的监管机构,它的主要职责有:

(1)依照法律、行政法规制定并发布对银行业金融机构及其业务活动监督管理的规章、规则。

(2)依照法律、行政法规规定的条件和程序,审查批准银行业金融机构的设立、变更、终止以及业务范围。

(3)对银行业金融机构的董事和高级管理人员实行任职资格管理。

(4)依照法律、行政法规制定银行业金融机构的审慎经营规则。

(5)对银行业金融机构的业务活动及其风险状况进行非现场监管,建立银行业金融机构监督管理信息系统,分析、评价银行业金融机构的风险状况。

(6)对银行业金融机构的业务活动及其风险状况进行现场检查,制定现场检查程序,规范现场检查行为。

(7)对银行业金融机构实行并表监督管理。

(8)会同有关部门建立银行业突发事件处置制度,制定银行业突发事件处置预案,明确处置机构和人员及其职责、处置措施和处置程序,及时、有效地处置银行业突发事件。

(9)负责统一编制全国银行业金融机构的统计数据、报表,并按照国家有关规定予以公布;对银行业自律组织的活动进行指导和监督。

(10)开展与银行业监督管理有关的国际交流、合作活动。

（11）对已经或者可能发生信用危机，严重影响存款人和其他客户合法权益的银行业金融机构实行接管或者促成机构重组。

（12）对有违法经营、经营管理不善等情形的银行业金融机构予以撤销。

（13）对涉嫌金融违法的银行业金融机构及其工作人员以及关联行为人的账户予以查询。

（14）对涉嫌转移或者隐匿违法资金的申请司法机关予以冻结。

（15）对擅自设立银行业金融机构或非法从事银行业金融机构业务活动予以取缔。

（16）负责国有重点银行业金融机构监事会的日常管理工作。

（17）承办国务院交办的其他事项。

我国银监会设立的目的是：通过对我国银行审慎有效的监管，保护广大存款人和消费者的利益；通过审慎有效的监管，增进市场信心；通过宣传教育工作和相关信息披露，增进公众对现代金融的了解；努力减少金融犯罪。

为什么说银行是一种特殊的企业？

银行既是一种金融机构，也是一种企业。它与一般的工商企业有共同之处。企业的共同特征是：从事直接的经营活动，具有一定的资金，独立核算，并通过经营活动获取利润。银行具有企业部门的一切特征，它是实现资本循环周转的一个必要环节。

与其他企业相比，银行又具有一般企业所不具备的特殊性，即银行的特殊利益、特殊风险、特殊作用。

从行业特点来看，银行不需投入很多的自有资本即可进行经营活动，并可赚取可观的收益，从国家的干预以及与国家政权的密切关系中得到好处。

银行作为经营货币信用的特殊企业，它与客户之间是一种以借贷为核心的信用关系：

银行在资金上对经济发展具有支配性作用。它的经营对象是一种特殊商品——货币资金；它的业务活动对货币资金在经济部门之间的流动具有重要影响，进而影响国民经济中各部门的发展。国家通过银行影响货币供给量、利率、贷款额度等经济指标，进而实施对经济的干预。

可见，现代银行作为"特殊的企业"在经济生活中占有特殊的地位，并具有影响和调节社会经济生活的特殊作用。

3. 行业监督——银行自律组织

自律组织是银行内部设立的自我监督、自我约束的行业组织。如我国的中国银行业协会。

中国银行业协会成立于2000年5月，是经中国人民银行和民政部批准成立，并在民政部登记注册的全国性非营利社会团体，是中国银行业自律组织。中国银行业协会的主管单位是中国银监会。凡经中国银监会批准设立的、具有独立法人资格的银行业金融机构(含在华外资银行业金融机构)以及经相关监管机构批准、具有独立法人资格、在民政部门登记注册的各省(自治区、直辖市、计划单列市)银行业协会均可申请加入中国银行业协会成为会员单位。经相关监管机构批准设立的、非法人外资银行分行和在华代表处等，承认《中国银行业协会章程》，均可申请加入中国银行业协会成为观察员单位。

截至2009年8月，中国银行业协会共有132家会员单位和1家观察员单位。会员单位包括政策性银行、国有商业银行、股份制商业银行、城市商业银行、资产管理公司、中央国债登记结算有限责任公司、中国邮政储蓄银行、农村商业银行、农村合作银行、农村信用社联合社、外资银行以及各省、自治区、直辖市、计划单列市的银行业协会、金融租赁公司；观察员单位为中国银联股份有限公司。

中国银行业协会的最高权力机构为会员大会，由参加协会的全体会员单位组成。会员大会的执行机构为理事会，对会员大会负责。理事会在会员大会闭会期间负责领导协会开展日常工作。理事会闭会期间，常务理事会行使理事会职责。

中国银行业协会的常务理事会由会长1名、专职副会长1名、副会长若干名、秘书长1名组成。协会设监事会，由监事长1名、监事若干名组成。

中国银行业协会日常办事机构为秘书处。秘书处设秘书长1名，副秘书长若干名。秘书处共有11个部门，包括办公室、宣传信息部、自律部、维权部、业务协调部、教育培训部、农村合作金融工作联络部、国际关系部、计划财务部、热线服务部、研究部。

根据工作需要，中国银行业协会设立10个专业委员会，包括法律工作委员会、自律工作委员会、银行业从业人员资格认证委员会、农村合作金融工作委员会、银团贷款与交易专业委员会、外资银行工作委员会、托管业务专业委员会、保理专业委员会、金融租赁专业委员会、银行卡专业委员会。

中国银行业协会以促进会员单位实现共同利益为宗旨，履行自律、维权、协调、服务职能，维护银行业合法权益，维护银行业市场秩序，提高银行业从业人员素质，提高为会员服务的水平，促进银行业的健康发展。

4. 各有千秋——银行性金融机构

金融机构是指专门从事货币信用活动有关的金融中介机构和组织，为金融体系的一部分，金融服务业包括银行、证券、保险、信托、基金等行业，与此相应，金融中介机构也包括银行、证券公司、保险公司、信托投资公司和基金管理公司等。

我国现行的金融体系主要包括:银行性金融机构和非银行性金融机构。

按地位和功能,我国的金融机构可分为五大类:

(1)中央银行,即中国人民银行。

(2)银行。包括政策性银行、商业银行。

(3)非银行金融机构。主要包括国有及股份制的保险公司、城市信用合作社、证券公司(投资银行)、财务公司等。

(4)在境内开办的外资、侨资、中外合资金融机构。

(5)其他金融机构,如中国邮政储金汇业局、金融租赁公司、典当行。

这些社会功能不同的金融机构互通有无,相互补充,构成了一个完整的金融机构体系。

与市场经济制度相适应,现代市场经济国家一般都拥有一个规模庞大、分工精细、种类繁多的金融机构体系,包括银行性金融机构与非银行性金融机构两大类。其中,银行性金融机构居支配地位。

按照各自在经济中的功能,银行性金融机构可划分为商业银行、中央银行、专业银行三种类型的银行。它们所构成的银行体系通常被称为现代银行制度。商业银行是办理各种存款、放款和汇兑业务的银行,且是唯一能接受活期存款的银行;中央银行是在商业银行的基础上发展形成的,是一国的金融管理机构,被称为"发行的银行"、"国家的银行"、"银行的银行";专业银行是集中经营指定范围业务并提供专门性金融服务的银行,包括:投资银行、不动产抵押银行、开发银行、储蓄银行、进出口银行等。

在现代银行企业制度中,中央银行处于核心地位,商业银行居主导地位,其他专业银行则作为经济发展的有益补充。

我国的银行性金融机构,是指在我国境内设立的商业银行、城市信用合作社、农村信用合作社等吸收公众存款的金融机构以及政策性银行。

在我国,除中国人民银行外,别的银行统称银行性金融机构。银行性金融机构由中国银监会实施专业化的监督管理。

目前,我国的银行有 3 家政策性银行、5 家国有商业银行、13 家股份制商业银行、1 家中国邮政储蓄银行和 100 多家城市商业银行。

百科小知识

银行性金融机构与非银行性金融机构有什么关系和不同?

银行性金融机构与非银行性金融机构都是以某种方式吸收资金,又以某种方式运用资金的金融企业,都具备金融企业的基本特点。具体表现在:二者都以盈利为经营目的;主要从事与货币资金运动有关的各项业务活动;在经济运行中都发挥着融通资金的作用。

银行金融机构和非银行金融机构也有着明显的区别:

（1）吸收资金的方式不同。银行金融机构主要以吸收存款的方式吸收资金，而非银行金融机构则以其他方式吸收资金。

（2）业务方式不同。银行金融机构的主要业务方式是存款和贷款，而非银行金融机构的业务方式则呈现出多样化，如保险公司主要从事保险业务，信托公司主要从事信托业务，租赁公司主要从事租赁业务，证券公司则主要从事投资业务，等等。

（3）在业务中所处的地位不同。银行在其业务中，一方面是作为债务人的集中，另一方面是作为债权人的集中，而非银行金融机构则比较复杂，如保险公司主要是作为保险人，信托公司则主要充当受托人，证券公司则多作为代理人和经纪人。

（4）在金融领域中发挥的具体职能不同。银行性金融机构主要发挥信用中介职能，而非银行金融机构则根据其业务不同而发挥不同职能，如保险公司主要发挥社会保障职能，信托公司则主要发挥财产事务管理职能，等等。

银行性金融机构和非银行性金融机构都是一个国家金融机构体系的重要组成部分，它们共同为社会提供全面完善的金融服务。银行性金融机构在整个金融机构体系中居主导地位，而非银行性金融机构的存在则丰富了金融业务，充分满足现代经济对金融的多样化需要。因此，非银行金融机构的发展程度是一个国家金融机构体系是否成熟的重要标志。

5.宏观管理——政策性银行

政策性银行是指那些多由政府创立、参股或保证的，不以营利为目的，专门为贯行、配合政府社会经济政策或意图，在特定的业务领域内，直接或间接地从事政策性融资活动，充当政府发展经济、促进社会进步、进行宏观经济管理工具的金融机构。

作为政策性金融机构，政策性银行也有自己明显的特征：一是政策性银行的资本金多由政府财政拨付；二是政策性银行经营时主要考虑国家的整体利益、社会效益，不以盈利为目标，但政策性银行的资金并不是财政资金，政策性银行也必须考虑盈亏，坚持银行管理的基本原则，力争保本微利；三是政策性银行有它特定的资金来源，主要依靠发行金融债券或向中央银行举债，一般不面向公众吸收存款；四是政策性银行有特定的业务领域，不与商业银行竞争。

当今世界上许多国家都建立有政策性银行，种类较为全面，并构成比较完整的政策性银行体系。在亚洲，如日本著名的"二行九库"体系，包括：日本输出入银行、日本开发银行、日本国民金融公库、住宅金融公库、农林渔业金融公库、中小企业金融公库、北海道东北开发公库、公营企业金融公库、环境卫生金融公库、冲绳振兴开发金融公库、中小企业信用保险公库；韩国设有韩国开发银行、韩国进出口银行、韩国中小企业银行、韩国住宅银行等政策性银行。在西方经济发达国家，如法国设有法国农业信贷银行、法国对外贸易银行、法国土地信贷银行、法国国家信贷银行、中小企业设备信贷银行等政策性银行；美国设有美国进出口银行、联邦住房信贷银行体系等政策性银行。这些政策性银行在各国社会经济生活中发挥着独特而重要的作用，构成各国金融体系有益补充的一部分。

我国于 1994 年相继建立了中国国家开发银行、中国农业发展银行、中国进出口银行三家政策性银行，只办理政策性的银行业务。

独树一帜——日本的银行体系

日本银行体系由中央银行、民间金融机构、政府政策性金融机构等组成，形成了以中央银行为领导，民间金融机构为主体，政府政策性金融机构为补充的模式。

中央银行是日本银行，它建立于 1882 年 10 月，1942 年 2 月进行了改组。该行资本金为 1 亿日元，政府持有 55%，民间持有 45%，民间持股者只享有分红资格，而无对银行的经营管理权。日本银行的政策委员会是中央银行的决策机构。它由总裁、大藏省代表、企划厅代表、城市银行及工商、农业界代表等 7 人组成，主要任务是根据国民经济的要求，调节日本银行的业务，调节通货，调节信用以及实施金融政策，如制订官定利率、从事公开市场业务，调整存款准备率等。

日本中央银行的行政机构为理事会，由总裁、副总裁、理事、参事等组成，按照政策委员会决定的政策执行一般具体业务。尽管法律规定了政府对日本银行有很大的干预权力，如一般业务命令权、监督命令权、官员解雇任命权等，但政府实际上并未实行过这些权力。日本银行基本上是独立地实施金融政策，具有较大的独立性。它的政策手段主要有官定贴现率、公开市场业务、准备金率、窗口指导等。

民间金融机构有普通银行（城市银行和地方银行）、外汇专业银行、长期信用银行、信托银行以及相互银行、信用金库、信用协同组合、商工组合中央金库、农林中央金库以及证券公司、保险公司等。

普通银行相当于英美国家的商业银行，是金融体系的主体，城市银行有 13 家（包括专营外汇的东京银行），它们面向全国，提供存款、放款、票据贴现、汇兑等业务服务。

长期信用银行和信托银行构成日本长期金融机构，前者有 3 家，主要业务为发行金融债券，筹集长期资金，提供长期产业资产贷款；后者有 7 家，办理各种信托业务，同时还吸收储蓄存款。

相互银行、信用金库、信用组合、商工组合中央金库、劳动金库构成中小企业金融机构，主要向中小企业开展一般金融业务。

农林中央金库、农业协同组合、渔业协同组合构成农林渔业金融机构。日本民间农林渔业金融机构以合作形式为主体，并得到政府的保护与帮助，分为农业、渔业、林业三个系统，每个系统均有三级组织，单位协同组合为基层组织，协同组合为中层组织，农林中央金库为最高层的中央机构。

此外,民间金融机构还包括保险公司、证券公司、融资公司以及互助机构等非存款性金融机构。

政府金融机构包括邮政储蓄、资金运用部、政府银行和公库、海外经济合作基金以及政府有关融资事业团。邮政储蓄补充吸收国民闲置资金,提供给资金运用部,政府将邮政储蓄资金连同发行国债收入和简易保险资金以及财政特别会计资金,通过政府金融机构(主要是"二行九库")向民间企业提供长期低利贷款,从事"财政投融资"活动。

在日本,政策性金融活动都是由政府金融机构,其中主要是由"二行九库"来从事的。

日本的金融体系坚持专业分工主义的原则,实行专业分工的银行制度。日本金融体系特点在于金融机构实行严格的业务领域限制,也就是说,不同类型金融机构承担不同性质的金融业务,它们之间不能相互交叉,呈现出业务分离状况。

6. 融资渠道——商业银行

商业银行是以经营存贷款、办理转账结算为主要业务,以赢利为主要经营目标的金融企业。与其他金融机构相比,商业银行能够吸收活期存款、创造货币,是商业银行最明显的特征。正是这一点,使商业银行具有特殊的职能,它们的活期存款是构成货币供给或交换媒介的重要组成部分,也是信用扩张的重要源泉。所以,人们又称商业银行为存款货币银行。

一般来讲,商业银行的设立实行批准制,而不像一般工商企业实行登记制。在我国,设立商业银行必须经中国人民银行批准,未经批准,任何单位和个人不得从事吸收公众存款等商业银行业务,任何单位不得在名称中使用"银行"字样。设立商业银行还必须符合《中华人民共和国公司法》《中华人民共和国商业银行法》规定的各项要求。我国的商业银行在全国有众多分支机构,再分支机构是总行的派出机构,主要职责是按总行的授权,负责本辖区的金融监管,负责为本地区经济发展筹措资金。

商业银行的具体特征

商业银行通常具有下列主要特征:

(1)经营大量货币性项目,要求建立健全严格的内部控制系统。

(2)从事的交易种类繁多、次数频繁、金额巨大,要求建立严密的会计信息系统,并广泛使用计算机信息系统及电子资金转账系统。

(3)分支机构众多、分布区域广、会计处理和控制职能分散,要求保持统一的操作规程和会计信息系统。

(4)存在大量不涉及资金流动的资产负债表表外业务,要求采取控制程序进行记录和监控。

(5)高负债经营,债权人众多,与社会公众利益密切相关,受到银行监管法规的严格约束和政府有关部门的严格监管。

五脏俱全——商业银行的部门设置

每个银行的部门设置不完全一样,但有些部门是每个银行都有的。

一般情况下,商业银行大体设有16个主要部门:(1)公司业务部,主要负责对公业务、审核等。(2)个人业务部,主要负责个人业务、居民储蓄、审核。(3)国际业务部,主要负责国际打包放款、国际电汇、外汇结算等。(4)资金营运部,主要是资金结算。(5)营业部,从事银行日常的存取业务。(6)信贷审批部,负责各类贷款审批等。(7)风险管理部,从事银行评估、管理、解决业务风险的部门。所有银行风险的控制,都是由银行风险管理部牵头制订解决办法。(8)合规部,主要从事合规风险业务。(9)计财部,主管银行财务和计划方面的事情,是银行的核心和权力部门。(10)会计结算部,以银行安全防范为主题,强化会计结算基础管理工作,并从事揽存增储、中间业务、保险、基金等各项任务。(11)出纳保卫部,主要负责现金管理、安全检查、监控管理、消防安全等安保工作。(12)科技部,主要负责银行计算机软硬件方面的维护。(13)内审部,主要负责各家支行传票的审核、检查柜员的差错等。(14)人力资源部。(15)监察室。(16)行政管理部。

商业银行的金融风险

商业银行在经营活动过程中,主要面临着信用风险、国家及转移风险、市场风险、利率风险、流动性风险和操作风险等风险。其中,信用风险无疑是最重要的风险。

(1)信用风险。

信用风险又称"违约风险",是指交易对手未能履行约定契约中的义务而造成经济损失的风险,即受信人不能履行还本付息的责任而使授信人的预期收益与实际收益发生偏离的可能性,它是金融风险的主要类型。

信用风险管理的目标是通过将信用风险限制在可以接受的范围内而获得最高的风险调整收益。

信用风险是借款人因各种原因未能及时、足额偿还债务或银行贷款而违约的可能性。发生违约时,债权人或银行必将因为未能得到预期的收益而承担财务上的损失。

(2)国家风险和转移风险。

国家风险是一个国家不能履行财务承诺的风险,具体是指在国际经济活动中发生的、在一定程度上由国家政府控制的事件或社会事件引起的给国外债权人(出口商、银行或投资者)应收账款造成损失的可能性。目前,我国企业在进行对外贸易和对外投资活动中,可能遭遇到的国家风险主要包括战争、政府征收、违约、汇兑限制和国有化等。

转移风险是一种事前控制贷款风险的有效手段,也就是银行以某种方式把自已面临的风险全部或部分转移给另一方。商业银行通过转移风险而得到保障,是应用范围最广、最有效的风险管理手段。

(3)市场风险。

市场风险指因股市价格、利率、汇率等的变动而导致价值未预料到的潜在损失的风险。因此,市场风险包括权益风险、汇率风险、利率风险以及商品风险。利率风险是寿险公司的主要风险,它包含资产负债不匹配风险。

(4)利率风险。

利率风险是指市场利率变动的不确定性给商业银行造成损失的可能性。巴塞尔委员会在 1997 年发布的《利率风险管理原则》中将利率风险定义为:利率变化使商业银行的实际收益与预期收益或实际成本与预期成本发生背离,使其实际收益低于预期收益,或实际成本高于预期成本,从而使商业银行遭受损失的可能性。指原本投资于固定利率的金融工具,当市场利率上升时,可能导致其价格下跌的风险。规避利率风险的金融工具有:浮动利率存单、期货、利率选择权、利率交换、利率上限。

利率风险是银行的主要金融风险之一,由于影响利率变动的因素很多,利率变动更加难以预测,银行日常管理的重点之一就是怎样控制利率风险。利率风险的管理在很大程度上依赖于银行对自身的存款结构进行管理,以及运用一些新的金融工具来规避风险或设法从风险中受益。

(5)流动性风险。

流动性风险是指商业银行无力为负债的减少和(或)资产的增加提供融资而造成损失或破产的风险。

当商业银行的资金流动性不足时,它无法以合理的资本迅速增加负债或变现资本获取足够资金,从而影响它的盈利水平,在极端情况下会导致商业银行资不抵债。商业银行作为存款人和借款人的中介,随时持有的、用于支付需要的流动资产只占负债总额的很小部分。如果商业银行的大量债权人同时要求兑现债权,例如出现大量存款人挤兑的行为,商业银行就可能面临流动性危机。

(6)操作风险。

操作风险是指由于银行不完善或有问题的内部操作过程、人员、系统或外部事件而导致的直接或间接损失的风险,这一定义包含了法律风险,但是不包含策略性风险和声誉风险。如:银行办理业务或内部管理出了差错,必须作出补偿或赔偿;法律文书有漏洞,被人钻了空子;内部人员监守自盗,外部人员欺诈得手;电子系统硬件软件发生故障,网络遭到黑客侵袭;通信、电力中断;地震、水灾、火灾、恐怖袭击,等等。所有这些都会给商业银行带来损失。这一类的银行风险,被统称为操作风险。

操作风险是一个涉及面非常广的范畴,操作风险管理几乎涉及银行内部的所有部门。因此,操作风险管理不仅仅是风险管理部门和内部审计部门的事情。

根据《巴塞尔新资本协议》,操作风险可以分为由人员、系统、流程和外部事件所引发的 4 类风险,并由此分为 7 种表现形式:内部欺诈,外部欺诈,聘用员工做法和工作场所安全性,客户、产品及业务做法,实物资产损坏,业务中断和系统失灵,交割及流程管理。

现在,操作风险受到国际银行业界的高度重视。这主要是因为,银行机构越来越庞大,它们的产品越来越多样化和复杂化,银行业务对以计算机为代表的 IT 技术的高度依赖,还有金融业和金融市场的全球化的趋势,使得一些"操作"上的失误,可能带来很大的甚至是极其严重的后果。触目惊心的"巴林银行倒闭案"就是操作风险带来的灭顶之灾。

(7)法律风险。

法律风险是一种特殊类型的操作风险,它包括但不限于因监管措施和解决民商事争议而支付的罚款、罚金或者惩罚性赔偿所导致的风险敞口。

商业银行的日常经营活动或各类交易应当遵守相关的商业准则和法律原则。在这个过程中,因为无法满足或违反法律要求,导致商业银行不能履行合同发生争议、诉讼或其他法律纠纷,而可能给商业银行造成经济损失的风险,这种风险就是法律风险。从狭义上讲,法律风险主要关注商业银行所签署的各类合同、承诺等法律文件的有效性和可执行能力。从广义上讲,与法律风险相类似或密切相关的风险有外部合规风险和监管风险。

(8)声誉风险。

声誉风险是指由商业银行经营、管理及其他行为或外部事件导致利益相关方对商业银行有负面评价的风险。

声誉风险被认为是由于社会评价降低而对行为主体造成危险和损失的可能性。良好的声誉是一家银行多年发展积累的重要资源,是银行的生存之本,是维护良好的投资者关系、客户关系以及信贷关系等诸多重要关系的保证。良好的声誉风险管理对增强竞争优势,提升商业银行的盈利能力和实现长期战略目标起着不可忽视的作用。

声誉风险产生的原因非常复杂,有可能是商业银行内、外部风险因素综合作用的结果,也可能是非常简单的风险因素就触发了严重的声誉风险。如果商业银行不能恰当地处理这些风险因素,就可能引发外界的不利反映。商业银行一旦被发现它的金融产品或服务存在严重缺陷、内控不力导致违规案件层出不穷,即便花费大量的时间和精力用于事后的危机管理,也难于弥补对银行声誉造成的实质性损害。

一家操作风险事件频发的银行,会给公众一种内部管理混乱、管理层素质低、缺乏诚信和责任感等不良印象,致使公众特别是客户对银行的信任程度降低,银行的工作职位对优秀人才失去吸引力,原有的人才大量流失,股东们因对银行发展前景失去信心,对长期持有银行股票发生怀疑,进而在资本市场上大量抛售股票造成股价下跌,银行市值缩水,最终导致监管当局的严厉监管,甚至会造成银行倒闭。

银行的风险管理是现代商业银行经营管理的核心内容之一。伴随着利率市场化进程的推进,利率风险也将成为我国商业银行面临的最重要的风险之一。西方商业银行的利率风险管理经过长期发展已经比较成熟,然而长期以来的利率管制造成了我国商业银行对利率变动不敏感,对利率风险没有足够的认识,利率风险管理比较落后。因此,商业银行如何防范和化解利率风险,有效地进行利率风险管理,成为了商业银行急待解决的重大问题。

意义非凡——巴塞尔委员会

　　巴塞尔银行监理委员会简称"巴塞尔委员会",是由美国、英国、法国、德国、意大利、日本、荷兰、加拿大、比利时、瑞典10大工业国的中央银行于1974年底共同成立的,作为国际清算银行的一个正式机构,以各国中央银行官员和银行监理当局为代表,总部在瑞士的巴塞尔。每年定期集会4次,并拥有近30个技术机构,执行每年集会所订目标或计划。

　　巴塞尔委员会运作追求的目标是:在"国外银行业务无法避免监理"与"适当监理"原则下,消弭世界各国监理范围差异。

　　2004年6月,巴塞尔银行监管委员会公布了《新资本协议》框架。据调查,有88个非巴塞尔银行监管委员会的国家或地区,包括非洲、亚洲、加勒比海地区、拉丁美洲、中东和非巴塞尔监管委员会的欧洲国家(或地区)准备实施新资本协议,而且大部分国家也制定了在2009年前实施新资本协议的规划。加上巴塞尔委员会成员国,计划实施新资本协议的国家已超过100个。

商业银行的经营原则

　　商业银行是金融市场上影响最大,数量最多,涉及面最广的金融机构。商业银行的经营一般至少应当遵守下列原则:

　　(1)效益性、安全性、流动性原则。商业银行作为企业法人,赢利是其首要目的。但是,效益以资产的安全性和流动性为前提。安全性又集中体现在流动性方面,而流动性则以效益性为物质基础。商业银行在经营过程中,必须有效地在三者之间寻求有效的平衡。

　　(2)依法独立自主经营的原则。这是商业银行作为企业法人的具体体现,也是市场经济机制运行的必然要求。商业银行依法开展业务,不受任何单位和个人的干涉。作为独立的市场主体,有权依法处理其一切经营管理事务,自主参与民事活动,并以其全部法人财产独立承担民事责任。

　　(3)保护存款人利益原则。存款是商业银行的主要资金来源,存款人是商业银行的基本客户。商业银行作为债务人,是否充分尊重存款人的利益,严格履行自己的债务,切实承担保护存款人利益的责任,直接关系到银行自身的经营。如果存款人的合法权益得不到有效的尊重和保护,他们就选择其他银行或退出市场。

（4）自愿、平等、诚实信用原则。商业银行与客户之间是平等主体之间的民事法律关系。因此，商业银行与客户之间的业务往来，应以平等自愿为基础，公平交易，不得强迫，不得附加不合理的条件，双方均应善意、全面地履行各自的义务。

商业银行的银行业务

一般来说，按资金的来源和运用，商业银行的业务划分为资产业务、负债业务、中间业务三类。

银行的负债业务是形成银行资金来源的业务。银行资金来源主要包括存款、借入款和银行资本等。

资产业务是指银行运用其吸收的资金，从事各种信用活动，以获取利润的行为。主要包括放款业务和投资业务两大类。

商业银行在经营资产业务、负债业务的同时，还利用它在机构、技术、资金、信誉和住处等方面的优势，提供一些服务性的业务与之配合。如：结算业务，信托业务等。

商业银行的清算业务和信托业务

（1）结算业务。

结算业务是由商业银行的存款业务衍生出来的一种业务。

结算业务也称"清算"，是指一定经济行为所引起的货币关系的计算和结清，即社会经济生活中的交易各方因商品买卖、劳务供应等产生的债权债务通过某种方式进行清偿。

结算分为两种，现金结算和转账结算。现金结算是指直接用现金进行支付结算，结清彼此之间的债权债务关系，这种结算方式成本耗费大而且不安全。转账结算是指通过转账进行结算，这种通过银行中转记账的货币收付行为，又称为"银行结算"，这种方式有利于商品流通和资金周转，能够避免现金结算中大量现金运送的风险，而且成本耗费低，同时，银行可以通过办理转账结算及时从各项货币收付行为中了解到资金的运动和市场动态情况，有利于调节货币供应量和加强对货币流通的管理，因此在现代经济活动中，现金结算已退居次要地位，约有90%的货币收付行为是通过银行转账结算来完成的。

在进行实际业务的操作过程中，商业银行通过运用结算工具和结算方式来完成整个清算业务。

目前，商业银行可选择使用的票据结算工具主要包括银行汇票、商业汇票、银行本票和支票等。

银行汇票：由企业单位或个人将款项交存开户银行，由银行签发给其持往异地采购商品时办理结算或支配现金的票据。

商业汇票：由企业签发的一种票据，适用于企业单位先发货后收款或双方约定延期付款的商品交易。

银行本票：申请人将款项交存银行，由银行签发给其凭证以办理转账或支取现金的票据。可分为不定额本票和定额本票。

支票:由企业单位或个人签发的,委托其开户银行付款的票据,是我国传统的票据结算工具,可用于支取现金和转账。

(2)结算方式。

结算方式分为同城结算方式、异地结算方式。

同城结算方式有以下几种:

①支票结算。商业银行最主要或大量的同城结算方式是支票结算。支票结算就是银行顾客根据其在银行的存款和透支限额开出支票,命令银行从其账户中支付一定款项给收款人,从而实现资金调拨、了结债权债务关系的一种过程。

②账单支票与划拨制度。这是不用开支票,通过直接记账而实现资金结算的方式。

③直接贷记转账和直接借记转账。这两种结算方式是在自动交换所的基础上发展起来的。自动交换所交换的是磁带而不是支票。它通过电子计算机对各行送交的磁带进行处理,实现不同银行资金结算。

④票据交换所自动转账系统。这是一种进行同城同业资金调拨的系统。将参加这种系统的银行之间所有同业拆借、外汇买卖、汇划款项等有关数据输入到自动转账系统的终端机,这样收款银行立即可以收到有关信息,交换所同时借记付款的银行账户、贷记收款的银行账户。

异地结算方式有以下几种:

①汇款结算。汇款结算是付款人委托银行将款项汇给外地某收款人的一种结算方式。汇款结算又分为电汇、信汇和票汇三种形式

②托收结算。托收结算是指债权人或售货人为向外地债务人或购货人收取款项而向其开出汇票,并委托银行代为收取款项的一种结算方式。托收业务主要有光票托收和跟单托收两类。

③信用证结算。信用证是一种有条件的银行付款承诺,即开证银行根据进口商的指示,向出口商开立的,授权其签发以进口商或银行为付款人的汇票,保证在条款规定条件下必定付款或承兑的文件。

④电子资金划拨系统。随着电子计算机等新技术投入银行运用,电子计算机的大型化和网络化改变了商业银行异地资金结算的传统处理方式。通过电子资金结算系统进行异地结算,使资金周转大大加快,业务费用大大降低。

(3)信托业务。

信托业务是指商业银行信托部门接受客户的委托,代替委托单位或个人经营、管理或处理货币资金或其他财产,并从中收取手续费的业务。

信托业务是以信用委托为基础的一种经济行为,带有一定的经济目的。即掌握资金(或财产)的部门(或个人)委托信托机构代其运用或管理资财,信托机构遵从其议定的条件与范围,对其资金或财产进行运用管理并按时归还。由于信托业务是代人管理或处理资财,因此,信托机构一要有信誉,二要有足够的资金。信托业务范畴

含商事信托、民事信托、公益信托等领域。国际上的金融信托业务,主要是经营处理一般商业银行存、放、汇以外的金融业务,随着各国经济的发展,市场情况日趋复杂,客户向银行提出委托代为运用资金、财产,或投资于证券、股票、房地产的信托业务与日俱增。在我国,经央行批准的金融信托投资公司可以经营信托业务,主要包括资金信托、动产信托、不动产信托和其他财产信托四大类信托业务。

同中有异——商业银行和其他银行业金融机构的区别

(1)商业银行与一般工商企业一样,是以赢利为目的的企业。它也具有从事业务经营所需要的自有资本,依法经营,照章纳税,自负盈亏,它与其他企业一样,以利润为目标。

(2)商业银行又是不同于一般工商企业的特殊企业。它的特殊性具体表现在经营对象的差异。工商企业经营的是具有一定使用价值的商品,从事商品生产和流通;而商业银行是以金融资产和金融负债为经营对象,经营的是特殊商品——货币和货币资本。商业银行经营内容包括货币收付、借贷以及各种与货币运动有关的或者与之相联系的金融服务。从社会再生产过程看,商业银行的经营,是工商企业经营的条件。同一般工商企业的区别,使商业银行成为一种特殊的企业——金融企业。

(3)商业银行与专业银行相比又有所不同。商业银行的业务更综合,功能更全面,经营一切金融"零售业务"(门市服务)和"批发业务"(大额信贷业务),为客户提供所有的金融服务。而专业银行只集中经营指定范围内的业务和提供专门服务。随着西方各国金融管制的放松,专业银行的业务经营范围也在不断扩大,但与商业银行相比,仍有较大差距,商业银行在业务经营上具有优势。

随着我国社会经济的蒸蒸日上,我国商业银行也随之不断发展壮大,出现了"两翼齐飞,百舸竞流"的大好局面。我国商业银行具体分为:大型国有商业银行,包括工商银行、农业银行、建设银行、中国银行、交通银行;全国性的股份制中小型商业银行,包括招商银行、中信银行、浦发银行、民生银行、兴业银行、光大银行、华夏银行、广发银行、深发银行、浙商银行、渤海银行、恒丰银行、浦发银行;城市商业银行,如北京银行、上海银行、杭州银行等;农村商业银行、农村合作银行。

7. 互利双赢——投资银行

投资银行是证券和股份公司制度发展到特定阶段的产物,是发达证券市场和成熟金融体系的重要主体,在现代社会经济发展中发挥着沟通资金供求、构造证券市场、推动企业并购、促进产业集中和规模经济形成、优化资源配置等重要作用。

投资银行是指传统商业银行以外的金融服务机构,区别于商业银行的特征是风险不隔离。投资银行是金融市场主要的服务提供者,也是经营资本的行业,它的主要作用是通过对资本所有权、经营权、使用权的组合和运作,不仅为资金的使用者和供应者手中的赋闲资源提供配置和组合的中介服务,还为双方资源共享提供所创造的收益。

投资银行的界定

由于投资银行业的发展日新月异,对投资银行的界定也显得十分困难。投资银行是美国和欧洲大陆的称谓,英国称之为"商人银行",在日本则指证券公司。国际上对投资银行的定义主要有四种:

(1)任何经营华尔街金融业务的金融机构都可以称为投资银行。

(2)只有经营一部分或全部资本市场业务的金融机构才是投资银行。

(3)把从事证券承销和企业并购的金融机构称为投资银行。

(4)仅把在一级市场上承销证券和在二级市场交易证券的金融机构称为投资银行。

投资银行的类型

投资银行是与商业银行相对应的一个概念,是现代金融业适应现代经济发展形成的一个新兴行业。它区别于其他相关行业的显著特点:一是它属于金融服务业,这是区别一般性咨询、中介服务业的标志;二是它主要服务于资本市场,这是区别商业银行的标志;三是它属于智力密集型行业,这是区别其他专业性金融服务机构的标志。

在美国,投资银行往往有两个来源:一是由综合性银行分拆而来,典型的例子如摩根士丹利;二是由证券经纪人发展而来,典型的例子如美林证券。

当前世界的投资银行主要有四种类型:

(1)独立的专业性投资银行。这种形式的投资银行在全世界范围内广为存在,美国的高盛公司、美林证券、雷曼兄弟公司、摩根士丹利公司、第一波士顿公司,日本的野村证券、大和证券、日兴证券、山一证券,英国的华宝公司、宝源公司等均属于此种类型,并且,他们都有各自擅长的专业方向。

(2)商业银行拥有的投资银行(即商人银行)。这种形式的投资银行主要是商业银行对现存的投资银行通过兼并、收购、参股或建立自己的附属公司形式从事商人银行及投资银行业务。这种形式的投资银行在英、德等国非常典型。

(3)全能性银行直接经营投资银行业务。这种类型的投资银行主要在欧洲大陆,他们在从事投资银行业务的同时也从事一般的商业银行业务。

(4)一些大型跨国公司兴办的财务公司。

如果按照银行的规模和业务能力,投资银行也可分为:国际级超大型投资银行、国家级投资银行、地区性投资银行、专业性投资银行。其中,独立性投资银行和商业银行所控制的投资银行最著名的有:高盛公司、美林公司和派杰公司等;财务和业务独立性的投资银行较大的主要有：摩根士丹利、第一波士顿、野村证券、日兴证券、华宝公司等。而综合性投资银行和大型跨国公司的财务公司的职能主要是金融中介、创造证券市场流动性、优化资源配置、促进产业集中、促进金融创新、促进产融结合和培育企业家。此外，还有在线投资银行服务机构，如投资银行在线。传统上，它从事的业务有证券发行承销、证券经纪、做市及证券私募；在现代，它的业务发展以兼并收购、项目融资、风险资本、财务顾问为主导，并担当投资顾问、投资咨询、资产证券化的角色。

经过最近一百年的发展，现代投资银行已经突破了证券发行与承销、证券交易经纪、证券私募发行等传统业务框架，企业并购、项目融资、风险投资、公司理财、投资咨询、资产及基金管理、资产证券化、金融创新等都已成为投资银行的核心业务组成。

另外，我国所谓的投资银行，目前实际上是指基金管理公司，由中国证监会实施专业化的监督管理。

我国的投资银行业务是从满足证券发行与交易的需要不断发展起来的。从我国的实践看，投资银行业务最初是由商业银行来完成的。商业银行不仅是金融工具的主要发行者，也是掌管金融资产量最大的金融机构。20 世纪 80 年代中后期，随着我国开放证券流通市场，原有商业银行的证券业务逐渐被分离出来，各地区先后成立了一大批证券公司，形成了以证券公司为主的证券市场中介机构体系。在随后的 10 余年里，券商逐渐成为我国投资银行业务的主体。但是，除了专业的证券公司以外，还有一大批业务范围较为宽泛的信托投资公司、金融投资公司、产权交易与经纪机构、资产管理公司、财务咨询公司等在从事投资银行的其他业务。

我国的投资银行可以分为三种类型：第一种是全国性的；第二种是地区性的；第三种是民营性的。全国性的投资银行又分为两类：一是以银行系统为背景的证券公司；二是以国务院直属或国务院各部委为背景的信托投资公司，地区性的投资银行主要是省、市两级的专业证券公司和信托公司。以上两种类型的投资银行依托国家在证券业务方面的特许经营权在我国投资银行业中占据了主体地位。第三类民营性的投资银行主要是一些投资管理公司、财务顾问公司和资产管理公司等，他们绝大多数是从过去为客户提供管理咨询和投资顾问业务发展起来的，并具有一定的资本实力，在企业并购、项目融资和金融创新方面具有很强的灵活性，正逐渐成为我国投资银行领域的又一支中坚力量。

投资银行的功能

（1）媒介资金供需。与商业银行相似，投资银行也是沟通互不相识的资金盈余者和资金短缺者的桥梁，它一方面使资金盈余者能够充分利用多余资金来获取收益；另一方面又帮助资金短缺者获得所需资金以求发展。投资银行和商业银行以不同的方式和侧重点起着重要的资金媒介作用，在国民经济中，缺一不可。

（2）构造证券市场。证券市场是一国金融市场的基本组成部分之一。任何一个经济相对发达的国家中，无一例外均拥有比较发达的证券市场体系。概括起来，证券市场由证券发行者、证券投资者、管理组织者和投资银行四个主体构成，其中，投资银行起了穿针引线、联系不同主体、构建证券市场的重要作用。

（3）优化资源配置。实现有限资源的有效配置是一国经济发展的关键。在这方面，投资银行起了重要作用。

第一，投资银行通过其资金媒介作用，使能获取较高收益的企业通过发行股票和债券等方式来获得资金，同时为资金盈余者提供了获取更高收益的渠道，从而使国家整体的经济效益和福利得到提高，促进了资源的合理配置。

第二，投资银行便利了政府债券的发行，使政府可以获得足够的资金用于提供公共产品，加强基础建设，从而为经济的长远发展奠定基础。同时，政府还可以通过买卖政府债券等方式，调节货币供应量，借以保障经济的稳定发展。

第三，投资银行帮助企业发行股票和债券，不仅使企业获得了发展和壮大所需的资金，并且将企业的经营管理置于广大股东和债权人的监督之下，有益于建立科学的激励机制与约束机制以及产权明晰的企业制度，从而促进了经济效益的提高，推动了企业的发展。

第四，投资银行的兼并和收购业务促进了经营管理不善的企业被兼并或收购，经营状况良好的企业得以迅速发展壮大，实现规模经济，从而促进了产业结构的调整和生产的社会化。

第五，许多尚处于新生阶段、经营风险很大的朝阳产业的企业难以从商业银行获取贷款，往往只能通过投资银行发行股票或债券以筹集资金求得发展。因此从这个意义上说，投资银行促进了产业的升级换代和经济结构的进步。

（4）促进产业集中。在企业并购过程中，投资银行发挥了重要作用。因为企业兼并与收购是一个技术性很强的工作，选择合适的并购对象、合适的并购时间、合适的并购价格及进行针对并购的合理的财务安排等都需要大量的资料、专业的人才和先进的技术，这是一般企业所难以胜任的。尤其在第二次世界大战之后，大量的兼并与收购活动是通过证券二级市场进行的，手续更加烦琐、要求更加严格、操作更为困难，没有投资银行作为顾问和代理人，兼并收购已几乎不可能进行。因而，从这一意义上来说，投资银行促进了企业实力的增加、社会资本的集中和生产的社会化，成为企业并购和产业集中过程中不可替代的重要力量。

投资银行的业务

投资银行核心业务大致分为三类：传统型、创新型和引申型。传统型业务主要包括证券承销、经纪和自营，这是投资银行最本源、最基础的业务，也是投资银行业兴起至今给该行业带来最丰厚利润的业务；创新型业务是20世纪60至70年代发展起来的诸如企业并购、重组等收费性咨询业务以及证券化业务；引申型业务则指近些年以来兴起的资产管理和新的衍生品交易，包括互换、契约废止等产品。

（1）证券承销。证券承销是投资银行最本源、最基础的业务活动。投资银行承销的职权范围很广,包括本国中央政府、地方政府、政府机构发行的债券,企业发行的股票和债券,外国政府和公司在本国和世界发行的证券,国际金融机构发行的证券,等等。投资银行在承销过程中一般要按照承销金额及风险大小来权衡是否要组成承销辛迪加和选择承销方式。

(2)证券经纪交易。投资银行在二级市场中扮演着做市商、经纪商和交易商三重角色。作为做市商,在证券承销结束之后,投资银行有义务为该证券创造一个流动性较强的二级市场,并维持市场价格的稳定。作为经纪商,投资银行代表买方或卖方,按照客户提出的价格代理进行交易。作为交易商,投资银行有自营买卖证券的需要,这是因为投资银行接受客户的委托,管理着大量的资产,必须要保证这些资产的保值与增值。此外,投资银行还在二级市场上进行无风险套利和风险套利等活动。

(3)证券私募发行。证券的发行方式分为公募发行和私募发行两种,前面的证券承销实际上是公募发行。私募发行又称"私下发行",就是发行者不把证券售给社会公众,而是仅售给数量有限的机构投资者,如保险公司、共同基金等。私募发行不受公开发行的规章限制,除能节约发行时间和发行成本外,又能够比在公开市场上交易相同结构的证券给投资银行和投资者带来更高的收益率,所以,近年来私募发行的规模仍在扩大。但同时,私募发行也有流动性差、发行面窄、难以公开上市扩大企业知名度等缺点。

(4)兼并与收购。企业兼并与收购已经成为现代投资银行除证券承销与经纪业务外最重要的业务组成部分。投资银行可以以多种方式参与企业的并购活动,如:寻找兼并与收购的对象、向猎手公司和猎物公司提供有关买卖价格或非价格条款的咨询、帮助猎手公司制订并购计划或帮助猎物公司针对恶意的收购制订反收购计划、帮助安排资金融通和过桥贷款等。此外,并购中往往还包括"垃圾债券"的发行、公司改组和资产结构重组等活动。

(5)项目融资。项目融资是对一个特定的经济单位或项目策划安排的一揽子融资的技术手段,借款者可以只依赖该经济单位的现金流量和所获收益用做还款来源,并以该经济单位的资产作为借款担保。投资银行在项目融资中起着非常关键的作用,它将与项目有关的政府机关、金融机构、投资者与项目发起人等紧密联系在一起,协调律师、会计师、工程师等一起进行项目可行性研究,进而通过发行债券、基金、股票或拆借、拍卖、抵押贷款等形式组织项目投资所需的资金融通。投资银行在项目融资中的主要工作是:项目评估、融资方案设计、有关法律文件的起草、有关的信用评级、证券价格确定和承销等。

(6)公司理财。公司理财实际上是投资银行作为客户的金融顾问或经营管理顾问而提供咨询、策划或操作。它分为两类:第一类是根据公司、个人或政府的要求,对某个行业、某种市场、某种产品或证券进行深入的研究与分析,提供较为全面的、长期的决策分析资料;第二类是在企业经营遇到困难时,帮助企业出谋划策,提出应变措施,诸如制订发展战略、重建财务制度、出售转让子公司等。

(7)基金管理。基金是一种重要的投资工具,它由基金发起人组织,吸收大量投资者的零散资金,聘请有专门知识和投资经验的专家进行投资并取得收益。投资银行与基金有着密切的联系。首先,投资银行可以作为基金的发起人,发起和建立基金;其次,投资银行可作为基金管理者管理基金;第三,投资银行可以作为基金的承销人,帮助基金发行人向投资者发售受益凭证。

(8)财务顾问与投资咨询。投资银行的财务顾问业务是投资银行所承担的对公司尤其是上市公司的一系列证券市场业务的策划和咨询业务的总称。主要指投资银行在公司的股份制改造、上市、在二级市场再筹资以及发生兼并收购、出售资产等重大交易活动时提供的专业性财务意见。投资银行的投资咨询业务是连结一级和二级市场,沟通证券市场投资者、经营者和证券发行者的纽带和桥梁。习惯上常将投资咨询业务的范畴定位在对参与二级市场投资者提供投资意见和管理服务。

(9)资产证券化。资产证券化是指经过投资银行把某公司的一定资产作为担保而进行的证券发行,是一种与传统债券筹资十分不同的新型融资方式。进行资产转化的公司称为资产证券发起人。发起人将持有的各种流动性较差的金融资产,如住房抵押贷款、信用卡应收款等,分类整理为一批资产组合,出售给特定的交易组织,即金融资产的买方(主要是投资银行),再由特定的交易组织以买下的金融资产为担保发行资产支持证券,用于收回购买资金。这一系列过程就称为资产证券化。资产证券化的证券即资产证券为各类债务性债券,主要有商业票据、中期债券、信托凭证、优先股票等形式。资产证券的购买者与持有人在证券到期时可获本金、利息的偿付。证券偿付资金来源于担保资产所创造的现金流量,即资产债务人偿还的到期本金与利息。如果担保资产违约拒付,资产证券的清偿也仅限于被证券化资产的数额,而金融资产的发起人或购买人无超过该资产限额的清偿义务。

(10)金融创新。根据特性不同,金融创新工具即衍生工具一般分为三类:期货类、期权类和调期类。使用衍生工具的策略有三种,即套利保值、增加回报和改进有价证券的投资管理。通过金融创新工具的设立与交易,投资银行进一步拓展了投资银行的业务空间和资本收益。首先,投资银行作为经纪商代理客户买卖这类金融工具并收取佣金;其次,投资银行也可以获得一定的价差收入,因为投资银行往往首先作为客户的对方进行衍生工具的买卖,然后寻找另一客户作相反的抵补交易;第三,这些金融创新工具还可以帮助投资银行进行风险控制,免受损失。金融创新也打破了原有机构中银行和非银行、商业银行和投资银行之间的界限和传统的市场划分,加剧了金融市场的竞争。

(11)风险投资。风险投资又称"创业投资",是指对新兴公司在创业期和拓展期进行的资金融通,表现为风险大、收益高。新兴公司一般是指运用新技术或新发明、生产新产品、具有很大的市场潜力、可以获得远高于平均利润的利润但却充满了极大风险的公司。由于高风险,普通投资者往往都不愿涉足,但这类公司又最需要资金的支持,因而为投资银行提供了广阔的市场空间。投资银行涉足风险投资有不同的层次:第一,采用私募的方式为这些公司筹集资本;第二,对于某些潜力巨大的公司有时也进行直接投资,成为其股东;第三,更多的投资银行是设立"风险基金"或"创业基金"向这些公司提供资金来源。

独木难支——企业融资上市如何选择上市保荐人

企业上市融资必须聘请至少一名保荐人,这是国际资本市场的惯例。

证券发行上市保荐制度是指公司公开发行证券及证券上市时,必须由具有保荐机构资格的保荐人推荐;保荐人应当勤勉尽责,对发行人进行充分的尽职调查;保荐人应当督导其推荐的发行人或上市公司持续规范运作。证券发行上市保荐包括发行保荐、上市保荐两个环节。

中国企业到海外上市,选择上市保荐人应该注意两个方面:

(1)选择富有上市主承销经验的保荐人。

如果保荐人以往主承销过很多企业在到海外上市的案例,积累了丰富的经验,能与海外证券交易所及监管机构保持顺畅、有效的沟通,并能高效地协调各个中介机构的工作,将会有助于企业提高上市准备工作的效率。因此,企业应选择那些帮助过中国企业到海外市场上市的投资银行作为保荐人。同时企业选择保荐人时,还应该考虑保荐人是否富有创新精神,能不能巧妙灵活地设计创业企业的重组,以协助自己能顺利通过规定的上市程序。

(2)选择能为企业长期服务的保荐人。

上市公司的保荐人,不仅在协助公司上市时负有重大的责任,在上市后的任期内,仍有持续的保荐责任。因此,保荐人需有对上市公司的长期承诺。只有乐于为企业长期服务、坚守承诺的保荐人,才会很好地履行其责任,并为企业未来的发展、再融资及资本运作活动出谋划策。

随着国际金融市场的不断发展和融合,投资银行的业务逐步朝着多元化、专业化方向发展,出现了所谓的"金融百货公司",使得投资者几乎任何金融需求都可以得到满足。由于各个投资银行自身发展的历程、涉猎业务的广度和深度不一,所以为了在金融市场上争得一席之地,各投资银行就要根据不同的历史时期适时地调整自己的核心业务结构。从整个行业总体上看,传统的以承销、经纪等业务为核心的业务构成逐渐在发生变化,新的业务给这个行业带来的利润在整个利润结构中占有越来越大的比重,而网上证券交易及资产管理业务的兴起则深刻变革现有的交易模式和市场结构。

20世纪以来,随着国际贸易和国际金融的迅速发展,在世界各地陆续建立起一批世界性的或地区性的银行组织,如1930年成立的国际清算银行、1945年成立的国际复兴开发银行(即世界银行)、1956年成立的国际金融公司、1964年成立的非洲开发银行、1966年成立的亚洲开发银行等,银行在跨越国界和更广泛的领域里发挥作用。

投资银行的经营模式

投资银行的经营模式大体分为分业经营模式和混业经营模式两种。分业经营模式主要是指投资银行业务与商业银行业务相分离,分别由两种机构相对独立经营;混业经营模式,即投资银行业务与商业银行业务相互融合渗透,均由混合银行提供。

8. 聚沙成塔——储蓄银行

储蓄银行是指通过吸收储蓄存款获取资金从事金融业务的银行。储蓄银行是一种较为古老的金融机构,大多是由互助性质的合作金融组织演变而来。

消费储蓄银行在美国最早是以互助储蓄银行的形式出现的。互助性的储蓄银行就是存款人将资金存入银行,银行以优惠的形式向存款人提供贷款,这种组织形式在美国比较普遍。

互助储蓄银行最早出现于19世纪,当时采用的完全是英国模式。第一家互助储蓄银行于1816年在马萨诸塞州注册成立,到1849年全美共有87家银行经营互助储蓄业务,这些银行主要集中于东北部和东部大西洋沿岸的城市中心地区。它们最初都是以慈善机构的形式出现,原始资本一般都是由富裕的商人捐献的。据说这些创始人的最初动机是帮助收入低的人摆脱贫困,他们试图通过鼓励劳动阶层的人励行节俭来减轻公共慈善事业的压力。

尽管从概念上来说"互助"银行应该是储户所有的消费者合作社,事实上,这种银行并不是真正意义上的合作社,银行的储户既没有表决权也没有其他任何形式的控制权,他们无法对银行的经营管理施加任何直接的影响,他们既不是银行的会员也不是所有人。互助银行的控制权实际上掌握在自我任命的董事会手中,他们受储户的委托代储户管理银行的资产。因此,在互助储蓄银行里,"互助"指的是只有储户有权参与利润分配。此外,银行解散时,互助储蓄银行的存款人还有权参与银行累积盈余的分配,尽管这一点有时并不是很明确。所以,这种互助储蓄银行在本质上是非营利性机构而不是合作社。

1908年7月28日,北京储蓄银行正式营业,这是我国最早设立的国家储蓄银行。我国没有专门的储蓄银行,为个人提供的储蓄及其他金融业务是由商业银行办理的。

储蓄银行的资金来源主要是居民储蓄存款、经营收益、发行股票、向商业银行借款三个方面。

储蓄银行在资金周转不灵时,可以向商业银行借入资金。

储蓄银行的资金运用主要有长期性贷款、投资股票、债券等。

储蓄银行还可以将其资金的一部分用于股票、债券的投资,在许多国家(尤其是西方国家),储蓄银行是重要的机构投资人。

储蓄银行和商业银行有什么区别?

储蓄银行和商业银行的区别主要有三点:

(1)储蓄银行的存户多为居民,商业银行的存户多为企业。

(2)储蓄银行凭存折取款,商业银行凭支票支取。

(3)储蓄银行贷款期限长,商业银行的贷款以短期为主。

一般认为存款银行即商业银行,以经营工商业存、贷款为主要业务,并为顾客提供多种服务。存款货币银行在银行体系中,以其机构数量多、业务渗透面广和资产总额比重大,始终居于其他金融机构所不能代替的重要地位。而储蓄银行是指办理居民储蓄并以吸收储蓄存款为主要资金来源的银行。在西方不少国家,储蓄银行大多是专门的、独立的。对储蓄银行也大多有专门的管理法令,旨在保护小额储蓄人的利益。储蓄银行所汇集起来的储蓄存款余额较为稳定,所以主要用于长期投资。

这两者在目前金融业混业经营且相互合营的大环境下,区别已不太明显。

就我国国内而言,目前的银行基本都是存款银行,中国邮政储蓄银行可以认为具有储蓄银行实际业务性质,但不是储蓄银行。

9. 逶迤延伸——非银行类金融机构

非银行金融机构主要是小额贷款公司,如金融资产管理公司、信托投资公司、财务公司、金融租赁公司等。

破茧而出——金融资产管理公司

金融资产管理公司是专门用于清理银行不良资产的金融中介机构。由于银行自行清理不良资产会遇到法规限制、专业技术知识不足、管理能力不够和信息来源不充分等困难,需要成立由有关方面人员组成的、拥有一定行政权力的金融资产管理公司来专门清理不良资产。

金融资产管理公司通常是在银行出现危机时由政府设立的,并且不以盈利为目的。通过审慎地收购资产、有效地管理资产和处置不良资产、向银行系统注入资金等以挽救金融行业,重建公众对银行体系的信心;通过运用有效的资产管理及资产变现战略,尽可能从破产倒闭银行的不良资产中多收回价值;在尽量减少动用政府资金的前提下,使金融行业能够实现资本重整,减轻银行重组对社会整体的震荡以及负面影响。

我国的金融资产管理公司,是指国务院决定设立的收购国有银行不良贷款、管理和处置因收购国有银行不良贷款形成的资产的国有独资非银行金融机构。它以最大限度保全资产、减少损失为主要经营目标,依法独立承担民事责任。

1999 年,我国为了管理和处置国有银行的不良贷款,成立了中国信达资产管理公司、中国长城资产管理公司、中国东方资产管理公司和中国华融资产管理公司,分别收购、管理和处置从中国工商银行、中国农业银行、中国银行、中国建设银行和国家开发银行剥离出来的不良资产。其中,中国信达资产管理公司于 1999 年4 月成立,其他三家于 1999 年 10 月分别成立。

目前,我国已有 5 家金融资产管理公司,它们是:中国长城资产管理公司、中国信达资产管理公司、中国华融资产管理公司以及中国东方资产管理公司、海南联合资产管理公司。

国际金融市场上共有两类资产管理公司,即从事"优良"或"不良"资产管理业务的金融资产管理公司。前者外延较广,涵盖诸如商业银行、投资银行以及证券公司设立的资产管理部或资产管理方面的子公司,主要面向个人、企业和机构等,提供的服务主要有账户分立、合伙投资、单位信托等;后者是专门处置银行剥离的不良资产的金融资产管理公司。

国际金融资产管理公司产生的背景

(1)经济和金融全球化引致危机。

20 世纪以来,各国经济力量逐步跨越国界,在全球范围内不断自由流动,各国、各地区持续融合成一个难以分割的整体。以信息技术为中心的高新技术迅猛发展,不仅冲破了国界,而且缩小了各国和各地的距离,使世界经济越来越融为整体。但是,经济全球化是一把无形的"双刃剑",它在推动全球生产力大力发展、加速世界经济增长、为少数发展中国家追赶发达国家提供了难得历史机遇的同时,也加剧了国际竞争,增加了国际风险。进入 90 年代以来,金融危机频繁爆发:先是在 1992 年爆发了英镑危机,然后是 1994 年 12 月爆发的墨西哥金融危机,最为严重的是 1997—1998 年的亚洲金融风暴。1997 年,金融危机如飓风一般席卷东南亚各国,然后顺势北上,在 1998 年横扫韩国。这场金融危机的波及范围甚至到了南非和俄国。接着金融危机的飓风跨越大西洋,又袭击了阿根廷。

(2)危机的根源是银行累积的巨额不良资产。

1997 年亚洲金融危机爆发,给亚洲金融业带来了前所未有的灭顶之灾和严重破坏性冲击。危机袭来之前,爆发金融危机的国家都呈现出一些共同的特点:银行囤积不良资产金额巨大。发生危机的国家宏观和微观经济管理都比较脆弱,这些基本面的脆弱性使得危机国家经济从两方面承受着巨大压力。首先是外部压力。

巨额短期外债,尤其是用于弥补经常项目赤字时,将使得经济靠持续的短期资本流入难以维系。不管由于何种原因使得资本流入减缓或逆转,经济和本币都会异常脆弱。其次是内部压力。银行监管的薄弱,导致了银行尤其是资本不充足的银行过度发放风险贷款。当风险损失发生时,银行缺乏资本以发放新贷款,有时甚至破产。借款方不能偿还贷款时,银行部门的不良贷款就引发了银行危机。

(3)解决银行危机产生的直接原因。

为了化解银行危机,各国政府、银行和国际金融组织采取了各种措施,以解决银行体系的巨额不良资产,避免新的不良资产的产生。20世纪80年代末,美国储蓄贷款机构破产,为维护金融体系的稳定,美国政府成立了重组信托公司以解决储蓄贷款机构的不良资产,从此专门处理银行不良资产的金融资产管理公司开始出现。进入90年代以来,全球银行业不良资产呈现加速上升趋势。继美国之后,北欧四国瑞典、挪威、芬兰和丹麦也先后设立资产管理公司对自己的银行不良资产进行大规模的重组。随后中、东欧经济转轨国家(如波兰成立的工业发展局)和拉美国家(如墨西哥成立的FOBAPROA资产管理公司)以及法国等也相继采取银行不良资产重组的策略以稳定本国的金融体系。亚洲金融危机爆发后,东亚以及东南亚诸国也开始组建金融资产管理公司,例如,日本的"桥"银行、韩国的资产管理局、泰国的金融机构重组管理局、印度尼西亚的银行处置机构和马来西亚的资产管理公司均对银行业的不良资产进行重组。

因此,资产管理公司的实质是指由国家出面专门设立的以处理银行不良资产为使命的暂时性金融机构,具有特定使命的特征,以及较为宽泛业务范围的功能特征。

国内金融资产管理公司产生的背景

在20世纪末的亚洲金融危机中,唯独中国经济幸免于难。中国经济的坚挺和稳健极大地遏制了金融风暴肆无忌惮的蔓延,为亚洲经济乃至世界经济的复苏创造了契机。中国的贡献赢得了各国政府以及世界银行、亚洲开发银行等国际金融组织的高度评价。

然而,作为中国金融业根基的国有银行业,存在着大量不良贷款。中国人民银行的一项统计表明,国有商业银行不良资产总额大约为22 898亿元,约占整个贷款的25.37%。巨额的不良资产,对银行自身的稳健与安全将产生直接损害。为了化解由此可能导致的金融风险,我国于1999年相继设立了4家金融资产管理公司,即中国华融资产管理公司、中国长城资产管理公司、中国信达资产管理公司和中国东方资产管理公司。

越俎代庖——信托投资公司

信托是指委托人基于对受托人(信托投资公司)的信任,将自己合法拥有的财产委托给受托人,由受托人按委托人的意愿以自己的名义,为受益人的利益或者特定的目的,进行管理或者处分的行为。概括地说是"受人之托,代人理财"。

信托的基本特征：

（1）信托是以信任为基础，受托人应具有良好的信誉。

（2）信托成立的前提是委托人要将自有财产委托给受托人。

（3）信托财产具有独立性，信托依法成立后，信托财产即从委托人、受托人以及受益人的自有财产中分离出来，成为独立运作的财产。

（4）受托人为受益人的最大利益管理信托事务。

信托投资公司以信任委托为基础、以货币资金和实物财产的经营管理为形式、融资和融物相结合的多边信用行为。它是随着商品经济的发展而出现的。信托业务18世纪出现于英国。它主要包括委托和代理两个方面的内容。前者是指财产的所有者为自己或其指定人的利益，将财产委托给他人，要求按照一定的目的，代为妥善地管理和有利地经营；后者是指一方授权另一方，代为办理的一定经济事项。信托业务的关系人有委托人、受托人和受益人三个方面。转移财产权的人，即原财产的所有者是委托人；接受委托代为管理和经营财产的人是受托人；享受财产所带来的利益的人是受益人。

信托的种类很多，主要包括个人信托、法人信托、任意信托、特约信托、公益信托、私益信托、自益信托、他益信托、资金信托、动产信托、不动产信托、营业信托、非营业信托、民事信托和商事信托等。信托业务方式灵活多样，适应性强，有利于搞活经济，加强地区间的经济技术协作；有利于吸收国内外资金，支持企业的设备更新和技术改造。

信托投资公司的业务具有收益高、责任重、风险大、管理复杂等特点。

目前，国际上信托投资公司的投资业务大多分为两类：一类是以某公司的股票和债券为经营对象，通过证券买卖和股利、债息获取收益；一类是以投资者身份直接参与对企业的投资。

信托投资公司作为一种以受托人的身份代人理财的金融机构，它与银行信贷、保险并称为现代金融业的三大支柱。我国信托投资公司的主要业务有经营资金和财产委托、代理资产保管、金融租赁、经济咨询、证券发行以及投资等。

根据国务院关于进一步清理整顿金融性公司的要求，我国信托投资公司的业务范围主要限于信托、投资和其他代理业务，少数确属需要的经中国人民银行批准可以兼营租赁、证券业务和发行一年以上的专项信托受益债券，用于进行有特定对象的贷款和投资，但不准办理银行存款业务。信托业务一律采取委托人和受托人签订信托契约的方式进行，信托投资公司受托管理和运用信托资金、财产，只能收取手续费，费率由中国人民银行会同有关部门制定。

尽管我国的信托投资市场起步较晚，但信托投资公司已成为我国金融体系中不可或缺的重要力量。整个信托市场的竞争格局正迅速由自由竞争向准垄断竞争业态过渡，并将会在更多的业务领域里展开。随着监管部门分类监管政策的酝酿出台与实施，信托制度也日趋完善，信托投资公司将进入全面分化和整合的新时代。加快发展、健康发展仍然是信托业发展的主旋律,信托投资公司拓展业务的空间也将会更为广阔。

推波助澜——财务公司

财务公司又称金融公司,是为企业技术改造、新产品开发及产品销售提供金融服务,以中长期金融业务为主的非银行机构。各国的名称不同,业务内容也有所差异,但多数财务公司是商业银行的附属机构,主要用来吸收存款。

财务公司类型

20世纪初,财务公司初步兴起,主要有美国模式和英国模式两种类型。

(1)美国模式财务公司是以搞活商品流通、促进商品销售为特色的非银行金融机构。它依附于制造厂商,是一些大型耐用消费品制造商为了推销自己的产品而设立的受控子公司。这类财务公司以向零售商提供融资服务为主业,它们主要分布在美国、加拿大和德国。

目前,美国财务公司产业的总资产规模超过8 000亿美元,财务公司在流通领域的金融服务几乎涉及从汽车、家电、住房到各种工业设备的所有商品,对促进商品流通起到了非常重要的作用。

(2)英国模式财务公司基本上都依附于商业银行,组建的目的在于规避政府对商业银行的监管。因为政府明文规定,商业银行不得从事证券投资业务,而财务公司不属于银行,所以不受此限制。这种类型的财务公司主要分布在英国、日本和中国香港。

我国的财务公司

我国的财务公司不是商业银行的附属机构,而是隶属于大型集团的非银行金融机构。我国的财务公司都是由大型企业集团投资成立的,为本集团提供金融服务的非银行金融机构。它的宗旨和任务是为本企业集团内部各企业筹资和融通资金,促进技术改造和技术进步。

企业集团财务公司是中国企业体制改革和金融体制改革的产物。国家为了增强国有大中型企业的活力,盘活企业内部资金,增强企业集团的融资能力,支持企业集团的发展,促进产业结构和产品结构的调整,以及探索具有中国特色的产业资本与金融资本相结合的道路,1987年我国第一家企业集团财务公司成立。此后,根据国家有关规定,一些大型企业集团也相继建立了财务公司。

财务公司的业务范围

财务公司经营的金融业务,大体上可以分为融资、投资和中介这三大块。

融资业务:经批准发行财务公司债券,从事同业拆借。

投资业务:承销成员单位的企业债券;对金融机构的股权投资;成员单位产品的消费信贷、买方信贷及融资租赁;对成员单位办理贷款及融资租赁。

中介业务:对成员单位办理财务和融资顾问、信用鉴证及相关的咨询、代理业务;协助成员单位实现交易款项的收付;经批准的保险代理业务;对成员单位提供担保;对成员单位办理票据承兑与贴现;办理成员单位之间的内部转账结算及相应的结算、清算、方案设计。

在我国,财务公司须经中国人民银行批准,可从事下列部分或全部业务:

(1)吸收成员单位 3 个月以上定期存款,发行财务公司债券。

(2)同业拆借。

(3)对成员单位办理贷款及融资租赁。

(4)办理集团成员单位产品的消费信贷、买方信贷及融资租赁。

(5)办理成员单位商业汇票的承兑及贴现。

(6)办理成员单位的委托贷款及委托投资。

(7)有价证券、金融机构股权及成员单位股权投资。

(8)承销成员单位的企业债券。

(9)对成员单位办理财务顾问、信用鉴证及其他咨询代理业务。

(10)对成员单位提供担保。

(11)境外外汇借款。

(12)经中国人民银行批准的其他业务。

在服务对象上,由于中国财务公司都是企业附属财务公司,因此中国财务公司一般都是以母公司、股东单位为服务重点,但同时也为其他企业和个人提供金融服务。

行业组织——中国财务公司协会

中国财务公司协会是中国企业集团财务公司的同业自律性组织。它由中国企业集团财务公司自愿结成,是全国性、专业性的非营利社会组织,具有社会团体法人资格。

中国财务公司协会的国家业务主管单位是中国银行业监督管理委员会;社团登记管理机关是国家民政部。中国财务公司协会接受中国银行业监督管理委员会的业务指导和国家民政部的监督管理。它的前身是成立于1988 年 4 月的"全国财务公司联合会"。

中国财务公司协会的会员是中国的企业集团财务公司。我国的企业集团财务公司产生于 20 世纪 80 年代中后期,是具有中国特色的为企业集团发展配套的非银行金融机构,实质上是大型企业集团附属的金融公司。

东风汽车工业财务公司是经中国人民银行总行批准,1987 年成立的中国第一家财务公司。

不老长青——典当行

典当业是人类最古老的行业之一,堪称现代金融业的鼻祖,是抵押银行的前身。

典当行也称当铺,是专门发放质押贷款的非正规边缘性金融机构,是以货币借贷为主、商品销售为辅的市场中介组织。典当行业是社会经济发展到一定阶段的必然产物。

现代典当行

在人类早期的经济活动中,货币的借贷行为日趋频繁。这样不但加快了商品的流通速度,而且还导致了货币的支付手段作用日益加强,同时又促进了货币领域的畅通和发达。正是社会经济中货币流通发展到一定高度,才不可避免地产生了唯一的、专营货币借贷的信用机构——典当行。

典当行出现以后,在原有的货币流通渠道之外,又形成了一个新的货币流通渠道,商品流通行为以典当行为中心,完成货币的投放和回笼。

2005年4月1日,我国施行的《典当管理办法》规定:所谓"典当",是指当户将其动产、财产权利作为当物质押或者抵押给典当行,交付一定比例费用,取得当金,并在约定期限内支付当金利息、偿还当金、赎回当物的行为。通俗地说,典当就是要以财物作质押,有偿有期借贷融资的一种方式。这是一种以物换钱的融资方式,只要顾客在约定时间内还本并支付一定的综合服务费(包括当物的保管费、保险费、利息等),就可赎回当物。现在,我国典当业的监管划归商务部负责。

百 科 小 知 识

典当借款与银行贷款相比有什么好处?

(1)业务方式上,典当更加灵活多样,原则上有价值的物品或财产权利都可以典当。

(2)典当借款手续简便快捷,最快只需几分钟,最慢也只需三五天。

(3)借款用途不一样,典当借款多用于救急,银行贷款多用于生产或消费。

(4)典当一般期限较短,最短5天,最长6个月。

(5)典当一般除收取当金利息外,还按当金一定比例收取综合费。

典当业的由来和发展

中国是世界上最早出现典当活动并形成典当业的国家之一。经考证,中国的典当业初见萌芽于两汉,开始于南朝佛寺的长生库,入俗于唐朝至五代的市井,立行于南北朝到宋朝,兴盛于明清两代,衰落于清朝末年,而复兴于当代改革开放之后,经历了 1 000 多年的历史沉浮。

国外典当行的出现,一般认为是在欧洲中世纪前期。10～11 世纪,流亡欧洲各地的许多犹太人便以典当营生。史料记载,西欧各地的犹太人都变成了典当业者,以物品质押为条件放款取息。

哪些物品可以用来典当?

用来做抵押的典当物品,原则上只要来源合法、产权明晰、可以依法疏通的有价值物品或财产权利都可以典当。

但不同典当行具体开展的典当业务却各有不同。一般来讲,房产、股票、企业债券、大额存单、车辆、金银饰品、珠宝钻石、电子产品、钟表、照相机、批量物资等都可以典当。与通常人们想象中的旧当铺不同的是,现代典当行一般不收旧衣服。活物一般也是不典当的。

我国历史上,典当行或当铺的典当机构在中国产生于南北朝时期。最早的经营者是佛寺僧人,但当时并没有"典当行"或"当铺"的称谓,一般叫做"寺库"。根据现有史料的记载,外国典当行的建立,应当晚于中国,但最迟起源于欧洲中世纪前期。

从唐朝起,典当行按东主的身份地位和资金来源划分,开始出现了多种类型,除僧办以外,还有民办和官办性质的典当行。其中民办典当行由地主商人开办,而官办典当行又有官僚自营和政府投资两种类型,从而打破了寺院质库的单一典当模式。

唐朝强盛时期,工商业发展加快,货币需求迅速扩大,民营典当行迅速崛起,为经济的繁荣发展注入了新的活力。当时,典当行一般由地主或商人经营,具有当本极低、当期极短的显著特点。唐朝政府开办的典当行,实行公私典当行并举,资本雄厚,规模很大。这是最早的官僚资本向金融业转移的雏形。

宋朝也有官办的典当行。在北宋时期,被称为"抵当免所"的质库就是政府所设典当行,后来又改称"抵当库"、"抵库"。宋朝的典当行客源充足,生意兴隆。它最突出的特点是典当物品的变化和僧办,在很大程度上促进了典当行的复兴。

1293 年,元朝政府以钞 5 000 锭为资本设立公典,称为"广惠库",放贷收息。元末明初,僧办典当行急剧减少,逐渐退出历史舞台,代之而起的主要是民办典当行。

从明朝中期开始,典当行无论是从数量、资本方面,还是从种类、业务方面来说,都有十分显著的发展变化,堪称我国典当业史上的分水岭。此时,民办典当行中的商营典当行最为兴旺发达,构成这个时期典当业的一个新的特点,即商人纷纷投资经营典当行并且成为典当业的一支主要力量。

明代的当商具有浓厚的地区专业色彩,其中最著名的是徽州典当商,典当业分布范围十分广泛,触角遍及全国。

清代时期,典当业开始形成民当、官当、皇当三足鼎立的局面。这是典当自产生以来,中国封建社会历朝所没有的现象。民当,即所谓地主商人出资开设、经营之民办典当行;官当和皇当则均属官办典当行,但二者又有很大区别。

近代以来,由于受到钱庄、票号、银行兴起和发展的影响,许多信誉卓著、财力强盛的典当行还开始从事兑换、发行信用货币等业务,这与接受存款一样,都是比当年一些官办典当行进行多种商业经营更便捷繁杂的金融活动。典当行收当时,有时不付现钱或现银,而是付给当户本行发行的、可以随时兑换的同额钱票或银票充顶,一时期颇为流行。信用好的典当行,钱和银票均可上市流通,因而成了信用货币。

近年来世界各国和地区的典当市场的规模都在扩大,典当经营主体、典当交易和典当金额都在增加。同时,典当作为一种新型的融资方式,更是一种特殊的融资方式,具有方式相当灵活、对中小企业的信用要求几乎为零、配套服务周全的三大明显特征。因此,典当业发展前景非常看好。

历史掌故——我国最早的典当行为记载

《后汉书》是我国南朝时期的历史学家范晔编撰的,是一部记载东汉历史的纪传体史,"二十四史"之一。它是继《史记》、《汉书》之后又一部私人撰写的重要史籍,与《史记》、《汉书》、《三国志》并称为"前四史"。

典当在我国最早见诸文字记载的是范晔的《后汉书》中。书中描述:东汉末年,黄巾军揭竿而起。甘陵相刘虞奉命攻打幽州,与部将公孙瓒发生矛盾。书中记载:"虞所赍赏,典当胡夷,瓒数抄夺之。"意思是说,刘虞原打算把受赏之财质押外族,却被公孙瓒劫掠。

这是历史上将"典当"二字最早连用的一次,是把典当活动作为一种社会经济活动加以文字记载的。它表明,典当在中国最迟兴起于东汉,中国是典当行为产生最早的国家之一,距今已有1 800年的历史。

典当业的社会功能和作用

典当业在商品经济发展过程中所起的社会功能和作用是不言而喻的。

(1)典当行是货币流通的重要渠道。

在人类社会的发展进程中,货币的出现逐渐代替了原有的实物交换,改变了商品流通的格局。货币不断作为流通手段和支付手段,为商品的流通带来了更大的便利和快捷。在早期的商品活动中,货币借贷活动的频繁导致货币的支付手段作用日益加强,同时也促进了货币流通的发达。当经济活动发展到一定程度后,唯一的、专营货币借贷的信用机构——典当行应运而生。

为了满足不同社会层次人们的需求,典当行把货币贷给不同类型的当户,使货币得以从典当行流向社会;经过一定时期的周转,当户则将这些货币以债和利息的形式返还典当行,从而使货币又从社会流向典当行。

(2)典当行是商业募资的有效途径。

在本质上,典当行是具有商业性的金融组织。作为商品经济的产物,它必然要经济发展规律参与商品交换并为之服务,从而赚取利润,维持自身生存。

典当行在产生初期主要担负着筹措资金的任务,但受当时商品经济发展水平的制约,实际上它还是一个尚未独立的经济部门,只不过是经济多种经营方式中的一种。

随着社会商品经济的发展,典当行在一定条件下直接从事市场活动,社会资源和财力日趋加强。在成为独立的金融机构之后,典当行便开始兼营商业或其他副业,从而在借贷生息之外,另辟一条增值自身资本的新途径。例如在对重要生活资料的垄断过程中,商业资本气息浓重,典当行就扮演了十分重要的角色。

(3)典当行是国家财政的补充来源。

蒸蒸日上的典当行,不但在柜坊中专门代人保管贵重财物,而且它资金储备十分丰厚。在商品经济发展中,典当行已成为国家维持财政的一个重要来源。

(4)典当行是调节经济的辅助部门。

典当行是特殊形式的信用机构,国家还把它作为调节社会经济发展、推行经济政策的辅助部门加以利用。

百科小知识

典当的手续如何办理?

办理典当手续,基本流程可简单归纳为交当、收当、存当三个板块,具体操作如下:

(1)当户出具有效证件交付当物。

(2)典当行受理当物进行鉴定。

(3)双方约定评估价格、当金数额和典当期限并确认法定息费标准。

(4)双方共同清点封存当物由典当行保管。

(5)典当行向当户出具当票发放当金。

不同典当业务需要提供证件和办理手续是不一样的:

(1)民品:本人身份证原件,有发票最好,可适当提高当价。

(2)房产:户主身份证、户口本、房屋所有权证、土地使用证等,需现场察看房产。

(3)股票:本人身份证、深沪股东账户卡,一般需签约监控。

(4)车辆:本人身份证、汽车有关证件。

(5)物资:本人身份证、相关财产证明。

需要指出的是,这里的民品是指金银饰品、珠宝钻石、电子产品、钟表、照相机等。

我国现代的典当管理

我国法律规定,注册典当行需先经国家商务部审批,由商务部批准并颁发《典当经营许可证》。申请人领取《典当经营许可证》后,应当在 10 日内向所在地县级人民政府公安机关申请典当行《特种行业许可证》。申请人领取《特种行业许可证》后,应当在 10 日内到工商行政管理机关申请登记注册,领取营业执照后,方可营业。

设施现代化的典当行

典当行注册资本最低限额为 300 万元;从事房地产抵押典当业务的,注册资本最低限额为 500 万元;从事财产权利质押典当业务的,注册资本最低限额为 1 000 万元。典当行的注册资本最低限额应当为股东实缴的货币资本,不包括以实物、工业产权、非专利技术、土地使用权作价出资的资本。

我国典当行的经营业务范围

获得主管部门批准的典当行,在法律允许范围内可以经营下列业务:

(1)动产质押典当业务。

(2)财产权利质押典当业务。

(3)房地产(外省、自治区、直辖市的房地产或者未取得商品房预售许可证的在建工程除外)抵押典当业务。

(4)限额内绝当物品的变卖。

(5)鉴定评估及咨询服务。

(6)商务部依法批准的其他典当业务。

典当行不得经营下列业务:

(1)非绝当物品的销售以及旧物收购、寄售。

(2)动产抵押业务。

(3)集资、吸收存款或者变相吸收存款。

(4)发放信用贷款。

(5)未经商务部批准的其他业务。

典当行不得收当下列财物：

（1）依法被查封、扣押或者已经被采取其他保全措施的财产。

（2）赃物和来源不明的物品。

（3）易燃、易爆、剧毒、放射性物品及其容器。

（4）管制刀具，枪支、弹药，军、警用标志、制式服装和器械。

（5）国家机关公文、印章及其管理的财物。

（6）国家机关核发的除物权证书以外的证照及有效身份证件。

（7）当户没有所有权或者未能依法取得处分权的财产。

（8）法律、法规及国家有关规定禁止流通的自然资源或者其他财物。

典当的期限规定和物品绝当后如何处理？

根据我国《典当行管理办法》有关规定，典当最短时间为 5 天，不足 5 天按 5 天计算，最长期限为 6 个月。

典当到期后，5 天内，客户可以选择赎当，也可以根据自己需要选择赎当。

典当期限届满或续当期限届满后，当户应在 5 天内赎当或续当，预期不赎当或续当为绝当。绝当后，绝当物估价金额不足 3 万元的，典当行可以自行变卖或折价处理，损益自负；当物估价金额在 3 万元以上的，可以按《中华人民共和国担保法》有关规定处理，也可以双方事先约定绝当后由典当行委托拍卖行公开拍卖。拍卖收入在扣除拍卖费用及当金本息后，剩余部分应当退还当户，不足部分向当户追索。

10. 时代宠儿——网上银行

网上银行又称"网络银行"、"在线银行"，是指银行利用网络技术，通过互联网向客户提供开户、销户、查询、对账、行内转账、跨行转账、信贷、网上证券、投资理财等传统服务项目，使客户可以足不出户就能够安全便捷地管理活期和定期存款、支票、信用卡及个人投资等。可以说，网上银行是在网络上的虚拟银行柜台。

网上银行又被称为"3A 银行"，因为它不受时间、空间限制，能够在任何时间、任何地点以任何方式为客户提供金融服务。

网上银行，包含两个层次的含义：一是机构概念，是指通过信息网络开办业务的银行；二是业务概念，是指银行通过信息网络提供的金融服务，包括传统银行业务和因信息技术应用带来的新兴业务。

在日常生活和工作中，我们提及网上银行，更多是第二层次的概念，即网上银行服务的概念。网上银行业务不仅仅是传统银行产品简单从网上的转移，其他服务方式和内涵发生了一定的变化，而且由于信息技术的应用，又产生了全新的业务品种。

在西方,网上银行的业务量已相当传统银行业务量的 10%。据有关资料显示,现在美国有 1 500 多万户家庭使用网上银行服务,网上银行业务量占银行总业务量的 10%,约占美国家庭总数的 31%;到 2005 年,这一比例接近 50%。而我国网上银行业务量尚不足银行业务总量的 1%,因此我国网上银行业务的发展前景极为广阔。随着我国居民金融意识的增强,以及国家规范网上行为的法律法规的出台,我国将会有更好的网上银行使用环境,能为客户提供"3A 服务"(任何时间、任何地点、任何方式)的网上银行一定会赢得用户的青睐。

网上银行的特点

网上银行从 20 世纪 90 年代产生到现在,经历了飞速的发展。绝大多数银行都拥有自己的网上银行,甚至于手机网上银行。和传统的银行主要渠道——网点相比,网上银行有它自身的特点,并被所有银行所重视。

(1)虚拟性。网上银行是由用户终端机和银行的网络服务形成的虚拟化平台,它不需要实体建筑、装修、网点经理,只需要网址就可以实现在全世界都可以访问银行提供的服务,实现了"3A"式服务。

(2)广泛性。跨越服务提供的时间、空间限制,实现了服务的广泛可达性。任何用户只需要一台可以上网的电脑(未来将是手机),就可以随时随地访问银行服务。和传统银行网点渠道相比,它能够达到服务更多、更广泛客户的要求。

(3)创新性。相对于网点,基于互联网的网上银行具有独特的一些特点。由于互联网的普及,网银的边际传播成本趋于零,所以相比于其他银行渠道的扩展,网银给各大小银行提供了一个平等创新平台。不管大小银行,都可以通过金融服务的创新,推陈出新个性化、多样化的产品,来符合市场的需求。好的金融产品和服务可以超越网点少的束缚,将服务延伸到全球任何一个角落,提高银行的品牌和价值。

(4)低成本。相较于银行网点,网上银行的成本十分低廉,它的成本只占收入的 15% 到 20% 左右,而相比之下网点的成本占到收入的 60% 左右。

网上银行由于自身独特的特点和优势,成为今后银行发展的重要战略渠道。

网上银行的分类

网上银行按照是否有具体的物理营业场所划分,可分为两类:

一类是 1995 年 10 月 18 日成立的世界首家网络银行——美国安全第一网络银行,又被称为"虚拟网络银行"或"纯网络银行"。这类网络银行,一般只有一个具体的办公场所,没有具体的分支机构、营业柜台、营业人员。这类银行的成功主要是靠业务外包及银行联盟,从而减少成本。

另一种是由传统银行发展而来的网络银行。这类银行是传统银行的分支机构,是原有银行利用互联网开设的银行分站。它相当于传统银行新开设的一个网点,但是又超越传统的形式,因为它的地域比原来的更加宽广,许多客户通过互联网就可以办理原来的柜台业务。这类网络银行的比重占网络银行的 95%。

网上银行的基本业务

（1）基本网上银行业务。商业银行提供的基本网上银行服务包括：在线查询账户余额、交易记录，下载数据，转账和网上支付等。

（2）网上投资。由于金融服务市场发达，可以投资的金融产品种类众多，国外的网上银行一般提供包括股票、期权、共同基金投资和 CDs 买卖等多种金融产品服务。

（3）网上购物。商业银行的网上银行设立的网上购物协助服务，大大方便了客户网上购物，为客户在相同的服务品种上提供了优质的金融服务或相关的信息服务，加强了商业银行在传统竞争领域的竞争优势。

（4）个人理财助理。个人理财助理是国外网上银行重点发展的一个服务品种。各大银行将传统银行业务中的理财助理转移到网上进行，通过网络为客户提供理财的各种解决方案，提供咨询建议，或者提供金融服务技术的援助，从而极大地扩大了商业银行的服务范围，并降低了相关的服务成本。

（5）企业银行。企业银行服务是网上银行服务中最重要的部分之一。其服务品种比个人客户的服务品种更多，也更为复杂，对相关技术的要求也更高，所以能够为企业提供网上银行服务是商业银行实力的象征之一，一般中小网上银行或纯网上银行只能部分提供，甚至完全不提供这方面的服务。

企业银行服务一般提供账户余额查询、交易记录查询、总账户与分账户管理、转账、在线支付各种费用、透支保护、储蓄账户与支票账户资金自动划拨、商业信用卡等服务。此外，还包括投资服务等。部分网上银行还为企业提供网上贷款业务。

（6）其他金融服务除了银行服务外，大商业银行的网上银行均通过自身或与其他金融服务网站联合的方式，为客户提供多种金融服务产品，如保险、抵押和按揭等，以扩大网上银行的服务范围。

塑料货币——银行卡

银行卡是由银行发行、供客户办理存取款业务的新型服务工具的总称。银行卡包括信用卡、支票卡、自动出纳机卡、记账卡和灵光卡等。因为各种银行卡都是塑料制成的，又用于存取款和转账支付，所以又称之为"塑料货币"。

20 世纪 70 年代以来，银行卡的使用范围不断扩大。它不仅减少了现金和支票的流通，而且使银行业务由于突破了时间和空间的限制而发生了根本性变化。银行卡自动结算系统的广泛运用，使一个"无支票、无现金社会"的到来变成了现实。

在各大银行系统中，常见的银行卡按照性质差异可分为借记卡和贷记卡。借记卡属于储存卡，贷记卡则属于信用卡。而信用卡又有贷记卡和准贷记卡之分。

借记卡

借记卡可以在网络或销售终端使用,或者通过自由柜员机转账和提款,不能透支,卡内的金额按活期存款计付利息。消费或提款时资金直接从储蓄账户划出。借记卡在使用时一般需要密码(即 PIN)。借记卡按等级可以分为普通卡、金卡和白金卡;按使用范围可以分为国内卡和国际卡。

贷记卡

贷记卡是指发卡银行给予持卡人一定的信用额度,持卡人可在信用额度内先消费后还款的信用卡。它具有的特点:先消费后还款,享有免息缴款期(最长可达56 天),并设有最低还款额,客户出现透支可自主分期还款。客户需要向申请的银行交付一定数量的年费,各银行不相同。

准贷记卡

准贷记卡是一种存款有息、刷卡消费以人民币结算的单币种单账户信用卡,具有转账结算、存取现金、信用消费、网上银行交易等功能。当刷卡消费、取现账户存款余额不足支付时,持卡人可在规定的有限信用额度内透支消费、取现,并收取一定的利息。不存在免息还款期。

各银行卡资费标准见下表:

银行名称	银行卡名称	年费	挂失手续费	损坏换卡手续费
中国银行	长城电子借记卡	10 元	10 元	5 元
中国工商银行	牡丹灵通卡	10 元	10 元	5 元
中国建设银行	龙卡储蓄卡	10 元	10 元	5 元
中国农业银行	金穗借记卡	10 元	10 元	5 元
中国交通银行	太平洋借记卡	10 元	10 元	5 元
中国招商银行	一卡通	60 元	10 元	免费
民生银行	民生借记卡	免费	10 元	10 元
浦发银行	东方借记卡	免费	10 元	免费
兴业银行	兴业借记卡	免费	10 元	免费
光大银行	阳光卡	免费	10 元	3 元
上海银行	申卡借记卡	免费	10 元	免费
广东发展银行	广发借记卡	免费	10 元	免费
深圳发展银行	深发借记卡	免费	5 元	5 元
华夏银行	华夏卡	免费	10 元	免费

网上银行交易系统的安全性

网上银行系统是银行业务服务的延伸,客户可以通过互联网方便地使用商业银行核心业务服务,完成各种非现金交易。但另一方面,互联网是一个开放的网络,银行交易服务器是网上的公开站点,网上银行系统也使银行内部网向互联网敞开了大门。因此,如何保证网上银行交易系统的安全,关系到银行内部整个金融网的安全,这是网上银行建设中最至关重要的问题,也是银行保证客户资金安全的最根本的考虑。

为防止交易服务器受到攻击,银行主要采取以下三方面的技术措施:

(1)设立防火墙,隔离相关网络。

一般采用多重防火墙方案,主要作用是:

①分隔互联网与交易服务器,防止互联网用户的非法入侵。

②用于交易服务器与银行内部网的分隔,有效保护银行内部网,同时防止内部网对交易服务器的入侵。

(2)使用高安全级的 Web 应用服务器。

服务器使用可信的专用操作系统,凭借其独特的体系结构和安全检查,保证只有合法用户的交易请求能通过特定的代理程序送至应用服务器进行后续处理。

(3)24 小时实时安全监控。

例如采用 ISS 网络动态监控产品,进行系统漏洞扫描和实时入侵检测。在2000 年 2 月雅虎等大网站遭到黑客入侵破坏时,使用 ISS 安全产品的网站均幸免于难。

银行卡持有人的安全意识是影响网上银行安全性的不可忽视的重要因素。目前,我国银行卡持有人安全意识普遍较弱:不注意密码保密,或将密码设为生日等易被猜测的数字。一旦卡号和密码被他人窃取或猜出,用户账号就可能在网上被盗用,例如进行购物消费等,从而造成损失,而银行技术手段对此却无能为力。因此一些银行规定:客户必须持合法证件到银行柜台签约才能使用"网上银行"进行转账支付,以此保障客户的资金安全。另一种情况是,客户在公用的计算机上使用网上银行,可能会使数字证书等机密资料落入他人之手,从而直接使网上身份识别系统被攻破,网上账户被盗用。

安全性作为网络银行赖以生存和得以发展的核心及基础,从一开始就受到各家银行的极大重视,都采取了有效的技术和业务手段来确保网上银行安全。但安全性和方便性又是互相矛盾的,越安全就意味着申请手续越烦琐,使用操作越复杂,影响了方便性,使客户使用起来感到困难。因此,必须在安全性和方便性上进行权衡。到目前为止,国内网上银行交易额已达数千亿元,银行方还未出现过安全问题,只有个别客户由于保密意识不强而造成资金损失。

后来居上——网上银行与传统银行的比较

网上银行与传统银行的不同,主要有五个方面:

(1)颠覆传统银行理念。首先,网上银行将改变传统银行经营理念。其次,网上银行将改变传统的银行营销方式和经营战略。

(2)网上银行将极大的降低银行服务的成本。一是降低银行服务成本。二是降低银行软、硬件开发和维护费用。三是降低客户成本。

(3)可以在更大范围内实现规模经济。

(4)网上银行拥有更广泛的客户群体。

(5)网上银行将会使传统的银行竞争格局发生变化。

我国网上银行的发展

网上银行是电子银行的一部分。在我国,电子银行是指商业银行等银行业金融机构利用面向社会公众开放的通信通道或开放型公众网络,以及银行为特定自助服务设施或客户建立的专用网络,向客户提供的银行服务。电子银行业务主要包括利用计算机和互联网开展的网上银行业务,利用电话等声信设备和电信网络开展的电话银行业务,利用移动电话和无线网络开展的手机银行业务,以及其他利用电子服务设备和网络、由客户逍过自助服务方式完成金融交易的业务,如自助终端、ATM、POS 等。电子银行是金融创新与科技创新相结合的产物。

根据《电子银行业务管理办法》,电子银行业务是指我行通过面向社会公众开放的通信通道或开放型公众网络,以及为特定自助服务设施或客户建立的专用网络等方式,向客户提供的离柜金融服务。主要包括网上银行、电话银行、手机银行、自助银行以及其他离柜业务。

目前,电子银行是国内网上银行的基本组织形式。网上支付要求金融业电子化的建立成为大势所趋。

我国的网上银行有两种模式。一种是由一家银行总行统一提供一个网址,所有交易均由总行的服务器来完成,分支机构只是起到接受现场开户申请及发放有关软硬件工作;另一种是以各分行为单位设有网址,并互相联接,客户交易均由当地服务器完成,数据通过银行内部网络连接到总行,总行再将有关数据传送到其他分支机构服务器,完成交易过程。第一种模式以中国工商银行、中国银行和中信实业银行为代表;第二种模式则被中国建设银行、招商银行所采用。

1997 年,招商银行率先推出网上银行"一网通",成为中国网上银行业务的市场引导者。

1998年3月,中国银行在国内率先开通了网上银行服务。1999年4月,建设银行启动了网上银行,并在我国的北京、广州、四川、深圳、重庆、宁波和青岛进行试点,这标志着我国网上银行建设迈出了实质性的一步。

近年来,中国银行、建设银行、工商银行等陆续推出网上银行,开通了网上支付、网上自助转账和网上缴费等业务,初步实现了真正的在线金融服务。

1999年9月,针对企业的网上银行业务开通,并且这部分业务在2000年正式步入轨道。招商银行又悄悄开始了"一卡通"炒股的个人银行业务,从而为电子银行的发展又添上了一笔。

(1)招商银行。1997年4月,招商银行正式建立了自己的网站,成为国内第一家上网的银行,并于1998年2月推出网上银行"一网通"。1999年9月6日,招商银行与中国邮电电信总局、中国南方航空公司、新浪网在北京签订了电子商务全面合作协议。至此,招商银行已率先在全国启动网上银行业务。2001年3月,招商银行还推出了具有世界较先进水平的网上银行的个人银行专业版。作为中国网络银行先行者的招商银行,截至2001年5月份,网络银行企业客户达2万户,涉及交易金额达1万亿元人民币。

(2)中国银行。1999年6月,中国银行正式推出网上银行系列产品。2000年5月15日中国银行又率先开通通过有线电视提供网上银行服务的业务——"家居银行",它是在有线电视视讯宽带网的基础上,以电视机与机顶盒为客户终端实现联网、办理银行业务。目前"家居银行"的服务对象主要包括使用了广州地区中国银行电话银行及申请了广东视讯宽带网的用户,下一步将逐步推广到其他地区用户。"家居银行"已经逐步建立由企业银行、个人银行、网上证券、网上商城、网上支付组成的较为完善和成熟的网上银行体系。

(3)中国建设银行。1999年8月4日中国建设银行正式推出网上银行服务。建设银行的网上银行服务采用了国际标准的身份认证系统和最先进的安全加密技术,保证了网上交易的安全。建设银行首批开通网上银行服务的城市为北京和广州。截至2001年6月底,建设银行的网上银行已覆盖中国115个大中城市,网上银行客户已达5万个。

(4)中国工商银行。拥有810万个工商业企业账户、与4万多户企业保持着长期良好的合作关系、结算业务量占全国金融系统的50%以上的中国工商银行为适应电子商务的蓬勃发展,于2000年2月1日开通了北京、上海、天津、广州等部分地区网上银行的对公业务。同年6月10日,工行又宣布在深圳、厦门等27个城市开通网上银行业务。至此,工商银行已在全国31个城市推出网上银行业务。

(5)中国农业银行。中国农业银行在网上银行建设方面起步稍晚。2000年5月,农行广东省分行与以家庭上网、企业上网和政府上网为切入点,创出"网上自由人"这一新业务品牌。同时广东的中国农业银行首创了一种新的金融服务——"用银行账户直接上网",实行上网费实时扣交,为使用网上金融服务的客户带来极大的便利。2000年12月18日,上海的中国农业银行推出"95599在线银行",服务功能目前有三部分,一是业务服务功能;二是增值服务功能;三是信息服务功能。业务功能包括自动语音服务、人工坐席服务、网上银行服务和传真服务。目前查询类服务、挂失类服务、转账类服务、信息咨询类服务、通知服务、投诉、建议及银证转账等已经实现,代缴费、外汇买卖业务安排在第二阶段开发。"95599在线银行"提供的一体化服务,不仅体现了农行"以市场为导向、以客户为中心、以科技为支撑"的价值观念,也标志着农行的金融电子化进程步入一个崭新的发展阶段。

百 科 小 知 识

什么是电子银行口令卡?

电子银行口令卡相当于一种动态的电子银行密码。

口令卡上以矩阵的形式印有若干字符串,客户在使用电子银行(包括网上银行或电话银行)进行对外转账、网上购物、缴费等支付交易时,电子银行系统就会随机给出一组口令卡坐标,客户根据坐标从卡片中找到口令组合并输入电子银行系统。只有当口令组合输入正确时,客户才能完成相关交易。这种口令组合是动态变化的,使用者每次使用时输入的密码都不一样,交易结束后即失效,从而杜绝不法分子通过窃取客户密码盗窃资金,保障电子银行安全。

11.弹指之间——手机银行

手机作为一种方便快捷的通信工具,在世界上已得到了普及。时下,手机上网也成为一种流行的时尚趋势。

手机上网除了能在网上下载铃声、图片和浏览相关网站,还能进行银行交易,缴纳公用事业费。手机银行可以方便地将客户手机通过中国移动和联通网络连接到银行系统,利用手机界面直接完成各种金融理财业务。

手机银行也称为"移动银行",是利用移动通信网络及终端办理相关银行业务的简称。作为一种结合了货币电子化与移动通信的崭新服务,手机银行业务不仅可以使人们在任何时间、任何地点处理多种金融业务,而且极大地丰富了银行服务的内涵,使银行能以便利、高效而又较为安全的方式为客户提供传统和创新的服务,而移动终端所独具的贴身特性,使之成为继自动取款机、互联网、销售终端之后,银行开展业务的强有力工具,且越来越受到国际银行业和银行的青睐。目前,我国手机银行业务逐渐走向成熟,前景可观,成为银行业务中不可小觑的经济增长点。

一键搞定——手机银行的构成和特点

手机银行由手机、GSM 短信中心和银行系统构成。在手机银行的操作过程中，用户通过 SIM 卡上的菜单对银行发出指令后，SIM 卡根据用户指令生成规定格式的短信并加密，然后指示手机向 GSM 网络发出短信；GSM 短信系统收到短信后，按相应的应用或地址传给相应的银行系统，银行对短信进行预处理，再把指令转换成主机系统格式；银行主机处理用户的请求，并把结果返回给银行接口系统，接口系统将处理的结果转换成短信格式，短信中心将短信发给用户。

手机银行是网络银行的派生产品之一，它的优越性集中体现在便利性上，客户通过手机银行不论何时何地均能及时交易，节省了自动取款机和银行窗口排队等候的时间。

手机银行主要采用的实现方式有 STK、SMS、BREW、WAP 技术等。其中，STK 方式需要将客户手机 SIM 卡换成存有指定银行业务程序的 STK 卡，缺点是通用性差、换卡成本高；SMS 方式，即利用手机短消息办理银行业务，客户容易接入，缺点是复杂业务输入不便、交互性差；BREW 方式基于 CDMA 网络，并需要安装客户端软件；WAP 方式，即通过手机内嵌的 WAP 浏览器访问银行网站，即利用手机上网处理银行业务的在线服务，客户端无需安装软件，只需手机开通 WAP 服务。

精彩无限——魔幻的"WAP"

"WAP"是英文缩写，即无线应用协议，是一项全球性的网络通信协议。WAP 使移动互联网有了一个通行的标准，它的目标是将互联网上丰富的信息及先进的业务引入移动电话等无线终端之中。

WAP 定义可通用的平台，把目前互联网上 HTML 语言的信息转换成用 WML 描述的信息，显示在移动电话或者其他手持设备的显示屏上。

WAP 只要求移动电话和 WAP 代理服务器的支持，而不要求现有的移动通信网络协议做任何的改动，因而可以广泛地运用于 GSM、CDMA、TDMA、3G 等多种网络。

WAP 给人们的生活带来极大的便利，使不方便使用电脑的人也可以通过 WAP 上网下载手机图片、手机软件、手机主题，与世界各地的网友进行无线互动。同时，人们也可通过 WAP 方式购买需要的东西。

WAP 方式的手机银行较为方便、实用，成为手机银行领域国际发展的趋势。当前，国际著名银行已竞相开通了 WAP 手机银行业务。

俄罗斯的古塔银行是俄罗斯最大的银行之一。2000 年，它实现了通过手机或计算机远程操作现有的银行业务，具体功能包括：外汇买卖、当前账户查询、转账、发票和公共事业费用支付、通过移动商贸系统购买商品等。

古塔银行运用多级认证系统确保手机交易安全。而 WAP 技术的运用使得手机银行更加方便，无需去银行网点，只需用登陆银行网站即可办理所需业务。

意大利的托斯卡纳银行推出的 BT 手机银行是一项 WAP 业务，适用于 GSM 手机用户，服务功能包括：当前账户查询及交易、移动电话充值、转账、股票交易、外汇买卖等。

托斯卡纳银行和客户之间采用了安全数据加密，并运用两级密码即登陆密码和交易密码来确保交易安全。

德国的 Deutsche 银行和全球最大的手机制造商诺基亚公司合作开发了 WAP 手机银行，由诺基亚提供 WAP 服务器、多媒体手机，而 Deutsche 则属德国第一家提供 WAP 手机银行业务的银行。

近年来，国内也有多家银行开通了手机银行业务。其中，中国工商银行和招商银行的手机银行是采用 STK 或 SMS 方式实现的；中国建设银行的手机银行基于 BREW 方式实现，服务于 CDMA 手机。现在，仅有中国交通银行和北京银行开通了 WAP 方式的手机银行；相较之下，北京银行的手机银行业务仅支持移动全球通客户，且功能较少；中国交通银行的手机银行支持移动、联通的手机客户，实现功能较为完善。

各家银行在开辟网上银行与电话银行的同时，也纷纷在手机银行的操作、功能、安全等技术上寻求突破。至今，国内手机银行业务平台已逐步迈向成熟，手机银行正在被越来越多的用户所认可。

（1）手机银行缴费不排队。

银行排队一直是让消费者头痛的问题，通过手机银行这个电子渠道帮助用户免受排队之苦。

要想实现手机银行代缴公用事业费，人们只需要拥有一部支持移动梦网、具有 WAP 上网功能的手机，携带已开通电话银行的电子借记卡，办理手机银行手续即可完成。

手机银行缴费过程十分简单。用手机上网进入"代缴费页面"，输入账单条形码和金额，点击确认便可完成账单支付，十分方便。目前，手机银行可以支付水费、电费、煤气费、电话费以及移动和联通的手机费。此外，手机银行还可对过去的缴费情况进行查询。

（2）手机银行确保及时交易。

当消费者无法上网或遭遇银行座机占线时，开通了手机银行的你就能真正感受到开通了手机银行后的方便与快捷。

（3）手机银行全天候服务。

短信服务已经成为了手机用户之间最常用的沟通方式，手机银行同样具有短信功能。发薪、汇款、到账、还款等账户信息，银行都会通过短信方式主动通知用户。

（4）手机银行全程加密保障安全。

相对于网上银行，手机银行不易受到黑客攻击，私密性更强，更安全。手机银行采用通信专线连接，从手机端到银行端全程加密，同时还采用了数字签名机制、手机与卡的绑定机制,保证了客户交易和账户资金的安全。客户使用手机银行时浏览到的信息在退出后都会立即删除,不会留在手机里。所有的信息实际上都是存在银行一端,因此就算手机遗失,即使有人捡到了手机,不知道账号密码,也进不了手机银行。

上海浦发银行的手机银行具有手机号识别功能,相当于增加了一把由客户掌握的开启手机银行的钥匙,拿不到客户的手机号,就无法使用相应的身份登陆手机银行,大大提高了手机银行的安全性,同时手机银行在客户登陆后会显示客户号确认身份,避免"网路钓鱼"。

浦发银行还将手机银行登陆密码与支付密码分离,为交易设立两道安全网。另外当用户设定的查询密码过于简单时,系统会自动提示,要求用户修改密码。

其他银行的手机银行在风险防范方面也各有奇招,如中国工商银的行手机银行在转账时,除了密码还需动态口令卡;而招商银行手机银行的用户账号,只会部分屏幕显示,能降低因在公共场合使用手机或手机被盗而产生账号泄露的危险。

稍胜一筹——手机银行与电话银行、网上银行的区别

手机银行和电话银行相比有着本质的不同。电话银行是基于语音的银行服务,而手机银行是基于短信的银行服务。

目前,通过电话银行进行的业务都可以通过手机银行实现。而手机银行还可以完成电话银行无法实现的二次交易。比如,银行可以代用户缴付电话、水、电等费用,但在划转前一般要经过用户确认。由于手机银行采用短信息方式,用户随时开机都可以收到银行发送的信息,从而可在任何时间与地点对划转进行确认。

手机银行与 WAP 网上银行相比,优点也比较突出。首先,手机银行有庞大的潜在用户群;其次,手机银行须同时经过 SIM 卡和帐户双重密码确认之后,方可操作,安全性较好。而 WAP 是一个开放的网络,很难保证在信息传递过程中 不受攻击;另外,手机银行实时性较好,折返时间几乎可以忽略不计,而 WAP 进行相同的业务需要一直在线,还将取决于网络拥挤程度与信号强度等许多不定因素。

在功能方面,手机银行比网上银行稍胜一筹。它随时随地可操作的优势明显强于网上银行。目前,手机银行运用最先进的 WAP 2.0 技术,实现了可与网上银行相能媲美的功能。不管是安全性、便捷性和实用性,手机银行都已全面超过了以语音播报为主的电话银行。对 90% 的客户来说,手机银行完全可覆盖常用的网上银行功能。

手机银行的客户在银行专享唯一的客户号,让客户实现"名下账户一号通"。不论客户在银行有多少个账户,都会自动归集在手机银行的这个客户号下。开户银行通过客户号和手机号绑定,可使用这个唯一的手机号码登陆手机银行,进行财富管理、现金管理。

12.购物新贵——电视银行

进入 21 世纪以来,科技的突飞猛进促进了电视产业的升级换代,数字电视出现。而作为金融行业的桥头堡,银行又与数字电视紧密地结合起来,诞生了银行新的服务业务——电视银行。

电视银行就是各银行和网络运营商利用数字电视互动性强的原理而面向个人和家庭的银行卡支付服务渠道和电子支付服务。与传统支付方式相比,电视银行使用更便捷,流程更简单,产品服务功能也更强大,只要申请开通了这项业务,用户安坐家中手持遥控器,就可以通过自助刷卡实现缴费、还款、网购,或进行其他支付业务。

在我国,最先开通电视银行的是江苏银行。从 2008 年开始,江苏银行就联手江苏省广电、华泰证券等机构开发电视银行项目,采用"家居银行"设计理念,通过双向数字电视网络为家庭成员提供方便、快捷的一体化金融服务。这个项目通过技术创新,增加浏览器软件二次加密技术,保证了客户信息的安全,解决了跨系统、跨网络的数据安全问题,使广大客户在欣赏电视节目的同时,足不出户就可以享受费用缴纳、电视购物、银行资金转账等现代金融服务。

2009 年 12 月,江苏银联与江苏电信携手推出了"iTV 电视支付"业务。它是继手机、智能刷卡电话、互联网之后的第四大银行卡创新支付渠道。"iTV 电视支付"业务的推出,是将银行卡的支付服务系统与数字电视的交互式应用服务系统有机结合,形成了巨大的增值服务平台和产业价值链。同时,电视银行也缓解了消费者在银行的排队并提升了银行的服务新水平。

"iTV 电视支付"业务首期开通的主要是公共事业缴费、信用卡还款、"家乐购"网上商城、数字点卡购买等持卡人经常使用的便民服务,将来还将陆续推出银行卡转账、电视购物、机票购买、商旅预订等更加丰富的服务产品。

目前,电视银行已在江苏的南京、苏州、盐城等城市先行推广,已经拥有用户1万户。

除了江苏以外,电视银行也在我国其他地区如雨后春笋般风行起来。2009 年10 月,中国工商银行与歌华有线电视网络股份有限公司合作,在北京率先推出了数字电视银行服务,成为北京地区首家提供电视银行业务的银行。客户只要持有中国工商银行的存折即可自助注册数字电视银行、办理缴费业务。

目前,北京地区已有三个小区约 1 000 余户家庭完成了有线电视网络的双向交互改造,配备了双向机顶盒,可以使用数字电视银行。未来,有线电视网络的双向交互改造将进一步加速,北京市政府拟计划投资 20 亿元实施双向改造工作,预计 3 年后北京双向网络用户将达到近千万,届时数字电视银行将可步入北京的大多数家庭。

在东北的吉林,电视银行也在率先推行。吉林的电视银行是由吉林银行基于吉林省广电网络集团公司的数字网络平台推出的一种新型的家庭银行服务,用户可以足不出户享受到优质的银行服务,包括银行金融信息、账户查询、代缴各种费用、家庭理财、电视购物以及其他的电子支付服务等,使银行服务真正方便到家。

如今,电视银行的业务功能主要有:查询:签约银行卡余额、电费余额、水费余额、燃气费余额、有线电视费、联通话费、移动话费、电信话费、电视银行交易纪录;缴费:电、水、燃气、有线电视、话费。

怎样操作电视银行业务

打开电视,转入电视画面左下角"电视银行"并进入主页,选择"余额查询"功能,进入查询页面并输入银行卡号,然后将带有银联标志的银行卡磁条朝右,对准刷卡遥控器背面的刷卡槽从上而下轻轻划过,刷卡槽上面黄绿灯闪烁,表示刷卡成功。

13. 新鲜出炉——土地银行

土地银行在发达的西方国家根深蒂固,有着百年的历史;而在我国这一新鲜事物对于大多数人来说依然十分陌生。随着我国社会发展的日益深入,人们的生活出现了新的需求。土地银行初露端倪,应时而生。

土地银行,是指主要经营土地存贷及与土地有关的长期信用业务的金融机构。

我国的土地银行

我国土地银行的主要特征有:土地银行是金融机构;它是为土地开发利用事业服务的金融机构;它的主要业务是提供土地抵押贷款和发行土地债券;它主要服务的目标物为农地。

我国土地银行的建立是以惠农利民为前提,以服务新农村建设为宗旨。为了切实保障农民的土地权益,土地银行必须确保所有权、稳定承包权和搞活使用权,坚持依法、自愿和有偿的原则,不改变土地的农业用途,确保耕地的复耕能力。

作为政策性银行,我国土地银行以创新农地金融制度为重点,通过土地存贷调剂土地余缺,推进适度规模经营,同时通过发放土地抵押贷款,有效解决农业发展资金问题,建立新农村发展的长效机制。

我国土地银行的主要任务是创新农村土地集体所有制的有效实现形式。

我国土地银行的具体运作模式是:政府出面组织,把某一区域农民的承包地使用权、农村集体建设用地使用权以及"拆院并院"之后的农民宅基地使用权分类整合,"零存整贷",加快农地流转,推动农业产业化和规模化形成;采取农业资源经营专业合作组织的银行运作模式,农民自愿将土地承包经营权存入土地银行,收取存入利息;土地银行再将土地划块后贷给愿意种植的农户,收取贷出利息,种植农户则按照土地银行要求进行种植,实现了土地的规模化、集体化、集约化经营,促进了农民集中居住后生产方式的转变,土地银行赚取差额利息用于自身发展和建立风险资金等。

为了保证存入土地能够完全贷出,我国的土地银行还必须引进龙头企业并签订合作协议,由企业为大户提供种子、化肥等农资和技术指导,并同大户签定产品收购保底价,降低了种植大户的种植风险,有效地调动了农民种植的积极性,促进了农民收入增加,实现了土地银行、农民和龙头企业三者之间的利益互动。土地承包经营权流转后,农户不用再操心家里的土地,土地将由土地银行统一经营,腾出的富余劳动力,通过就业培训输出,到外地务工,农民不但获得务工收入,还有土地流转收益和土地银行的利益分配。

我国的土地银行被称为是破解"三农"问题的必由之路。从 2009 年起,土地银行在四川成都开始试行。

2008 年 12 月 22 日,四川彭州市首家农业资源经营合作社(意义上的土地银行)——磁峰镇皇城农业资源经营专业合作社正式挂牌营运,这标志着彭州市在土地承包经营权的基础上,走出了一条"农业资源经营合作社"的新路子,土地银行粗具雏形。

土地银行是成都市 2009 年着力探索试点的先行先试的内容之一。2009 年伊始,成都市在土地银行、田间股份制等领域率先进行探索。根据成都市的远景规划,到 2020 年,成都市将以现有 660 万亩耕地为基数,耕地集中经营比例要达75%,这意味着今后每年平均新增流转耕地约 50 万亩。

我国"土地银行"提法的由来

通常意义上的土地银行并非我国一些学者所说的"土地银行",他们所指的土地银行在国外通常被称之为"土地开发公社"。2000 年,浙江大学的崔新明、贾生华在《试论建立城市土地银行》一文中认为,"代表城市政府集中进行土地征购、整理、储备、供应和开发的专门机构"就是"城市土地银行"。而潘琦也在《试论城市土地储备》一文中提出了类似的观点。但更早将土地储备机构称为"土地银行"则出现在杨淑梅的《"土地银行"激活一庄市场》一文中。

尽管"土地银行"这个词语对中国人来讲还很生疏,但在 20 世纪 30 年代,中国就已经有人提出了这个概念以及实施设想,然而当时这一概念只不过是中国对国外土地银行经验以及做法的翻译和介绍,而我国学者崔新明和潘琦所说的土地银行与国外通常意义上的土地银行存在着本质上的区别。目前,我国各地基本上都称之为"土地储备中心";韩国和日本则称之为"土地开发公社"。

无独有偶,我国台湾的土地银行,则成立于 1946 年。它的主要职能为调剂农业金融、办理土地开发、都市改良、社区发展、道路建设、观光设施等一系列的金融业务,同时也办理一般银行的存款、储蓄、放款、汇兑等业务。

土地银行在欧洲

在经济发达的欧洲,土地银行尤以法国和德国最为典型。

法国的土地银行,全称为"法国土地信贷银行",成立于1852年,存在的历史近150年。它是半官方的金融机构,承担着实现法国政府住房政策和发放长期优惠贷款的业务。

德国的土地银行,全称为"土地抵押信用合作社",成立于1770年,是世界上成立最早的土地银行,当时的土地抵押信用合作社是政府的土地银行。它的设立有着时代的深刻印痕:在普鲁士王朝时期,政府建立土地银行是为了解除高利贷的盘剥,使大量资金流入农村以振兴农业。它的具体运作程序为:愿意用自己的土地作抵押而获得长期贷款的农民或地主联合起来组成合作社,将各自的土地交合作社作为抵押品,合作社以这些土地为保证发行土地债券,换取资金,供给社员。这显然与我国新生的土地银行存有本质的区别。

第三节 襁褓年代——银行的产生和发展

世界上的万事万物都有一个循序渐进、孕育而生的规律和过程,就像人类的起源一样。银行作为社会经济发展与人们生活需求中的重要一环,它也有自己滋生的培育温床和发展规律。那么,最初的银行是什么样子的呢?它又是怎么样一步步发展成为今天这样蓬勃繁荣的"朝阳景象"呢?

1. 衔玉而生——银行的产生

关于银行的开始有一个很有意思的称呼,它最早起源于意大利语,翻译成中文的意思是"板凳",后来转化成英文的"bank"。"板凳"一词最早被银行家用在交易市场上,转化为"bank"之后被译成"存放钱的柜子",而早期的银行家就被称为是"坐长板凳的人"。

在中国的早期,并没有所谓的"银行",与钱打交道最多的场所被称为"钱庄",有的被称为"银号"。钱庄是中国早期的一种信用机构,一般分布在当时的大城市中,例如上海、南京、杭州、宁波、福州等地。钱庄的功能与银号相似,只是在不同的地方称呼不一样。一般在北京、天津、沈阳、济南、广州等地称为"银号"。当时的钱庄实际上与目前的银行一样,一般从事存款、贷款、发庄票,银钱票,凭票兑换货币。早期的钱庄由于当时环境的限制,大多为独资或合伙组织。其中钱庄又有大小之分,规模大的钱庄办理的业务多一些,而小钱庄仅仅从事一些兑换业务,因此又被称为"钱店"。

由于处于过渡时期,因此当时的银两与银元并用,不过两者在通用的时候要经过一定的折合,程序比较麻烦,折合率也不稳定。后来,随着时代的发展,在清朝末年的时候,银行逐渐兴起,它的功能比原有的钱庄与银号更加的先进,因而替代了钱庄的存在。新中国成立以后,大部分的钱庄停止运营,银行发展更是如火如荼,即使有一些未停业的钱庄也与私有银行、信托公司等一起成为公司合营银行。

社会的发展之所以会出现早期的钱庄与后来银行,其实它们都是商品货币经济发展到一定社会阶段的产物。一般情况下,可以将银行的产生分为三个阶段。首先是货币兑换业与兑换商的出现;其次是货币保管与收付业务的开始,并且经过一定时期的演变而成为了货币经营业的产生;最后是货币保管、收付、结算、放贷等业务的逐步完善。在这三个条件的促使下,银行慢慢走进人们的生活空间,成为人们生活中不可缺少的一部分。

由此可见,银行的产生是与货币商品经济的发展有直接的关系,货币兑换业是银行形成的基础。随着银行的出现,货币兑换业也出现了新的功能,不仅仅只为人们提供兑换货币的服务,而且还代替商人保管货币、收付现金等。这些业务的出现与现在的银行业务密切相关。因此,兑换使专门从事兑换的部门成为聚集大量资金的部门,从而又发展成为贷款业务。时间长了,货币兑换业就发展成为银行业。

历史回眸——中国早期的民间银行

在中国漫长的封建社会中,长期存在多元化货币制和多种货币混合流通状况。使用货币兑换在春秋、战国时期已经存在;兑换业务则从西汉时期就开始出现;到唐、宋时期有所发展,开始由金银店、柜坊等兼营兑换业务;元到明初,政府准备专门发行纸钞,但民间仍用银锭和铜钱,银、钱、钞三类货币并行,多种公私机构商号兼营兑换业务。

钱庄、银号从明朝中叶开始建成,到清初期、晚期及北洋政府时期有所发展。它以上海为中心,江浙为两翼,长江中下游地区为基地,兼及平津、闽广、川陕等地区。它起源于兑换,业务重心是发行庄票,广泛开展多种信用业务,并成立"钱业公会",对中国金融影响深远。

从钱铺发展到钱庄,开始的时候,许多钱庄并非单纯做银钱兑换,往往兼营其他行业。如上海钱庄的鼻祖为浙江绍兴人,他开设炭栈兼做银钱兑换生意;宁波钱业鼻祖"方七"原是个鞋匠;南京、九江钱庄还兼做彩票业务;在南昌、

钱票

上海有些钱庄因兼营米业又称"钱米店"。

　　明朝末年,钱庄已成为一种独立经营的金融组织,不仅经营兑换,还办放款,供给签发帖子取款的便利,原来在两地联号汇兑的会票,也成为钱庄发行有钞票性质的信用流通工具。此外,若干小规模的兑钱铺、钱米铺等,在农村相当活跃。随着钱庄的发展,钱庄数增多,到清朝各地先后出现了钱庄的行会组织。

　　到了近代,钱庄和银号通常无多大差别。习惯上,华北、东北各地多称"银号",长江中下游及东南各地则"钱庄"、"银号"两种名称都有。在兰州不论规模大小均称"银号",又分三种:门市银号,经营银钱兑换,收入贴水;驻庄银号,是外地钱庄派驻单位,所营存放汇业务均通过当地银号进行;普通银号,经营存放汇兑换业务,当地基本队伍。广州钱庄分为三类:银号,以放款为主;西号,以汇兑和存储官款为主;"五家头"或"六家头",以开炉销银锭为主,相当于银炉。由于长期经营习惯,各地还有许多名称和做法。

　　清朝早期,钱庄以银两为主,兼用制钱;清晚期,钱庄加载经营银元、铜元和纸币,情况更为复杂多变。这五大类货币之间及本身就有多种成色、版别、折价、鉴定、公估、兑换行情及地区差价等的区别。因此,清时期的钱庄业务愈加活跃,除包揽兑换外,还大做存放汇和保管保证等业务,并发行钱票和其他票券,成为当时的主要金融机构。

钱票

　　19世纪20年代,在沿海地区,钱庄、外国银行、本国银行一度成三足鼎立之势。后来,随着社会经济的发展,钱庄地位渐次被银行所取代。1933年货币兑换业实行"废两改元"后,钱庄在银两、银元和兑换业务上日渐式微;加上金融垄断资本挤压,钱庄更加困难,到抗战时期已经奄奄一息。1947 年 10 月 16 日,上海、南京两地钱业在南京发起"钱商业同业公会联合会",但不久,钱庄每况愈下,除在中小城市和农村还有信用活动外,在大城市逐渐退出历史舞台。1952 年底,钱庄并入公私合营银行。

2. 蔚然成风——银行的发展

世界上最早的银行业发源于西欧古代社会的货币兑换业。当时已经有货币兑换业出现。不过,这种兑换业务只是纯粹的兑换,没有其他的保管、收付现金以及办理结算和汇款业务。后来,随着社会工商业的不断发展,货币兑换的业务越来越广泛,出现了现今的银行雏形。

公元前 2000 年的巴比伦寺庙、公元前 500 年的希腊寺庙,都已经有了经营保管金银、收付利息、发放贷款的机构。

近代银行产生于中世纪贸易繁荣的意大利,威尼斯特殊的地理位置使它成为当时世界上最大的贸易中心。1171 年,威尼斯银行成立,这是世界上最早的银行,随后意大利的其他城市以及德国、荷兰的一些城市也先后成立了银行。

银行的兴起不仅方便了商业的发展,而且也给私人经济带来了很大的好处。

在我国,明朝中期就形成了具有银行性质的钱庄,到清代又出现了票号。第一次使用银行名称的国内银行是成立于 1897 年 5 月 27 日的中国通商银行,但它不是国家银行。最早的国家银行是 1905 年创办的户部银行,后被称为"大清银行",1911 年辛亥革命后,大清银行改组为中国银行,并一直沿用至今。

最早的银行与近代银行所具有的功能不太一样,近代银行是在 1580 年左右兴起的,其中最早的是在 1580 年建立起来的意大利威尼斯银行。此后,1593 年的米兰、1609 年的阿姆斯特丹、1621 年的纽伦堡、1629 年的汉堡以及其他城市也相继建立了银行。当时这些银行的主要业务是发放贷款给政府,其中还带有一些高利贷的性质。因此,这个时期的银行并不能适应资本主义工商业发展的需求。后来,为了能够给资本主义的发展提供一个良好的发展环境。最早出现的按资本主义原则组织起来的股份银行是 1694 年成立的英格兰银行。到了 18 世纪末 19 世纪初,一些规模较大的股份银行纷纷建立,成为资本主义银行的主要形式。随着信用经济的进一步发展和国家对社会经济生活干预的不断加强,又产生了建立中央银行的客观要求。1844 年改组后的英格兰银行可以说是资本主义国家中央银行的鼻祖。19 世纪后半期,西方各国都相继设立了中央银行。早期的银行以办理工商企业存款、短期抵押贷款和贴现等为主要业务。现在,西方国家银行的业务已扩展到证券投资、黄金买卖、中长期贷款、租赁、信托、保险、咨询、信息服务以及电子计算机服务务等各个方面。目前,银行所涉及的业务更加广泛,为现代人们的生活提供了极大的方便。

百 科 小 知 识

天下熙熙——外国在我国开办最早的银行

19世纪50年代前,中国的社会经济是封建的小农业和家庭手工业相结合的自然经济,只有票号、钱庄一类的旧式金融机构,可以说整个中国都还没有真正意义上的银行。1842年后,外国银行才开始进入我国。1848年,经英国皇家特许,英国商人经营的东方银行在上海开立分行。

东方银行是外国在我国开办的第一家外国银行,又称"丽如银行"。东方银行原先是总行设在印度孟买的一家英国皇家特许银行,原名"西印度银行",后与锡兰的锡兰银行合并,改称"丽如银行",并于1845年将总行移至伦敦。1845年,丽如银行首先在香港设立分行;同年,丽如银行又在广州建立了它的机构;1848年,丽如银行在上海正式开办了东方银行分行。

作为特许银行,丽如银行发展和经营国际汇兑、发行纸币等业务。1884年,丽如银行因在锡兰的投资失败而撤出了中国,它在中国的地位也由后来的汇丰银行所取代。1892年6月,丽如银行因总行的营业亏损而在伦敦宣告"寿终正寝"。

3. 蹒跚起步——中国近代银行的产生

开辟先河——中国通商银行

中国通商银行是由清朝官僚盛宣怀于1897年5月27日创办的,是中国第一家新式银行。它的组织制度和经营管理办法模仿汇丰银行,并聘外国人担任"大班",执掌业务和行政大权。总行第一任大班是在汇丰银行任职数十年的英国人美德伦。

1848年以后,西方国家纷纷在中国设立银行,中国的社会经济也逐渐发生变化,需要有自己的银行来调剂资金。在这样的背景下,1896年11月,清政府督办全国铁路大臣盛宣怀上奏朝廷,请求"急设中国银行",随后得到了光绪皇帝的批准。1897年5月,中国通商银行在上海正式营业,这是中国人自办的第一家银行,年底又在北京、天津、汉口、广州、汕头、烟台、镇江等地设立了分行。中国通商银行成立之初,清政府即授予发行银元、银两两种钞票的特权,除发钞外,还代收库银及经营一般商业银行业务。

当时,中国通商银行资本额定为白银500万两,先收半数现银250万两,并商借户部库银100万两。银行创办资本中的主要投资者,多是封建地主官僚、买办和商人。虽然它是一家商办的民族资本银行,但实际的幕后债权人是以盛宣怀为代表的官僚买办和封建势力。

通商银行的创办,对当时铁路、矿务、航运等中国大型工交企业的发展起了相当的作用。

后来,通商银行通过吸收存款、发行钞票业务进展较快。1935年通商银行因为滥发银行券发生挤兑现象,由官僚资本银行加入"官股",改组成"官商合办"银行。

1952年底,通商银行又与其他银行和钱庄合并组成公私合营银行。

中国通商银行总行设在上海,并陆续在北京、天津、汉口、广州、汕头、烟台镇江等地设立分行。开办之初,除经营存款、放款业务外,清政府即授予发行纸币的特权,并兼办代收库银的业务。

君临天下——户部银行

户部银行是中国最早的中央银行,1905年在北京成立。户部银行资本额为库平银400万两,户部认购半数,其余一半由私人认股。在开办之初的三年中,户部银行陆续在上海、天津、汉口、济南、奉天(沈阳)、张家口、营口、库伦(今蒙古国乌兰巴托)等地设立分行。1906年,户部改为度支部,户部银行也于1908年改称"大清银行"。

大清银行为股份制银行,资本增至库平银1 000万两,分为10万股,分别由国家和私人各认购5万股。大清银行总行的管理官员有:正副监督各1人,理事4人,监事3人;各分行则设置总办、经理、协理、司帐等官员。

随后,清政府颁布《大清银行则例》24条,确认它是国家赋予发行货币、代理国库及代政府经办公债和各种证券特权的国家银行。1908—1909年,在原户部银行机构的基础上,增设了重庆、南昌、杭州、开封、太原、福州、长春、广州、芜湖、长沙、西安、昆明、江宁(南京)等20个分行,并在成都、温州、厦门、吉林、香港、青岛等地设立分号。

大清银行除经营一般银行业务外,还兼有发行纸币、经管国库等权项。清朝之后,大清银行改组为中国银行。

半壁江山——交通银行

交通银行是中国银行史上的重要银行。它于1908年1月由清政府邮传部在北京设立。清政府建立交通银行的目的是:设置一个附属于邮传部的银行,以办理轮船、铁路、电报、邮政四种事业的款项收付,包括必须由银行办理的存款、汇兑借款等等,以便集中资金,妥为营运,改变过去款项分头存储、此盈彼绌、不能互相调剂的状况,同时又可利用银行筹措资金,经理债票、股票,借以振兴轮、路、电、邮四政事业。

交通银行资本定为库平银500万两,邮传部出资200万两,是最大的股东,其余 300 万两招商入股。交通银行除经办轮、路、电、邮四政的存款、汇兑、拆借等业务外,还极力承做普通商业银行的存款、放款、汇兑、贴现、买卖金银、代客保管贵重物品、发行银行券及各种银票等业务。

私募资金——民族资本银行

信成商业储蓄银行是 20 世纪初在中国出现的第一家纯粹由私人资本创办的商业储蓄银行。1906 年,无锡富商周延弼在日本考察银行后回国创办了信成商业储蓄银行,总行设在上海,并在无锡、北京、南京、天津等地设有分行。

信成商业储蓄银行是中国较早开办小额储蓄业务的银行,凡满一元就可起存生息,不论农工商民的零星款项均可存储。其他主要的私人资本银行还有:信义银行,1907 年由尹寿人在镇江创办,两年后因滥发通用票造成挤兑而倒闭;浙江铁路兴业银行,后改称"浙江兴业银行",1907 年由浙江铁路公司创办,是为浙江自办铁路筹集股款而成立的一家比较典型的民族资本银行,总行先设杭州,后迁上海,并在北京、天津、汉口等地设有分行;四明商业储蓄银行,1908 年由浙江人李云书等人集资开办,总行设在上海,宁波、南京、汉口等地设有分行。

信成商业储蓄银行、浙江兴业银行、四明商业储蓄银行等,都经清政府批准发行银行券,但经营的储蓄业务并不发达,实际上都以经营商业银行业务为主。

4. 大步向前——中国近代银行的发展

我国现代的银行业在新中国成立以后才开始发展起来的。1948 年中国人民银行成立。1949 年以后,我国政府在没收官僚资本银行的基础上,结合组织各革命根据地的银行,在中国人民银行的领导下,将原来的官僚资本银行改组为新的中国银行、交通银行和农业合作银行。在此基础上又新建和改组了中国人民建设银行、中国农业银行、中国投资银行、中国工商银行等一系列银行体系。1953 到 1955 年期间,中国金融界经过了一些列的改组,将清产核资、调整业务和实行储蓄专业化、公私合营银行的机构和业务并入中国人民银行,从而建立了新的集中统一的金融体制。

进入 21 世纪以后,国务院对中国人民银行的职能进行了重新设定,从而使中国人民银行成为国家一个具有国家统一性质的金融管理机构。后来,随着中国经济的发展,建立起了股份制银行以及按经济区域设置的多功能的交通银行以及其他银行;另外,还有很多非银行的金融机构相继成立。这些金融机构在中央银行的领导下,发展成为一种以国家专业银行为主体、多种金融机构并存的新的金融体系。因此,这种经济体系下的银行,既是经营货币、办理信贷、结算业务的经济组织,又是国家调节经济、管理经济的重要机构。

在世界范围内,自从 20 世纪以来,国际贸易和国际金融业开始迅速发展起来。

除了原先存在的一些银行外,世界各地也陆续建立起一批世界性的或地区性的银行组织,例如 1930 年成立的国际清算银行、1945 年成立的国际复兴开发银行(也就是现在的世界银行)、1956 年成立的国际金融公司、1964 年成立的非洲开发银行、1966 年成立的亚洲开发银行等。

新世纪的银行业在国际上风起云涌,社会地位也愈加高涨,成为推动社会进步的强大力量。没有国界的银行业为世界经济的腾飞提供了更为广阔的发展空间,银行的社会功能和作用日趋蓬勃彰显。

第二章　异军突起——新中国的银行

改革开放以后,我国的金融体制发生了很大变化,以中央银行为核心、国有商业银行为骨干,多种金融机构并存的局面已基本形成。

2008 年,我国银行业金融机构共有法人机构 5 634 家,营业网点 19.3 万个,从业人员 271.9 万人。其中有政策性银行 3 家,大型商业银行 5 家,股份制商业银行 12 家,城市商业银行 136 家,农村商业银行 22 家,农村合作银行 163 家,城市信用社 22 家,农村信用社 4 965 家,邮政储蓄银行 1 家。

如今,我国银行业组织体系更加健全,机构种类更加丰富,市场竞争更加充分,服务功能更加完善。银行作为金融主力军作用也得到了充分发挥,我国银行业正以更加国际化的姿态实现飞跃式的发展。

第一节　中流砥柱——我国的银行体系

1. 首屈一指——中国人民银行

中国人民银行简称"人民银行"、"人行"或"央行",是我国的中央银行,也是国务院组成部门之一。它于 1948 年 12 月 1 日组成,在我国整个金融领域具有至高无上的地位。

根据国家法律规定,中国人民银行在国务院的领导下依法独立执行货币政策,履行职责,开展业务,不受地方政府、各级政府部门、社会团体和个人的干涉。中国人民银行总行位于北京,2005 年 8 月 10 日在上海设立中国人民银行上海总部。

1948 年 12 月 1 日,中国人民银行在华北银行、北海银行、西北农民银行的基础上合并组成。1983 年 9 月,国务院决定中国人民银行专门行使国家中央银行职能。1995 年 3 月 18 日,第八届全国人民代表大会第三次会议通过了《中华人民共和国中国人民银行法》,至此,中国人民银行作为中央银行以法律形式被确定下来。

百 科 小 知 识

意味深长——中国人民银行图标

中国人民银行图标整合了悠久源长的中国古代货币文化元素,风格独特,寓意深远。

中国人民银行图标是以中国古代春秋战国时期流行的布币与汉字"人"字形象为造型元素,浑然而成。它的基本形与中间的负形均为"人"字形,三个古币的组合也是"人"字近似形。"众多的人"组成了"人民"的韵味。三个"人"字形的布币形成的向心式的三角形,构成了一种扩张的动感和稳定发展的态势。

中国人民银行图标

中国人民银行图标从整体上表达了中国人民银行以人为本的基本属性,并突显出中国人民银行所具有的凝聚力、严谨性与权威性。

中国人民银行的职能

作为国家中央银行,中国人民银行行使的职能有以下方面:

(1)起草有关法律和行政法规;完善有关金融机构运行规则;发布与履行职责有关的命令和规章。

(2)依法制定和执行货币政策。

(3)监督管理银行间同业拆借市场和银行间债券市场、外汇市场、黄金市场。

(4)防范和化解系统性金融风险,维护国家金融稳定。

(5)确定人民币汇率政策;维护合理的人民币汇率水平;实施外汇管理;持有、管理和经营国家外汇储备和黄金储备。

(6)发行人民币,管理人民币流通。

(7)经理国库。

(8)会同有关部门制定支付结算规则,维护支付、清算系统的正常运行。

(9)制定和组织实施金融业综合统计制度,负责数据汇总和宏观经济分析与预测。

(10)组织协调国家反洗钱工作,指导、部署金融业反洗钱工作,承担反洗钱的资金监测职责。

(11)管理信贷征信业,推动建立社会信用体系。

(12)作为国家的中央银行,从事有关国际金融活动。

(13)按照有关规定从事金融业务活动。

(14)承办国务院交办的其他事项。

中国人民银行的机构设置分为：

（1）内部机构。包括：办公厅、条法局、货币政策司、金融市场司、金融稳定局、调查统计司、会计财务司、支付结算司、科技司、货币金银局、国库局、国际司、内审司、人事司、研究局、征信管理局、反洗钱局、党委宣传部。

（2）分支机构。中国人民银行在全国范围内设有天津、沈阳、上海、南京、济南、武汉、广州、成都、西安9个分行；中国人民银行营业管理部和中国人民银行重庆营业管理部；339个中心支行；1766个县（市）支行。

（3）驻外机构。中国人民银行在海外设有7个驻外代表处。

（4）直属单位。主要有：中国反洗钱监测分析中心、中国人民银行信征中心、中国外汇交易中心、中国金融出版社、金融时报社、中国人民银行清算总中心、中国印钞造币总公司、中国金币总公司、中国金融电子化公司、中国博物馆、银行间市场清算所股份有限公司等。

幕后黑手——洗钱

"洗钱"的原意就是把脏污的硬币清洗干净。金融学上的"洗钱"是指采用转换、转让、转移、获取、占有、使用等方式隐瞒和掩饰犯罪所得及其收益的来源和性质，以使犯罪所得表面合法化的行为。从法律的角度来讲，洗钱是指犯罪分子通过一系列金融账户转移非法资金，以便掩盖资金的来源与拥有者的身份，最终达到非法占有和使用资金的目的。

现代意义上的"洗钱"是指将毒品犯罪、黑社会性质的组织犯罪、恐怖活动犯罪、走私犯罪或者其他犯罪的违法行为所得及其产生的收益，通过金融机构以各种手段掩饰、隐瞒资金的来源和性质，使非法所得资金在形式上合法化的行为。这些犯罪行为主要包括：贩毒、走私、诈骗、贪污、贿赂、逃税等。

当今，洗钱通过金融领域尤其是银行将非法所得转变为"合法财产"，这已成为犯罪集团生存发展的一个重要环节和手段。

"洗钱"一词是舶来语，是从英文中直译而来的。它语言形象地表述了洗钱发迹史的由来：20世纪初美国芝加哥以阿里·卡彭等为首的有组织犯罪团伙的一名财务总监购置了一台自动洗衣机，为顾客洗衣物，而后采取鱼目混珠的办法，将洗衣物所得与犯罪所得混杂在一起向税务机关申报，使非法收入和资产披上了合法的外衣。

目前，洗钱的主要手段有：古董买卖、寿险交易、海外投资、地下钱庄、各类赌场、证券洗钱等。

洗钱的危害性很大，已成为国际金融领域的一种通病。因此，各国政府和金融主管部门把洗钱行为列为重点打击的对象，以保障本国经济的健康发展。

成长壮大——中国人民银行的历史沿革

中国人民银行的历史,可以追溯到第二次国内革命战争时期。1931年11月7日,在江西瑞金召开的"全国苏维埃第一次代表大会"上,通过决议成立"中华苏维埃共和国临时中央政府国家银行"(简称"中华苏维埃国家银行"),并发行货币。1948年12月1日在中国银行史上是一个具有里程碑式的日子。华北银行、北海银行、西北农民银行被合并为中国人民银行,并在河北省石家庄市组建了中国人民银行,同时发行人民币。自此,中国人民银行和人民币成为中华人民共和国成立后的中央银行和法定本位币。

1983年9月,国务院决定中国人民银行专门行使国家中央银行职能。1995年3月18日,《中华人民共和国中国人民银行法》诞生。由此,中国人民银行作为中央银行的地位以法律形式被确定下来。

百 科 小 知 识

为什么中国人民银行不属于商业银行?

中央银行是独立于其他银行之外的国家银行,具有高度的银行监督权。由于世界上各国对中央银行在本国银行体系中的定位不同,自然它的地位也就有天壤之别。

商业银行与中央银行则不同。商业银行是一个信用授受的中介机构;它是以获取利润为目的的企业;它也是唯一能提供"银行货币"(活期存款)的金融组织。综合来说,商业银行是以经营工商业存、放款为主要业务,并以获取利润为目的的货币经营企业。

中国人民银行是我国的中央银行。在国务院领导下,它制定和执行货币政策,防范和化解金融风险,维护金融稳定。中国人民银行的全部资本由国家出资,属于国家所有。

弹指之间,中国人民银行成立至今已走过了60多年不平凡的蹉跎岁月,特别是改革开放以来,在体制、职能、地位、作用等方面,都发生了巨大而深刻的变革,也奠定了它在中国的银行业中的核心地位。

回眸过去,着眼现在,中国人民银行的创立和发展主要经历了四个阶段:

中国人民银行的创建与国家银行体系的建立

这一时期主要是指1948—1952年之间。1949年2月,中国人民银行由河北的石家庄迁入北平;同年9月,中国人民政治协商会议通过《中华人民共和国中央人民政府组织法》,把中国人民银行纳入政务院的直属单位序列,接受财政经济委员会指导,与财政部保持密切联系,并且赋予它国家银行职能,承担发行国家货币、经理国家金库、管理国家金融、稳定金融市场、支持经济恢复和国家重建的任务。

新中国成立初期,新中国正处于国民经济恢复时期,中国人民银行在中央人民政府的统一领导下,开始着手建立统一的国家银行体系:一是建立独立统一的货币体系,使人民币成为境内流通的本位币,与各经济部门协同治理通货膨胀。二是迅速普建分支机构,形成国家银行体系,接管官僚资本银行,整顿私营金融业。三是实行金融管理,疏导游资,打击金银外币黑市,取消在华外商银行的特权,禁止外国货币流通,统一管理外汇。四是开展存款、放款、汇兑和外汇业务,促进城乡物资交流,为迎接经济建设作准备。

1952 年,随着我国国民经济的逐步恢复,中国人民银行以国家银行的身份,率先建立了全国垂直领导的组织机构体系。这一时期,中国人民银行统一了人民币的发行,并且对以前的旧货币进行了逐步收兑,使人民币成为全国统一的货币;中国人民银行充分运用货币发行和货币政策对各类金融机构实行了统一管理。它积极实行现金管理,开展"收存款、建金库、灵活调拨"运用折实储蓄和存放款利率等手段调控市场货币供求,扭转了新中国成立初期金融市场混乱的状况。同时,中国人民银行按照"公私兼顾、劳资两利、城乡互助、内外交流"的政策,配合工商业的调整,灵活调度资金,支持了国营经济的快速成长,适度地增加了对私营经济和个体经济的贷款;便利了城乡物资交流,为人民币币值的稳定和国民经济的恢复与发展作出了重大贡献。

发展变化中的中国人民银行

我国银行实行的是统一的、自上而下的管理体制。随着社会主义改造的加快,中国人民银行作为国家金融管理和货币发行的机构,形成了集中统一的金融体制。当时,它既是管理金融的国家机关,又是全面经营银行业务的国家银行,一度成为国家吸收、动员、集中和分配信贷资金的基本手段。

为了能够与高度集中的银行体制相适应,中国人民银行从 1953 年开始建立了集中统一的全国的信贷资金。在这种体制下,无论是资金来源还是资金运用,都必须由中国人民银行总行进行统一掌握,实行"统存统贷"的管理办法,银行信贷计划纳入国家经济计划,成为国家管理经济的重要手段。高度集中的国家银行体制,为大规模的经济建设进行全面的金融监督和服务。

此外,中国人民银行还担负着组织和调节货币流通的职能,统一经营各项信贷业务,在国家计划实施中具有综合反映和货币监督功能。中国人民银行对国有企业提供超定额流动资金贷款、季节性贷款和少量的大修理贷款,对城乡集体经济、个体经济和私营经济提供部分生产流动资金贷款,对农村中的贫困农民提供生产贷款、口粮贷款和其他生活贷款。

在这期间,中国人民银行同时履行着中央银行和商业银行的双重职能。这种长期资金归财政、短期资金归银行,无偿资金归财政、有偿资金归银行,定额资金归财政、超定额资金归银行的体制,一直延续到 1978 年。

体制转变中的中国人民银行

1979—1992 年,是中国人民银行从国家银行转变为中央银行的过程,在中国银行史上写下了浓重的一笔:我国金融领域出现了机构多元化和业务多样化的格局。

1979 年 1 月,为了加强对农村经济的扶植,国家恢复了中国农业银行。同年 3 月,为适应对外开放和国际金融业务发展的新形势,国家实行银行体制改革,中国银行成为国家指定的外汇专业银行;同时设立了国家外汇管理局。后来,又恢复了国内保险业务,重新建立中国人民保险公司;各地还相继组建了信托投资公司和城市信用合作社。

日益发展的经济和金融机构的增加,迫切需要加强金融业的统一管理和综合协调。为了进一步完善金融体制、更好发展金融业,1982 年 7 月,国务院进一步明确强调:中国人民银行是我国的中央银行,是国务院领导下统一管理全国金融的国家机关。以此为契机,中国人民银行开始了组建专门的中央银行体制的准备工作。

1983 年 9 月 17 日,国务院作出决定,由中国人民银行专门行使中央银行的职能,并具体规定了人民银行的 10 项职责。从 1984 年 1 月 1 日起,中国人民银行开始专门行使中央银行的职能,集中力量研究和实施全国金融的宏观决策,加强信贷总量的控制和金融机构的资金调节,以保持货币稳定;同时新设中国工商银行,人民银行过去承担的工商信贷和储蓄业务由中国工商银行专业经营;人民银行分支行的业务实行垂直领导;设立中国人民银行理事会,作为协调决策机构;建立存款准备金制度和中央银行对专业银行的贷款制度,初步确定了中央银行制度的基本框架。

为了更好适应全国经济体制的不断改革深化以及经济的高速发展,中国人民银行把搞活金融、发展金融市场、促进金融制度创新作为新时期的重要目标。

在建设中国金融体系方面,中国人民银行充分发挥自身职能作用努力探索,不断地改进宏观调控的手段和方式,逐步运用利率、存款准备金率、中央银行贷款等手段来控制信贷和货币的供给;它还运用货币政策调节经济的能力,促进经济结构调整,优化经济优势合理发展。

强化和完善的现代中央银行制度

1993 年,按照国务院《关于金融体制改革的决定》,中国人民银行进一步强化金融调控、金融监管和金融服务职责,划转政策性业务和商业银行业务。

1995 年 3 月 18 日,全国人民代表大会通过《中华人民共和国中国人民银行法》,首次以国家立法形式确立了中国人民银行作为中央银行的地位,标志着中央银行体制走向了法制化、规范化的轨道,是中央银行制度建设的重要里程碑。1998 年,按照中央金融工作会议的部署和要求,改革中国人民银行管理体制,撤销省级分行,设立跨省(区、市)分行,同时,成立人民银行系统党委。2003 年,按照国务院机构改革方案,将中国人民银行对银行、金融资产管理公司、信托投资公司及其他存款类金融机构的监管职能分离出来,并和中央金融工委的相关职能进行整合,成立中国银行业监督管理委员会,即银监会。12 月 27 日,《中华人民共和国中国人民银行法(修正案)》获得通过。

调整后的中国人民银行,所行使的主要职能是制定和执行货币政策,维护金融稳定,提供金融服务。同时还明确了中国人民银行为国务院组成部门,是中华人民共和国的中央银行,是在国务院领导下制定和执行货币政策、维护金融稳定、提供金融服务的宏观调控部门。

这一新的变化,进一步强化了中国人民银行作为我国的中央银行在实施金融宏观调控、保持币值稳定、促进经济可持续增长和防范化解系统性金融风险中的重要作用,也有利于中国人民银行提高自身工作效率,适应世界经济发展的趋势,更好地为国家经济建设发挥最大效能。

投机逐利——热钱

热钱,又称游资,属于投机性短期资本。热钱是指只为追求最高报酬以最低风险在国际金融市场上迅速流动的短期投机性资金。

国际间短期资金的投机性移动主要是逃避政治风险,追求汇率变动,追求重要商品价格变动或国际有价证券价格变动的利益,而热钱即为追求汇率变动利益的投机性行为。当投机者预期某种通货的价格将下跌时,便抛售这种通货的远期外汇,以期望在将来期满之后,可以较低的即期外汇买进而赚取这一汇兑差价的利益。因此,热钱纯属"买空卖空"的投机行为。

热钱具有"四高"的特征:

(1)高收益性与风险性。追求高收益是热钱在全球金融市场运动的最终目的。高收益总是伴随着高风险,热钱赚取的就是高风险利润。正是这种风险与利润的盈亏不定,才使热钱具备了承担高风险的意识和能力。

(2)高信息化与敏感性。在当今信息化的时代里,热钱有非常灵敏的市场嗅觉。它能对一国或世界经济金融现状和趋势,对各个金融市场汇差、利差和各种价格差,对有关国家经济政策等产生高度敏感,并能迅速作出反应。

(3)高流动性与短期性。热钱具有高信息化与高敏感性的特性,有钱可赚它便迅速进入,风险加大则瞬间逃离。这表现出热钱有极大的短期性,甚至超短期性,在一天或一周内它会迅速进出。

(4)投资的高虚拟性与投机性。热钱是一种投资资金,主要指它们投资于全球的有价证券市场和货币市场,以便从证券和货币的每天、每小时、每分钟的价格波动中取得利润,即"以钱生钱"。这就为热钱提供了滋生的土壤,然而它也会对金融市场起到一定程度的润滑作用。

因此,热钱投资既不创造就业,也不提供服务,具有极大的虚拟性、投机性和破坏性。

热钱的危害是致命的,这主要表现在:首先,热钱会对经济造成推波助澜的虚假繁荣。就我国目前的情况来看,热钱在赌人民币升值预期的同时,乘机在其他市场如房地产市场、债券市场、股票市场以及其他市场不断寻找套利机会。其次,热钱大量进入,加大外汇占款规模,影响货币政策正常操作,扰乱金融体系的正常运行,加剧经济通货膨胀的压力。2004年,我国全年基础货币投放达到6 600多亿元人民币,按照测算大约1 000亿美元的热钱流入,就有8 000多亿元人民币,因此,仅仅热钱流入就超过了国家全年的基础货币投放额。这大大增加了中央银行的操作成本,同时也使得我国货币政策主动性不断下降,货币政策效果大打折扣,增加了通货膨胀的压力。再次,热钱流入,人为加大了人民币对外升值的压力。我国现行的汇率体系以及美元持续贬值,才能吸引热钱进来。因此,只要人民币升值预期不变,随着流入热钱的增多,人民币升值的压力就会越大。最后,热钱的流出,也同样会使经济剧烈波动。

在外汇市场上,由于这种投机性资金常自有贬值倾向货币转换成有升值货币倾向的货币,增加了外汇市场的不稳定性,所以热钱对一个国家的金融市场有很强的破坏作用。例如,泰国在1997年前奉行高利率政策,大量热钱涌入;泰铢贬值后,热钱迅速逃逸,使泰国的经济蒙受重创。

2. 富国富民——中国国家开发银行

中国国家开发银行于1994年3月成立,直属国务院领导的具有国家信用的开发性金融机构。它以"增强国力,改善民生"为使命,积极贯彻国家宏观经济政策,发挥宏观调控职能,支持经济发展和经济结构战略性调整,在关系国家经济发展命脉的基础设施、基础产业和支柱产业重大项目及配套工程建设中,发挥长期融资领域主力银行作用。

多年来,中国国家开发银行筹集和引导社会资金,缓解经济社会发展的瓶颈制约,致力于以融资推动市场建设和规划先行,支持国家基础设施、基础产业、支柱产业和高新技术等领域的发展和国家重点项目建设;向城镇化、中小企业、"三农"、教育、医疗卫生和环境保护等社会发展瓶颈领域提供资金支持,促进科学发展和和谐社会的建设;配合国家"走出去"战略,积极拓展国际合作业务。

中国国家开发银行的战略重点是引导社会资金为国家基础设施建设、基础产业和支柱产业建设(即"两基一支")提供长期资金支持,并为国家的电力、公路、铁路、石油石化、煤炭、邮电通信、农林水利、公共基础设施等领域提供重

中国国家开发银行

点贷款支持。

"两基一支"战略重点成立以来,中国国家开发银行积极发挥政府和市场之间的桥梁纽带作用,引导社会资金投向,支持了长江三峡、国家石油储备基地、西电东送、南水北调、西气东输、京九铁路、北京奥运、秦山核电站、上海"世博会"等一大批国家重点工程,累计向"两基一支"领域发放贷款 33 704 亿元。2006 年,在巩固电力、煤炭、公共基础设施等领域优势地位的同时,中国国家开发银行在农村公路、铁路等领域也取得突破性进展,共向"两基一支"领域发放贷款 6 962 亿元,占全部贷款的 98.8%。

十多年来,中国国家开发银行通过发展壮大,已成长为我国金融业的一支中坚力量。它的资产总额从 1997 年底的 3 811 亿元增长到 2008 年底的 38 212 亿元,增长 10 倍以上;贷款总余额从 1997 年底的 3 656 亿元增长到 2008 年底的 28 986 亿元,增长近 8 倍,其中外汇贷款余额 645 亿美元,跃居国内银行业前列。

中国国家开发银行大厦

2007 年,中国国家开发银行在中国企业联合会和中国企业家协会联合发布的年度"中国企业 500 强"排名中名列第 26 位。

2008 年 12 月 16 日,中国国家开发银行股份有限公司正式挂牌,注册资本为 3 000 亿元。自此,我国最大的政策性银行——中国国家开发银行转型为商业银行,标志着我国政策性银行改革取得重大进展。

国家开发银行的主要任务

(1)支持国家基础设施、基础产业和支柱产业建设。

(2)促进区域协调发展和产业结构调整。

(3)加快推进国际合作业务,交流发展经验。

(4)以支持县域经济发展为切入点,推动社会主义新农村建设。

(5)加强对中小企业及教育、医疗等社会瓶颈领域的支持,承担社会责任。

(6)加强与各类金融机构合作,促进中小金融机构的改革与发展。

(7)加强金融合作、增强产品创新功能、完善银行功能、改进金融服务、增强可持续发展能力。

(8)完善贷后管理、提高风险防范能力。

目前,中国国家开发银行在全国设有 32 家分行和 4 家代表处。

2009 年 11 月 10 日,中国国家开发银行首家国外分支机构——开罗代表处挂牌成立。这是中国金融业在北非设立的首家分支机构,也是中国国家开发银行国际化发展迈出具有历史意义的重要一步。

3.强农惠农——中国农业发展银行

中国农业发展银行是直属国务院领导的我国唯一的一家农业政策性银行，1994年11月挂牌成立。主要职责是按照国家的法律、法规和方针、政策，以国家信用为基础，筹集资金，承担国家规定的农业政策性金融业务，代理财政支农资金的拨付，为农业和农村经济发展服务。

中国农业发展银行在业务上接受中国人民银行和中国银行业监督管理委员会的指导和监督。中国农业发展银行的组织结构设置：在机构设置上实行总行、一级分行、二级分行、支行制；在管理上实行总行一级法人制，总行行长为法定代表人；系统内实行垂直领导的管理体制，各分支机构在总行授权范围内依法依规开展业务经营活动。

中国农业发展银行总行设在北京，分支机构按照开展农业政策性金融业务的需要，并经中国银监会批准设置。截至2006年底，现注册资本200亿元，在岗职工49 116名；除总行及总行营业部外，设立省级分行30个、地（市）分行（含省级分行营业部）330个、地（市）分行营业部210个、县（市）支行1 600个、县级办事处3个，目前暂未在西藏自治区设立分支机构。

百 科 小 知 识

内涵丰富——中国农业发展银行图标的寓意

中国农业发展银行图标以英文首字母"A"为构成元素，内涵中国古钱币造型，形象地传达了中国农业发展银行的行业特点。

整个图标为一个正三角形，三角形具有独特的稳定结构，准确地表现了中国农业发展银行稳固的基础和雄厚实力。标识像一座金色的大山，伟岸、博大、雄踞在天地之间，寓意中国农业发展银行以构建和谐社会、建设中国新农村为己任，是社会主义社会新农村建设的坚强后盾。

中国农业发展银行图标

中国农业发展银行的主要业务

（1）办理粮食、棉花、油料收购、储备、调销贷款。

（2）办理肉类、食糖、烟叶、羊毛、化肥等专项储备贷款。

（3）办理粮食、棉花、油料加工企业和农、林、牧、副、渔业的产业化龙头企业贷款。

（4）办理粮食、棉花、油料种子贷款。

（5）办理粮食仓储设施及棉花企业技术设备改造贷款。

（6）办理农业小企业贷款和农业科技贷款。

（7）办理农业基础设施建设贷款。支持范围限于农村路网、电网、水网（包括饮水工程）、信息网（邮政、电信）建设，农村能源和环境设施建设。

（8）办理农业综合开发贷款。支持范围限于农田水利基本建设、农业技术服务体系和农村流通体系建设。

（9）办理农业生产资料贷款。支持范围限于农业生产资料的流通和销售环节。

（10）代理财政支农资金的拨付。

（11）办理业务范围内企事业单位的存款及协议存款、同业存款等业务。

（12）办理开户企事业单位结算。

（13）发行金融债券。

（14）资金交易业务。

（15）办理代理保险、代理资金结算、代收代付等中间业务。

（16）办理粮棉油政策性贷款企业进出口贸易项下的国际结算业务以及与国际业务相配套的外汇存款、外汇汇款、同业外汇拆借、代客外汇买卖和结汇、售汇业务。

（17）办理经国务院或中国银行业监督管理委员会批准的其他业务。

经过 10 多年的发展，到 2007 年末，中国农业发展银行总资产达 10 676.4 亿元，各项贷款余额 10 224.4 亿元，与 1994 年相比，分别增长 162% 和 187%；实现经营利润 148.8 亿元，是 1995 年的 86 倍，人均利润达 30.3 万元。

中国农业发展银行办理承兑汇票有哪些具体要求？

农业发展银行办理承兑的银行承兑汇票必须具备下列条件：一是企业结算双方必须是在中国农业发展银行系统开立基本存款账户的粮棉油企业；二是申请承兑的企业必须向开户行提交符合范围的调拨文件、计划及企业双方购销合同；三是结算企业双方必须有真实的交易关系和债权债务关系，必须有可靠资金来源和保证。

农业发展银行办理承兑的银行承兑汇票，必须要素齐全。经农业发展银行承兑的银行承兑汇票必须在正面记明"不准转让"字样（可加盖条型戳记）。记明"不准转让"字样的银行承兑汇票一律不准背书转让、质押、贴现。农业发展银行不准承兑在他行开户的企业签发的银行承兑汇票，不准为他行票据进行贴现。

4. 走向世界——中国进出口银行

中国进出口银行成立于 1994 年,是直属国务院领导的、政府全资拥有的国家政策性银行。它实行自主、保本经营和企业化管理;在业务上接受财政部、对外经济贸易合作部、中国人民银行的指导和监督。它的国际信用评级与国家主权评级一致。中国进出口银行总部设在北京。目前,在国内设有 10 余家营业性分支机构和代表处;在境外设有东南非代表处、巴黎代表处和圣彼得堡代表处;与 500 多家银行建立了代理行关系。

中国进出口银行是我国外经贸支持体系的重要力量和金融体系的重要组成部分,是我国机电产品、成套设备和高新技术产品进出口和对外承包工程及各类境外投资的政策性融资主渠道,外国政府贷款的主要转贷行和中国政府对外优惠贷款的承贷行,为促进我国开放型经济的发展发挥着越来越重要的作用。

中国进出口银行的主要职责是贯彻执行国家产业政策、外经贸

中国进出口银行

政策、金融政策和外交政策,为扩大我国机电产品、成套设备和高新技术产品进出口,推动有比较优势的企业开展对外承包工程和境外投资,促进对外关系发展和国际经贸合作,提供政策性金融支持。

中国进出口银行主要业务范围

(1)办理出口信贷和进口信贷。

(2)办理对外承包工程和境外投资贷款。

(3)办理中国政府对外优惠贷款。

(4)提供对外担保。

(5)转贷外国政府和金融机构提供的贷款 。

(6)办理本行贷款项下的国际国内结算业务和企业存款业务。

(7)在境内外资本市场、货币市场筹集资金。

(8)办理国际银行间的贷款,组织或参加国际、国内银团贷款。

(9)从事人民币同业拆借和债券回购。

(10)从事自营外汇资金交易和经批准的代客外汇资金交易。

(11)办理与本行业务相关的资信调查、咨询、评估和见证业务。

(12)经批准或受委托的其他业务。

中国进出口银行自 1995 年开始承接外国政府贷款转贷工作,截至 2008 年上半年共办理了包括日本、德国、荷兰、奥地利、西班牙、澳大利亚、挪威、芬兰、丹麦、科威特、韩国、比利时、英国、瑞典、卢森堡、波兰、加拿大、沙特阿拉伯、瑞士、意大利、以色列、法国、葡萄牙及世界银行、美国进出口银行、北欧投资银行、北欧发展基金、欧洲投资银行等 23 个国家和 5 个金融机构的贷款项目和债务管理工作,项目遍布包括西藏在内的全国 36 个省、自治区、直辖市和计划单列市。在我国利用外国政府贷款安排的项目和借入的资金中,进出口银行负责转贷的项目和金额均超过 60% ,一直是我国外国政府贷款最大的转贷银行。

2008 年 6 月末,进出口银行转贷外国政府贷款项目累计 1 600 多个,转贷协议金额累计 350 多亿美元。

百 科 小 知 识

解析释义——银行信贷

银行信贷是银行吸收存款、发放贷款等活动的统称,也就是银行将自己筹集的资金暂时借给企事业单位使用,在约定时间内收回并收取一定利息的经济活动。它是以商业银行、储蓄贷款协会、信用合作社等金融机构为信用中介的金融活动的最主要形式。

银行信贷具有贷款金额较大、手续比较简便、贷款成本较高且期限相对较短的显著特点。而国际银行信贷则属于非限制性贷款。

银行信贷的种类较多,不同的标准有不同的分类:

(1)按币种划分,银行信贷可分为人民币贷款和外汇贷款。

(2)按用途划分,银行信贷分为流动资金贷款和固定资产贷款。流动资金贷款包括周转贷款、临时贷款和票据贴现等;固定资产贷款则包括技术发行贷款、基本建设贷款、科技开发贷款等。

(3)按期限划分,银行信贷分为短期贷款和中长期贷款。短期贷款期限为 1 年以内,中期贷款期限 1 年以上(不含 1 年)、5 年以下(含 5 年),长期贷款则为 5 年以上(不含 5 年)。

(4)按经济部门划分,银行信贷分为工业贷款、商业贷款、农业贷款、外贸贷款等。

(5)按贷款方式划分,银行信贷分为信用贷款、担保贷款和票据贴现,担保贷款又分为保证贷款、抵押贷款和质押贷款 3 种。

(6)按贷款对象划分,银行信贷分为批发贷款和零售贷款。

(7)按贷款用途性质,银行信贷可分为外贸贷款、房地产贷款、委托贷款。

5. 锐意进取——中国工商银行

中国工商银行现在的全称是"中国工商银行股份有限公司",简称"工行",是中国最大的商业银行之一,也是全球市值最高的银行;它雄踞中国五大商业银行之首,拥有中国最大的客户群,是中国跻身世界500强的著名企业之一。

中国工商银行是中国最大的国有独资商业银行,它的基本任务是依据国家的法律和法规,通过国内外开展融资活动筹集社会资金,加强信贷资金管理,支持企业生产和技术改造,为我国经济建设服务。

中国工商银行成立于1984年1月1日,总部设在北京。它是在中国人民银行专门行使中央银行职能的时候,从中国人民银行分离出的专业银行,并承担原来由中国人民银行办理的工商信贷和储蓄业务,担当起积聚社会财富、支援国家建设的重任。

2005年4月18日,中国工商银行完成了股份制改造,正式更名为"中国工商银行股份有限公司";2006年,中国工商银行成功在上海、香港两地同步发行上市,开创了我国银行业的先河。经过20多年发展,中国工商银行已经步入质量效益和规模协调发展的轨道,全行系统的总资产、总资本、核心资本、营业利润等多项指标都居国内银行业的第一位。2003年底,中国工商银行的资产总额达到近5万多亿元人民币,占中国境内银行业金融机构资产总和的近1/5。

中国工商银行

中国工商银行也是全球成长性最好的国际性大银行之一。2008年底,中国工商银行已经拥有385 609名员工和16 386家境内外机构,为1.9亿个人客户与310万公司客户提供广泛而优质的金融产品和服务。它的总市值达到了1 739.18亿美元,居全球上市银行首位;全年实现税后利润1 111.51亿元,成为全球最盈利的银行。这已经是它自2003年以来连续第六年实现高增长,六年中税后利润年复合增长率达37.5%。

在经营管理方面,中国工商银行实行统一法人授权经营的商业银行经营管理体制。中国工商银行总行是全行的经营管理中心、资金调度中心和领导指挥中心,拥有全行的法人财产权,对全行经营的效益性、安全性和流动性负责,在授权和授信管理的基础上,实行"下管一级、监控两级"的分支机构管理模式,达到稳健经营、防范风险、提高经济效益的目的。

便利快捷——牡丹卡

牡丹卡是中国工商银行为服务广大客户,面向社会发行的具有信用消费、转账结算、存取现金等全部或部分功能的金融工具。

牡丹卡种类分为人民币账户卡和双币种账户卡,主要有牡丹国际信用卡、牡丹贷记卡、牡丹准贷记卡、牡丹国际借记卡、牡丹灵通卡、牡丹 IC 卡、牡丹专用卡,还有与淮南航空股份有限公司联合发行的牡丹海航信用卡,以及具有个性化特色的彩照卡和纪念卡。

牡丹国际信用卡

牡丹国际信用卡是中国工商银行推出的可以在国内外通用的贷记卡,一卡具有人民币账户和外币账户的双账户。目前,牡丹国际信用卡的外币账户有美元和港币两种。在国内,牡丹国际信用卡消费以人民币结算;在境外,它以外币结算,可在 250 多个国家和地区的 2 700 多万家信用卡、银行卡商户消费,也可在自由柜员机上提取现金。

但更为方便的是:牡丹国际信用卡在国内外使用,不必换卡,一卡通行国内外。使用中国工商银行的国际信用卡在境外支付外币现金所产生的外币账单,除国家法律禁止的交易外,都可以使用人民币购汇偿还。

牡丹贷记卡

牡丹贷记卡是真正意义上的人民币信用卡,持有牡丹贷记卡,客户不仅可以享有购物消费、存取现金和转账结算等多种功能,还可以使用信用额度消费,享有最短 25 天、最长 56 天的免透支利息优厚待遇,并且持牡丹贷记卡还可在香港"银联"特约商户和自由柜员机上流通使用。

牡丹信用卡

牡丹信用卡是中国工商银行发行的,持卡人可在规定的信用额度内透支的准贷记卡。这个信用额度有统一规定,即金卡 10 000 元,普通卡 5 000 元。客户在信用额度内消费或取现、转账,自银行记账日起即开始计收透支利息。

牡丹信用卡内的存款按活期存款利率计算利息。

牡丹国际借记卡

牡丹国际借记卡是由中国工商银行发行的,可在境内外通用,以人民币和美元两种货币结算,具有消费、转账结算、存取现金等功能的借记卡。可在中国工商银行网点和特约商户,带有"银联"标志的特约商户和自动取款机使用,在境外可在 120 多个国家和地区带有"VISA Electron"标识的 1 400 多万家商户刷卡消费。

牡丹灵通卡

牡丹灵通卡是中国工商银行发行的,以人民币结算,具有消费、转账结算、存取现金等功能的借记卡。带有"银联"标志的牡丹灵通卡可在香港带有"银联"标志的特约单位和自由柜员机上使用,以人民币清算。

牡丹灵通卡没有信用额度,使用金额以存款为限。

中国工商银行推出的牡丹卡给人们的生活带来了很多的好处。它便于携带、保管,加之具有多种安全防范手段,保密性强。用牡丹卡办理购物消费、转账结算手续,比使用现金、支票更为快捷、安全和灵活方便;持牡丹卡可在中国工商银行的所有网点及自动柜员机等自助设备上办理取款和转账业务,不受地域及时间的限制;牡丹卡使用场所广泛,在自动柜员机、电子银行等自助设备上办理业务不受地域和时间的限制。

在中国金融市场上,中国工商银行有着无可比拟的优势:布局合理的营销网络,广泛而优质的客户基础。中国工商银行通过1.8万多个营业网点、100家境外分支机构和遍布全球的上千家代理行,以领先的信息科技和电子网络,向超过250万公司客户提供包括批发、零售、电子银行和国际业务在内的本外币全方位金融服务。至2004年底,根据内部统计,中国工商银行现金管理签约客户3 700多家,个人消费信贷客户数397万户,贷款余额4 839亿元;个人金融业务高端产品——理财金账户客户总规模超过124万户。

中国工商银行拥有中国最先进的科技水平。在数据大集中工程的基础上,2003年工商银行成功投产了全功能银行系统,加上为个性化服务提供技术基础的数据仓库,共同构成具有国际先进水平的金融信息技术平台,为业务和管理的进步提供了强健的动力。

百 科 小 知 识

妙笔生花——中国工商银行图标

中国工商银行图标的整体是以一个隐性的方孔圆形币,充分体现了金融业的行业特征;中心是经过变形的汉字"工",中间断开,使"工"字更加突出,表达了深层次的中国文化含义;两边对称,体现出银行与客户之间平等互信的依存关系。

整个图案以"断"强化"续",以"分"形成"合",是银行与客户的共存基础。设计手法巧妙应用,强化了标志的语言表达力,中国汉字与古钱币形的有机结合体现了浓重的现代文化气息。

中国工商银行图标

近年来,随着科技的飞速发展,中国工商银行各项业务也在与时俱进中不断地发展创新,由自助银行、电话银行、手机银行和网上银行构成的电子银行立体服务体系日益成熟。中国工商银行的网上银行开通城市已超过 300 个,2003 年电子银行交易额达 22.3 万亿元,网上银行交易额达 19.4 万亿元。

在与国际金融市场接轨的过程中,中国工商银行积极推进国际化、综合化经营发展战略。随着 2007 年金融租赁公司的成立,中国工商银行的非银行牌照类业务已延伸到投资银行、基金和租赁等市场领域,斩获颇丰。它成功收购中国澳门、非洲等地最大银行股权,进入俄罗斯、印度尼西亚等新市场,境外机构达 112 家,形成了覆盖主要国际金融中心和我国主要经贸往来地区的全球化服务网络。

2008 年,中国工商银行更是好戏连台,捷报频传。它顺利完成收购南非标准银行 20% 股权和诚兴银行 79.9333% 股权的交割工作,以及购买工银亚洲普通股和认股权证的交割及行权工作;悉尼分行、纽约分行、工银中东和多哈分行相继成立;在香港注册成立"工银国际控股有限公司",获得香港证监会颁发的投行业务牌照,成为中国工商银行境外独资的投资银行平台。截至 2008 年末,工商银行已在境外 15 个国家和地区设有 21 家营业性机构,分支机构 134 家,与 122 个国家和地区的 1 358 家境外银行建立了代理行关系,境外网络已具规模。

宏伟壮观——中国工商银行总部大楼

中国工商银行总部大楼由美国 SOM 设计师事务所设计,楼高 13 层,建筑面积近 13 万平方米,分矩形区和弧形区两大部分,中间以天桥形式联为一体。大楼为整体钢结构工程,技术要求高,工艺复杂,其结构形式为磨擦型高强度螺栓联结,底层插入柱为箱形截面,全熔透焊接最大板厚达 100 毫米;总用钢量达 8 000 吨,由中铁集团武桥重工股份有限公司进行施工详图深化设计,并完成全部钢结构的工厂制造任务。

中国工商银行总部大楼

为完成这项宏大工程,中铁武桥重工公司在整个大楼建设中作出了突出贡献,赢得了信誉,而且整体工程获得国家颁发的建筑最高奖——"鲁班奖"。

中国工商银行的业务具有范围广、业务量大、业务品种丰富的特点。2003 年末个人消费贷款余额达 4 075 亿元,个人住房贷款市场份额居国内第一;牡丹卡发卡量 9 595 万张,消费额 973 亿元,2003 年累计实现票据交易 16 771 亿元;人民币结算市场份额达 45%,在证券、期货市场上的清算份额保持在 50% 以上;中国工商银行还是国内最大的资产托管银行,托管基金共28只,托管总资产581亿元。

作为中国最大的商业银行,中国工商银行为公司客户与个人客户提供了多元、专业的各项金融服务。它的经营范围包括:办理人民币存款、贷款和消费信贷;居民储蓄、各类结算;发行和代理发行有价证券;代理其他银行委托的各种业务,办理外汇存款、贷款、汇款;进出口贸易和非贸易结算;外币及外币票据兑换;外汇担保和见证;境外外汇借款;外币票据贴现;发行和代理发行外币有价证券;代办即期和远期外汇买卖;征信调查和咨询服务;办理买方信贷;国际金融组织和外国政府贷款的转贷;经中国银行业监督管理委员会依照有关法律、行政法规和其他规定批准的业务。

金融业务

中国工商银行信贷业务稳健发展,始终保持着"中国第一信贷银行"地位。它通过持续加强对重点产业和重点区域的信贷投放,积极推进"绿色信贷"建设,丰富融资产品;它还通过加强融资产品创新,完善金融产品联动营销机制,为中小企业提供综合化金融服务。至2007年末,中国工商银行拥有28家国内代理合作保险公司、98家第三方存管业务合作券商、73家国内代理行,银保代理业务规模继续保持市场领先,银证、银期、同业及财政合作等机构业务全面深入发展。

在国内的票据贴现余额市场,中国工商银行所占比例保持同行业首位。完成票据融资定价机制由固定利率向浮动利率方式的重大转变,成为第一家全面以同业拆借利率为基准进行票据融资定价的商业银行;中国工商银行的金管理服务由单一资金集中管理向综合理财业务领域延伸,凭着出色的骄人业绩,赢得了"中国最佳现金管理银行"称号。

2007年,中国工商银行的短期融资券主承销额为536亿元,一举成为国内最大债券承销机构。托管资产总净值在国内托管银行中首家突破万亿大关。荣获"中国内地最佳托管银行"和"中国最佳托管银行"两项大奖。

个人金融业务

随着世界金融活动交流的日益频繁,中国工商银行以市场为导向,以客户为中心,拓展业务创新,完善客户服务,着力打造中国"第一零售银行"的目标,荣膺"中国最佳国有零售银行"奖项。

在不断发展壮大的过程中,中国工商银行还为中高端个人客户服务,推出"理财金账户"专属品牌,同时还开通电话银行、网上银行等电子专属通道,提供增值服务。2007年,中国工商银行拥有贵宾理财中心1 112家,高端客户数已达到302万户。中国工商银行培养的金融理财师和国际金融理财师在行业中的比例分别占到了27.2%和38.1%,稳居国内银行业首位。

银行卡业务

近年来,中国工商银行大力加强金融产品创新,陆续推出欧元信用卡、牡丹运通商务卡、牡丹银联卡、牡丹运动卡、新版牡丹交通卡等新产品,推进营业网点服务体系、VIP客户服务中心等渠道建设,加强与国际卡组织合作,积极选择境外银行机构代理发卡,逐渐成为国内最大信用卡发卡银行和信用卡品牌最齐全的发卡银行之一。

2007 年末,中国工商银行的信用卡发行量为 2 338 万张,实现消费额 1 619 亿元,继续保持发卡量及消费额双领先的市场地位。在此基础上,中国工商银行还建立以借记卡为平台的个人金融服务模式;凭借牡丹灵通卡一卡多户、一卡多能的优势,加强营销渠道整合;发挥牡丹灵通卡支付结算作用,分流柜面压力。同年底,中国工商银行的借记卡发卡量达到 1.87 亿张,同比增加 858 万张,年消费额为 4 543 亿元,相比增长 71.4%。

资金业务

工商银行把发展资金业务作为推进经营转型和培育未来市场竞争力的战略重点,不断提高在境内外各类金融市场运作本外币资金的能力和水平。

作为银行间市场做市商,中国工商银行进行双边报价的债券品种囊括全部 5 个期限、3 类信用等级的债券,日常报价券种达 12 只;柜台市场做市报价债券达 33 只,2007 年柜台记账式债券交易量 15.3 亿元,市场占比继续保持第一。全年人民币交易类债券买卖成交量首度突破 2 万亿元。外币债券全年累计完成交易量 51.2 亿美元。

中国工商银行人民币债券投资以防范利率风险为重点,主要参与投资中短期人民币债券。2007 年末,人民币银行账户债券投资余额近 3 000 亿元。面对美国债券市场因次贷危机引起的剧烈动荡,积极调整外币债券投资组合,推动投资收益显著提升。

中国工商银行为客户提供即期结售汇、远期结售汇、人民币外汇掉期等人民币外汇交易产品,代客 24 小时外汇交易、外汇远期、掉期、期权及其他金融衍生工具交易等外汇交易产品服务,同时代客户开展多种本外币理财和资产负债管理业务,并为个人客户提供账户黄金交易服务。2007 年代客外汇资金交易量达到 2 758.31 亿美元。

穿针引线——做市商

做市商是指在证券市场上,由具备一定实力和信誉的证券经营法人作为特许交易商,不断地向公众投资者报出某些特定证券的买卖价格(即双向报价),并在该价位上接受公众投资者的买卖要求,以其自有资金和证券与投资者进行证券交易。做市商通过这种不断买卖来维持市场的流动性,满足公众投资者的投资需求。

简而言之,做市商是通过提供买卖报价为金融产品制造市场的证券商。而做市商制度,就是以做市商报价形成交易价格、驱动交易发展的证券交易方式。传统交易是由一个专家处理几百家上市公司股票交易,而做市商制度是多对一的关系,即一组做市商为一个上市公司服务。更重要的是做市商为交易提供了资金,在交易中做市商先要用自己的资金买进股票,然后再卖出。这些做法使得市场的流通性大大增强,增加了交易的深度和广度。

做市商制度有许多无可企及的特点：

（1）提高股票的流动性，增强市场对投资者和证券公司的吸引力。

做市商承担做市所需的资金，就可以随时应付任何买卖，活跃市场。买卖双方不必等到对方出现，只要由做市商出面，承担另一方的责任，交易就可以进行。因此，做市商保证了市场进行不间断的交易活动，即使市场处于低谷也是一样。

（2）有效稳定市场，促进市场平衡运行。

做市商有责任在股价暴涨暴跌时参与做市，从而有利于遏制过度投机，起到市场"稳定器"的作用。此外，做市商之间的竞争也很大程度上保证了市场的稳定。

（3）具有价格发现的功能。

做市商所报的价格是在综合分析市场所有参与者的信息以衡量自身风险和收益的基础上形成的，投资者在报价基础上进行决策，并反过来影响做市商的报价，从而促使证券价格逐步靠拢其实际价值。

电子银行业务

中国工商银行的电子银行业务继续在渠道、产品、客户和市场品牌方面保持市场领先地位。现在，中国工商银行已有 4 013 家网点建立了电子银行服务区；电子银行客户数 8 096 万户；交易额实现跨越式增长，达 102.88 万亿，增长 127.5%；业务笔数占全行业务笔数 37.2%，分流柜面业务作用进一步增强。

2007 年，中国工商银行的企业网上银行实现交易额 85.74 万亿元，个人网银实现交易额 4.15 万亿元，分别增长 133.8% 和 205.1%；个人与企业网上银行客户分别达到 3 908 万和 98 万户。连续五年被美国《环球金融》杂志评选为"中国最佳个人网上银行"，并首次获得"亚洲最佳存款服务网上银行"、"全球最佳存款服务网上银行"荣誉；在"和讯"第二届"网上银行评测"中，以绝对优势获得第一名；并荣获中国金融认证中心（CFCA）2007 年"中国最佳网上银行"奖项。

中国工商银行的电话银行产品和功能不断丰富，自助设备投入持续加大，自助银行网络快速扩展，集约化程度进一步提高。2007 年底，中国工商银行拥有自助银行中心 4 890 家，自动柜员机 23 420 台，自动柜员机年交易额 10 696 亿元，增长 71.0%。

2008 年以来，中国工商银行的电子银行的交易额已达 102.9 万亿元，同比增长 127%，成为国内首家电子银行年交易额超过百万亿元的银行。

电话银行业务

电话银行是指使用计算机电话集成技术，利用电话自助语音和人工服务方式为客户提供账户信息查询、转账汇款、缴费支付、投资理财、业务咨询等金融服务的电子银行业务。

中国工商银行的电话银行业务主要有：

（1）账户信息查询。提供查询各类账户及其卡内子账户的基本信息、账户余额、账户当日明细、账户历史明细、账户未登折明细等功能。

（2）转账汇款。提供同城转账、异地汇款等功能。

（3）缴费服务。提供电话费、手机费、水电费、燃气费等多种日常费用的查询和缴纳功能。

（4）投资理财。提供买卖股票、基金、债券、黄金的功能。

（5）外汇交易。提供实时买卖外汇，查询汇率、账户余额及各类交易明细等功能。

（6）信用卡服务。提供办卡、换卡申请，卡片启用、挂失，账户查询，人民币购汇还款，调整信用额度等功能。

（7）人工服务。提供业务咨询、投诉建议、网点信息、新业务介绍，并受理账户紧急口头挂失等业务。

（8）异地漫游。提供异地办理开户地各类银行业务的功能。

知心贴士——中国工商银行客服热线"95588"

"95588"是工商银行的客服热线，服务广大对公和对私客户。市民无论何时何地，只需拨打"95588"就可通过身边的电话，轻松享受到银行一系列方便、快捷365天每天24小时的全天候金融服务。

中国工商银行客服热线的服务项目有：

（1）解答营业的网点及营业时间。

（2）解答电话银行及网上银行的相关业务。

（3）解答信用卡业务咨询。

（4）解答求决类咨询。

6. 善建者行——中国建设银行

中国建设银行简称"建行"，它是由1954年10月1日成立的中国人民建设银行转化而来的。当时，它为财政部下属的设立办理基本建设投资拨款监督工作的专业银行，负责管理和分配根据国家经济计划拨给建设项目和基础建设相关项目的政府资金。1996年3月26日，中国人民建设银行正式更名为"中国建设银行"，总部设在北京。2004年9月15日，中国建设银行在原有的基础上成立了中国建设银行股份有限公司，变为国家控股的股份制商业银行。根据有关协议，中国建设银行分立为中国建设银行和中国建银投资有限责任公司。目前，中国建设银行已经发展成为我国国有五大商业银行之一,在中国五大银行中位列第四。

中国建设银行是我国以中长期信贷业务为特色的国有商业银行,在中国境内及各主要国际金融中心开展金融业务。

如今,作为金融领域处于领先地位的股份制商业银行,中国建设银行诚信稳健地为客户提供全面的商业银行产品与服务。它从以前单一管理财政资金、办理基建拨款监督的银行,发展成为既管财政投资,又经营信贷业务;既办理固定资产投资信贷,又发放配套流动资金贷款;既办理国内金融业务,又办理国际金融业务。它的主要经营领域包括公司银行业务、个人银行业务和资金业务,多种产品和服务(如基本建设贷款、住房按揭贷款和银行卡业务等)。

中国建设银行大厦

百科小知识

龙行天下——龙卡

龙卡通,简称"龙卡",是中国建设银行对原有产品龙卡储蓄卡的功能进行了全面升级,并与原理财卡银卡整合,推出面向大众客户的综合性借记卡产品——龙卡通。它是中国建设银行向社会公开发行的、持卡人可在中国建设银行核定的信用额度内先用款后还款、并可在我国境内(不含港澳台)和境外(含港澳台)使用、以人民币和指定外汇分别结算的信用支付工具。

龙 卡

中国建设银行龙卡通可下设多个不同币种、不同期限的账户。双币种信用卡按加入国际组织不同分为 VISA 卡和万事达卡,按发卡对象不同分为单位卡和个人卡,按持卡人信用状况不同分为白金卡、金卡和普通卡。

龙卡双币种信用卡具有消费、取现、转账结算等功能。

近年来,通过自身的不断努力和发展壮大,中国建设银行已与多个大型企业集团及中国经济战略性行业的主导企业保持银行业务联系。在我国境内,中国建设银行设有 1 万多个分支机构,营销网络覆盖全国的主要地区;并在香港、新加坡、法兰克福、约翰内斯堡、东京及首尔都设有分行,在伦敦、纽约、悉尼设有代表处,拥有员工 30 多万人。

中国建设银行还设有子公司,主要包括:中国建设银行(亚洲)股份有限公司、中国建银国际(控股)有限公司、中德住房储蓄银行有限责任公司、中国建信基金管理有限责任公司和中国建信金融租赁股份有限公司。

2006 年 7 月,英国《银行家》杂志公布的世界 1 000 家大银行按一级资本排名中,中国建设银行列第 11 位。亚洲银行 300 强排名中,中国建设银行在"利息收入净值最高的银行"和"纯利最高的银行"两项排名中均列第一位,被誉为"亚洲最赚钱的银行"。

海纳百川——中国建设银行图标

中国建设银行图标具有鲜明的个性特征。它的形状是以古铜钱为基础的内方外圆图形,有着明确的银行属性,着重体现建设银行的"方圆"特性。方,代表着严格、规范、认真;圆,象征着饱满、亲和、融通。

中国建设银行图标

在蓝白相间的图标中,图形右上角形成重叠立体的效果,代表着"中国"与"建筑"英文缩写,即:两个"C"字母的重叠,蕴含着"积累"的深意,也象征着建设银行在资金积累过程中的发展壮大,为中国经济建设提供更好的服务。

总体来看,图标突破了封闭的圆形,象征着古老文化与现代经营观念的融会贯通,寓意着中国建设银行在全新的现代经济建设中,植根中国,面向世界。

从美学的角度审视,图标的标准色为海蓝色,象征着理性、包容、祥和与稳定,体现了国有商业银行的大家风范,昭示着中国建设银行"海纳百川""有容乃大"的精神境界。

循序渐进——中国建设银行的发展历程

中国建设银行从成立到现在,不仅在业务范围还是功能体制方面都发生了翻天覆地的变化。总的概括起来,它的发展历程可以分为三个阶段。

(1)成长阶段,即经办国家财政拨款时期。20 世纪 50 年代,我国正处于基础建设时期,中国建设银行应时代需求组建成立。这一时期,它的主要任务是经办国家基本建设投资的拨款,管理和监督使用国家预算内基本建设资金和部门、单位的自筹基本建设资金。中国建设银行为加快我国国家经济建设和发展作出了巨大贡献。

(2)发展阶段,即属于国家专业银行时期。从 20 世纪 80 年代中期开始,中国建设银行向更加专业化的方向发展。中国建设银行先后开办了现金出纳、居民储蓄、固定资产贷款、工商企业流动资金贷款、国际金融、住房贷款和各种委托代理业务等。在这一过程中，中国建设银行不仅使银行的服务对象更加明确化，而且还使银行的职能更加丰富，为向现代商业银行转变打下了坚实的基础。

（3）转型阶段，即国有商业银行时期。20 世纪 90 年代初，中国建设银行将财政职能和政策性基本建设贷款业务分别移交给财政部和中国国家开发银行，从功能转换上迈出了向现代商业银行转轨的重要一步。

中国建设银行电子银行标识

从 1996 年起，中国建设银行步入了一个焕然一新的发展阶段，在诸多领域出现了纳古推新的新契机。全行上下引用企业识别系统，上万个办事机构和营业网点都使用了新的形象识别标志。与此同时，中国建设银行还建成了资金清算系统，不仅为客户提供快捷、安全、高效的电子汇划服务，而且还实现了异地系统内资金清算 24 小时内到账。这一系列举措的实施为中国建设银行的未来之路开辟了更为广阔的发展空间，不但扩大了银行的业务量，而且还为与很多企业建立全国销售资金结算网奠定了坚实的基础。

中国建设银行的文化内涵

此后，中国建设银行建设银行开始进军电子银行领域，在不到 5 年的时间内基本上完成了从单机操作向已开发应用的全行性网络包括电子资金清算系统、龙卡网络化交易的过渡。另外，除全行性网络外，还以大中城市为中心建立了众多区域性交易网络，将近有 210 个城市行完成了"城市综合网络系统"的建设，并实现了与全行网络系统的连接。

2004 年 9 月 15 日，中央汇金投资有限责任公司、中国建银投资有限责任公司、国家电网公司、上海宝钢集团公司和中国长江电力股份有限公司在共同发起设立中国建设银行股份有限公司。中国建设银行由国有独资商业银行改制为国家控股的股份制商业银行，同时继承了原中国建设银行商业银行业务及相关资产、负债和权益。

新成立的中国建设银行股份有限公司大力推进股权多元化，完善公司治理结构的战略目标，全面推进各项管理改革，促进绩效进步，努力把全新的中国建设银行打造成为资本充足、内控严密、运营安全、服务和效益良好的现代化股份制商业银行。

经过 50 多年的发展，中国建设银行已经具备了强大的国内外竞争力，业务发展极尽完善，资产规模日趋庞大。至此，中国建设银行的境内外营业性分支机构达到 15 401 个，其中有 6 个海外分行，2 个驻海外代表处。全行正式员工 26.3 万人。

进入21世纪后,中国建设银行的发展有迈上了一个新的台阶。在保持原有业务发展的同时,还为公路、铁路、电信、电网和城市建设等国民经济基础设施、基础产业提供较大量的信贷投入。同时,对效益良好的大型企业以及有发展前景的中小企业也提供一定的信贷投入。目前建设银行已与近500家大中型企业建立了全面金融服务关系,并与10余家特大型企业共同建立了全国销售结算协作网络。

如今,中国建设银行已成为了我国国内最具有实力的商业银行之一。在中国境内首次举行的"亚洲银行竞争力排名"中,中国建设银行名列亚洲第四位,也一度被评为"中国内地最具有竞争力的商业银行"。此外,它还被评选为"2006年度亚洲商业银行成长性十佳",并荣获"最佳投资者关系奖"。

成长日记——中国建设银行主要大事记

1954年,中国人民建设银行成立,负责管理和分配根据国家经济计划拨给建设项目和基础建设相关项目的政府资金。

1979年,中国人民建设银行成为国务院直属的金融机构,并逐渐承担了更多的商业银行职能。

1994年初,根据金融体制改革的部署,国家成立了三家政策性银行,以承担国家专业银行的主要政策性贷款功能,其中中国国家开发银行承接了中国建设银行前身——中国人民建设银行的政策性贷款业务和职能。包括中国人民建设银行在内的各国家专业银行,在此后逐渐转型为综合性的四大商业银行。

1996年3月起,中国建设银行启用现名,并同时导入企业识别系统,全行办事机构和营业网点都开始使用了新的形象识别标志。

2003年12月中国汇金公司向原建行注资225亿美元,作为原建行资本金。经国务院和有关主管部门批准,原建行分立为中国建设银行和中国建投。

2004年9月17日中国建设银行股份有限公司以发起设立的方式成立。

2005年8月,中国建设银行的境外战略投资者美国银行和淡马锡的全资子公司富登金融分别出资25亿美元和14.66亿美元入股中国建设银行

2005年在境外首次公开发行股票,并在香港联交所主板上市。

2006年8月24日,中国建设银行收购美国银行在香港的全资子公司美国银行(亚洲)股份有限公司100%股权。

7. 大行德广——中国农业银行

中国农业银行是我国的四大国有独资商业银行之一,是中国金融体系的重要组成部分。

中国农业银行是新中国设立的第一家商业银行,也是改革开放后第一家恢复成立的国家专业银行。它最初成立于1951年,1979年2月再次被恢复成立后,成为在农村经济领域占主导地位的国有专业银行。1994年,我国设立了中国农业发展银行。1996年,农村信用社与中国农业银行脱离行政隶属关系,独立运营。从此,中国农业银行开始向国有独资商业银行转变。2009年1月15日,中国农业银行由国有独资商业银行整体改制为股份有限公司,并更名为"中国农业银行股份有限公司",总行设在北京。

目前,中国农业银行拥有一级分行32个,直属分行5个,总行营业部1个,培训学院3个,中国农业银行在新加坡、香港设有分行,并在伦敦、东京、纽约等地设有代表处,拥有员工40多万人。

作为城乡并举、联通国际、功能齐备的大型国有商业银行,中国农业银行以客户为中心,立足县域和城市两大市场,依托覆盖全国的分支机构、庞大的电子化网络和多元化的金融产品,致力于为广大客户提供优质的金融服务。

中国农业银行拥有我国境内覆盖面最广、数量最多的营业网点,计算机联机网点覆盖率超过99%;它依据覆盖面最广的网点网络体系和领先的信息科技优势,现有全国24 064家分支机构、30 089台自动柜员机和遍布全球的1 171家境外代理行,服务客户超过3.5亿户,成为我国金融行业的一支中坚力量。

百　科　小　知　识

绿意盎然——中国农业银行图标

中国农业银行现在使用的标识启用于1988年11月1日,由我国著名美术工艺大师陈汉民设计。

中国农业银行的图标为圆形,由中国古钱和麦穗构成:古钱象征着货币和银行;麦穗表意着欣欣向荣的农业。二者的完美结合使农业银行的名称要素变得突兀灵动。

中国农业银行图标整个图案呈外圆内方形,象征着中国农业银行作为国有商业银行经营的规范化。麦穗中部构成一个"田"字,阴纹又明显地形成半形,直接了当地表达出农业银行的特征。麦穗芒刺指向上方,使外圆开口,给人以突破感,象征中国农业银行事业不断开拓前进。

中国农业银行图标

图标的标准色为绿色,寓意着:自然、新鲜、平静、安逸、有保障、有安全感、信任、可靠、公平、理智、理想、淳朴;让人联想到自然、生命、生长;绿色是生命的本原色,象征生机、发展、永恒、稳健,表示中国农业银行的诚信高效,事业蓬勃发展。

中国农业银行的银行业务

如今,中国农业银行的网点遍布我国城乡,成为国内网点最多、业务辐射范围最广的大型国有商业银行。它的业务领域已由最初的农村信贷、结算业务,发展成为品种齐全、本外币结合,能够办理国际、国内通行的各类金融业务。主要包括:

中国农业银行

(1)人民币业务。吸收公众存款;发放短期、中期和长期贷款;办理国内外结算;办理票据贴现;发行金融债券;代理发行、代理兑付、承销政府债券;买卖政府债券;从事同业拆借;买卖、代理买卖外汇;提供信用证服务及担保;代理收付款项及代理保险业务;等等。

(2)外汇业务。外汇存款;外汇贷款;外汇汇款;外币兑换;国际结算;外汇票据的承兑和贴现;外汇借款;外汇担保;结汇、售汇;发行和代理发行股票以外的外币有价证券;买卖和代理买卖股票以外的外币有价证券;代客外汇买卖;资信调查、咨询、见证业务。

中国农业银行发行的金币

2008年,农业银行各项业务快速发展,经营效益明显提升,资产质量显著改善。年末总资产达到70 143.51亿元,各项存款60 974.28亿元,各项贷款31 001.59亿元,资本充足率为9.41%,不良贷款率为4.32%,全年净利润514.53亿元。在全球500强排名中,中国农业银行名列第223位

与时俱进——中国农业银行的沿革

中国农业银行从建立起到现在,发展历程经历了凤凰涅槃般的蜕变,由当初的弱小幼苗长成了经济支柱似的参天大树。它的发展壮大主要经历了四个时期。

(1)国家建设时期(20世纪50年代至60年代初)。

新中国成立后,为了支持农村的生产发展,1951年8月中国农业合作银行正式成立。它的主要任务是按照国家计划办理农业的财政拨款和一年以上的农业长期贷款,扶持农村信用合作的发展。但它对国家所赋予的财政拨款和长期贷款业务基本上没有开展。1952年中国农业合作银行因机构精简而被撤销。

后来,随着农业合作化程度的加快,农业生产需要信贷支持。1955年3月中国农业银行宣告成立。这时它的任务主要是办理财政支农拨款和农业长期贷款与短期贷款,贷款对象主要限于生产合作组织和个体农民,贷款用途限于农业生产,其他农村金融业务仍由中国人民银行进行办理。1957年4月,中国农业银行与中国人民银行合并。

(2)国民经济调整时期(20世纪60年代初至70年代末)。

1963年,为了调整国民经济发展,国家采取了加强农业生产、增加农业资金支援的措施。1963年11月,国家批准建立中国农业银行,作为国务院的直属机构。这一期间,中国农业银行机构的建立,从中央覆盖到省、地、县,一直设到基层营业所。但在当时精简机构的形势下,1965年11月,中国农业银行和中国人民银行进行了第二次合并。

(3)恢复发展时期(20世纪70年代末至90年代初)。

为了大力发展农村信贷事业,1979年2月,国家决定恢复建立中国农业银行。恢复后的中国农业银行属于国务院直属机构,由中国人民银行监管。这一时期,中国农业银行的主要任务是:统一管理支农资金,集中办理农村信贷,领导农村信用合作社,发展农村金融事业。

(4)体制变革时期(从20世纪90年代初开始)。

为了建立中国人民银行统一监督和管理下的现代银行体系,1994年4月中国农业银行从中国农业发展银行中分离设立。按照国家颁布实施的《中华人民共和国商业银行法》,中国农业银行逐步走上了探索现代商业银行运营机制的发展道路。1996年8月,中国农业银行统一思想,顾全大局,积极支持中国农业发展银行省级以下分支机构的设立和农村信用社与农业银行脱离行政隶属关系的改革。1997年,农业银行基本完成了作为国家专业银行的历史使命,开始进入了真正向国有商业银行转化的新的历史时期。

2009年1月15日,中国农业银行股份有限公司宣告成立,标志着中国国有商业银行的股份制改革基本完成。这一具有里程碑般意义的变化对于提高中国农业银行的竞争力和服务质量有积极的现实意义。

便利你我——中国农业银行金穗卡

金穗卡是中国农业银行向社会发行的一种多功能信用卡。它具有存取现金、转账结算、消费、理财等全部或部分功能的金融支付工具,联线作业,实时入账,不允许透支。

金穗卡的分类

金穗卡不存在有效期问题,可长期使用。它分为以下三种:

(1)金穗借记卡,包括金穗通宝借记卡、金卡系列产品、金穗惠农卡、海通卡、湘财卡和各类联名卡等。

金穗惠农卡是中国农业银行基于金穗借记卡业务平台研发的,面向全体农户发行的综合性银行卡产品。作为借记卡产品之一,惠农卡具有存取现金、转账结算、消费、理财等基本金融功能,联线作业,实时入账。在此基础上,惠农卡还可作为农户小额贷款的发放载体、财政补贴的直拨通道、社会保险的参保凭证、资金汇兑的安全通路,在农业生产、社会保障、个人理财等多方面为农户提供方便、快捷和周到的金融服务。

(2)金穗准贷记卡,包括银联标准卡和惠农信用卡特色卡。

(3)金穗贷记卡,包括标准卡、特色卡、联名卡和商务卡等。

金穗卡的功能

(1)存取现金:持卡人可在全国任何一个农行联网网点办理存取现金业务,在全国农行联网的自动柜员机上取现,有"银联"标识的借记卡还可在贴有"银联"标识的其他银行的自动柜员机上取款和查询。

(2)转账结算:持卡人可在借记卡账户上转账存入工资、劳务性收入等款项,也可以从账户中转账支出款项。

(3)购物消费:持卡人可在农行特约商户销售终端上进行消费结算;带有"银联"标识的金穗借记卡还可在贴有"银联"标识的其他银行的销售终端上使用。

(4)投资理财功能:持卡人可申请获得银证转账、银证通、国债买卖、开放式基金买卖等多种投资理财功能。

(5)代收代付功能:金穗借记卡可实现代发工资、代缴电话、煤气、水电等公用事业费、代理保险等多项代收代付功能。

(6)查询和密码修改:持卡人可在农行联网网点或通过自动柜员机、"95599"电话银行以及登录农行网站查询本人卡账户的余额、历史交易明细等信息;同时可通过上述途径随时更新自己的交易密码。

8. 相融相通——中国交通银行

中国交通银行简称"交行",创建于 1908 年,是中国早期的四大银行之一,同时也是中国早期的发钞行之一。1958 年,除香港分行仍继续营业外,中国交通银行的国内业务分别并入中国人民银行和在交通银行基础上组建起来的中国人民建设银行。为适应我国经济体制改革和发展的要求,1986 年 7 月 24 日,国家批准重新组建中国交通银行。1987 年 4 月 1 日,重新组建后的中国交通银行正式对外营业,成为我国第一家全国性的国有股份制商业银行,现为我国五大国有大型商业银行之一,总行设在上海。

中国交通银行

作为金融改革的试点,中国交通银行率先在我国金融领域引入竞争机制,建立新型银企关系,借鉴国外商业银行先进的管理机制和经验,建立、完善和创新资产负债管理制度、信贷资产质量监控制度、财务指标分析体系制度等,有效地贯彻了现代商业银行全面自律、稳健经营、追求效益的经营管理原则。交行实行一级法人、分级授权、内部评级、集中授信等总分行管理机制,保障了各项业务和机构建设持续健康的发展。

21 世纪初,中国交通银行的资本金已达到 137.92 亿元,境内外资产总额达 5 380.49 亿元,人民币存款余额 3 385 亿元,人民币贷款余额 2 435 亿元;境内行实现利润 25.83 亿元,年均员工总数为 45 880 人,人均创利 5.63 万元,人均盈利水平在中国五大银行中名列前茅。在全球 1 000 家大银行排名中,中国交通银行位居第 129 位,它已成为国际金融界公认的世界级银行。

中国交通银行也是我国国家外汇指定银行和国家对外筹资窗口之一。它在主要的国际金融中心纽约、东京、香港、新加坡等城市都设有分行,在伦敦、法兰克福等城市设有代表处。目前,中国交通银行已与全球 75 个国家和地区的 463 家银行、1 325 家总分支机构建立了代理行关系。为了更好地发挥自身优势,扩大国际影响力,中国交通银行还积极参与国际货币市场和国际资本市场,多次发行债券,长期承办国外政府和国际金融组织转贷款。21 世纪初,中国交通银行与 14 个国家 33 家外国银行和金融机构签订了出口信贷框架总协议,并经办 27 个外国政府转贷款项目。

百年知交——中国交通银行发展史

交通银行成立于 1908 年 3 月 4 日,是中国近代最早的银行之一。1919 年,第一次世界大战结束以后,交通银行上海分行接管了上海外滩的德华银行。

1928 年,全国政治中心从北京转移到南京,交通银行也随之将总行迁至上海外滩。

1937 年,抗日战争爆发,交通银行将总行迁到重庆。

1946—1947 年,上海总行重建为艺术装饰主义风格的 6 层大楼。

1949 年 12 月交通银行总管理处由上海迁往北京。

1951 年交通银行总行迁回北京,上海外滩行址由上海市总工会进驻至今。

1958 年除香港分行仍继续营业外,中国交通银行的国内业务分别并入中国人民银行和中国人民建设银行(即今中国建设银行)。

1986 年 7 月,为适应改革开放和经济发展需要,经国务院批准重新组建中国交通银行。

1987 年 4 月 1 日,重新组建后的中国交通银行正式对外营业,成为中国第一家全国性的国有股份制商业银行,总行设在上海江西中路的银行大楼(现已迁往上海浦东的银城中路。)

2004 年,香港上海汇丰银行投资了近 17 亿美元,收购了交通银行 19.9% 股权。

2005 年 6 月 23 日,中国交通银行在香港联合交易所成功上市,

2007 年 4 月 25 日,中国交通银行的股票在上海证券交易所发行;5 月 15 日,中国交通银行上市。

2008 年,中国交通银行迎来了百年华诞。

时代气息——中国交通银行标志释义

中国交通银行标志是将英文译名"BANK OF COMMUNICATIONS"词首的小写字母"b"和"c"组合起来,构成了一个立体面,表示企业的实力和业务的综合性。

中国交通银行标志

其中,标志中的"交通银行"四个汉字是晚清著名书法家郑孝胥题写的。整个图案具有延伸感,体现中国交通银行不断发展、壮大、日益繁荣的趋势。

标志的标准色为深蓝色,象征交通银行像大海一样博大精深,寓意稳重,踏实而可靠。

焕发生机——中国交通银行的创新发展

作为首家全国性股份制商业银行,自重新组建以来,中国交通银行就肩负着双重的历史使命:它既是百年民族金融品牌的继承者,又是中国金融体制改革的先行者。在我国金融业的改革发展中,中国交通银行实现了新的突破,创造了我国金融业的多项"第一":

中国交通银行

第一家以资本来源和产权形式实行股份制的商业银行。

第一家按市场原则和成本效益原则设置机构的商业银行。

第一家打破金融行业业务范围垄断,将竞争机制引入金融领域的商业银行。

第一家引进资产负债比例管理,并用以规范业务运作和防范经营风险的商业银行。

第一家建立双向选择新型银企关系的商业银行。

第一家可以从事银行、保险、证券业务的综合性商业银行。

中国交通银行卓有成效的改革实践,为我国股份制商业银行的发展开辟了道路,对金融改革起到了推波助澜的示范作用。

2004年6月,在我国金融改革深化的过程中,为了精心打造治理结构完善、资本充足、内控严密、运营安全、服务和效益良好、具有较强国际竞争力和百年民族品牌的现代金融企业,中国交通银行完成了财务重组,成功引进了汇丰银行、社保基金、中央汇金公司等境内外战略投资者,并着力推进体制机制的良性转变。

多年来,通过不懈的努力,中国交通银行已形成了以"一流的服务质量,一流的工作效率,一流的银行信誉"为办行宗旨;以深化改革,再创特色,加强管理,防范风险为发展主旋律;以市场为导向,客户为中心,效益为目标,质量树品牌,科技为手段,人才为根本的资源优势,成为具有先进国际经营管理水平的商业银行。

争创一流——现代金融体系下中国交通银行的特点

2005年,中国交通银行开始实施管理和发展的战略转型,朝着"国际公众银行、创新型银行、综合性银行、经营集约化银行、管理先进型银行"的目标奋力迈进,努力创办一流的金融控股集团。

优化股权结构多元化

中国交通银行确立和制订了公司新的管理制度与发展架构,使公司管理不断走向成熟和规范。按照公众持股银行的标准和境内外监管规则的要求,建立了结构高度专业化和国际化的董事会和对股东大会负责的监事会,健全了董事会和监事会专门机构,高级管理层在董事会授权下全权开展经营管理。董事会的战略决策作用、高级管理层的经营管理职责和监事会的监督职责充分发挥,股东大会、董事会、监事会和高级管理层各自发挥良好效能、又相互制衡的机制基本形成。

健全机构体系网络化

中国交通银行拥有辐射全国、面向海外的机构体系和业务网络。分支机构布局覆盖经济发达地区、经济中心城市和国际金融中心。截至2006年末,交通银行共有境内分行95家,包括省分行28家、直属分行7家、省辖分(支)行60家,营业机构2 628个,分布在143个城市;除95家分行外,还有48家非单独核算的县级城市支行;在香港、纽约、东京、新加坡、首尔设有分行;在伦敦、法兰克福设有代表处。中国交通银行还与全球100多个国家和地区约900家银行建立了代理行关系,全行员工近6万人。

优质金融服务品牌化

中国交通银行在金融产品、金融工具和金融制度领域不断开拓,锐意进取,形成了产品覆盖全面、科技手段先进的业务体系,通过传统网点"一对一"服务和全方位的现代化电子服务渠道相结合,为客户在公司金融、私人金融、国际金融和中间业务等领域提供全面周到的专业化服务。

中国交通银行拥有以"外汇宝"、"太平洋卡"、"基金超市"等为代表的在市场享有盛誉的一批品牌产品,市场份额在业内名列前茅。2006年,交通银行在产品开发方面继续提速,先后推出了"沃德财富账户"、"盈通账户"、"满金宝"、"展业通"等一系列金融新品,全行产品线更趋丰富,客户服务功能继续提升,市场竞争力进一步加强。

至 2006 年末,中国交通银行的资本充足率与核心资本充足率分别达到 10.83% 和 8.52%,资产规模达到 17 195 亿元,较上年末增长 20.8%;存贷款总额分别达到 14 203 亿元和 9 103 亿元;实现税后利润 122.7 亿元,比上年增长 32.71%;资产回报率和股东权益回报率分别达到 0.71% 和 13.57%;不良贷款率为 2.01%。按照一级资本排名,中国交通银行位列第 65 位,已跻身全球银行百强行列。

百科小知识

蕴通财富——中国交通银行的"财富银行"品牌

"蕴通财富"是中国交通银行"财富银行"品牌下的一个子品牌。品牌标志的文字部分由"蕴通"、"财富"以及"WINTOFORTUNE"组成;图案部分以蜿蜒河流为基础,象征交行公司金融服务融会贯通、财富积蕴,绿色背景营造蓬勃的自然活力,寓意蕴通财富深厚、多元的服务功能。

中国交通银行的"财富银行"品牌

"蕴通财富"品牌以助企业客户财富广蕴为目标,为企业提供个性而专业化的公司金融服务。财富广蕴、通达天下,是蕴通财富的服务目标。

中国交通银行以"客户为先、灵活稳健"为品牌核心价值,依托"交流融通、诚信永恒"的服务信念与承诺,通过专业化团队、创新的理念和诚信的服务,满足客户的不同需求,赋予其持续的金融价值。

"蕴通财富"涵盖包括企业结算、现金管理、融资授信、贸易服务、企业理财、财务顾问、投资银行、企业年金、离岸银行、网上银行等在内的各项金融服务,覆盖公司采购、生产、销售、投资等各个经营环节,为企业提供全面的公司金融服务。

相得益彰——中国交通银行的业务范围

中国交通银行的业务范围：

（1）吸收公众存款。

（2）发放短期、中期和长期贷款。

（3）办理国内外结算。

（4）办理票据承兑与贴现。

（5）发行金融债券。

（6）代理发行、代理兑付、承销政府债券。

（7）买卖政府债券、金融债券。

（8）从事同业拆借。

（9）买卖、代理买卖外汇。

（10）从事银行卡业务。

（11）提供信用证服务及担保。

（12）代理收付款项及代理保险业务。

（13）提供保管箱服务。

（14）经国务院银行业监督管理机构批准的其他业务。

（15）信达澳银基金旗下信达澳银领先增长和信达澳银精华灵活配置基金的日常转换业务。

中澳合资——信达澳银基金

基金有广义和狭义之分。从广义上说，基金是机构投资者的统称，包括信托投资基金、单位信托基金、公积金、保险基金、退休基金以及各种基金会的基金。在现有的证券市场上的基金，包括封闭式基金和开放式基金，具有收益性功能和增值潜能的特点。从会计角度透析，基金是一个狭义的概念，意指具有特定目的和用途的资金。因为政府和事业单位的出资者不要求投资回报和投资收回，但要求按法律规定或出资者的意愿把资金用在指定的用途上，从而形成了基金。

与股票、债券、定期存款、外汇等投资工具一样，投资基金也为投资者提供了一种投资渠道。

信达澳银基金的全称是"达澳银基金管理有限公司"，是一家基金管理公司。它成立于2006年6月5日，总部设在中国深圳。

公司由中国信达资产管理公司和澳洲联邦银行的全资附属公司康联首域集团有限公司共同发起，是国内首家由国有资产管理公司控股的基金管理公司，也是澳洲在中国合资设立的第一家基金管理公司。

9.百年老店——中国银行

中国银行,全称"中国银行股份有限公司",是我国大型国有控股商业银行之一,规模位列全国第三,总部位于北京。它的业务范围涵盖商业银行、投资银行和保险领域,旗下有中银香港、中银国际、中银保险等控股金融机构,在全球范围内为个人和公司客户提供全面和优质的金融服务。2008年中国银行在英国《银行家》杂志"世界1 000家大银行"排名中名列第10位。

中国银行

中国银行主营传统的商业银行业务,主要包括公司金融业务、个人金融业务和金融市场业务。公司金融业务是银行的核心信贷产品,为客户提供个性化、创新的金融服务;个人金融业务主要针对个人客户的金融需求,提供基于银行卡之上的系统服务;金融市场业务主要是为全球其他银行、证券公司和保险公司提供国际汇兑、资金清算、同业拆借和托管等全面服务。

中国银行的全资附属投资银行机构为中银国际控股有限公司(简称"中银国际"),是中国银行开展投资银行业务的运行平台。中银国际在我国内地、香港及纽约、伦敦、新加坡设有分支机构,拥有高水准的专业人才队伍、强大的机构销售和零售网络。中银国际全球性的管理运作,可为海内外客户提供包括企业融资、收购兼并、财务顾问、定息收益、证券销售、投资研究、直接投资、资产管理等在内的全方位投资银行服务。

中国银行松江支行

中国银行所属的中国银行(香港)有限公司,于2001年10月1日正式成立。它是一家在香港注册的持牌银行。中国银行(香港)合并了原中银集团香港十二行中10家银行的业务,并同时持有香港注册的南洋商业银行、集友银行和中银信用卡(国际)有限公司的股份权益,使之成为中银香港的附属机构。中银香港是香港地区三家发钞银行之一,也是香港银行公会轮任主席银行之一。重组后的中银香港于2002年7月在香港挂牌上市。

中国银行通过全资子公司中银集团保险有限公司及其附属和联营公司经营保险业务。其中,在香港拥有中银集团保险有限公司及其六家分公司、中银集团人寿保险有限公司、东亮保险专业有限公司和堡宜投资有限公司,在内地拥有中银保险有限公司,澳门地区有联丰亨保险有限公司。成立于1992年7月的中银集团保险有限公司在香港保险市场经营一般保险业务,业务品种齐全繁多,业务量多年位居当地同业前列。

纵横捭阖——中国银行(香港)集团

中国银行(香港)集团成立于20世纪90年代,由包括且不限于原来以中国银行为首的13家有关银行合并而成。

这些银行包括:

(1)中国银行香港分行和交通银行香港分行(1998年间遵照国家指示,重新归属交通银行辖管)。

(2)8家内地成立银行的香港分行:广东省银行、新华银行、中南银行、金城银行、国华商业银行、浙江兴业银行、盐业银行和集友银行。

(3)两家香港注册的银行:华侨商业银行和宝生银行。

(4)南洋商业银行(部分分行)。

其中,南洋商业银行下属的南洋信用卡公司在中银香港改组后成为中银信用卡(国际)有限公司,并改为中银香港之附属子机构。

中国银行是中国国际化程度最高的商业银行。自从 1929 年中国银行在伦敦设立了中国金融业第一家海外分行以来,它还在世界各大金融中心相继开设分支机构,并先后分别在香港、澳门、伦敦、大阪、新加坡、纽约、曼谷、东京等地设立了海外分支机构。1994 年和 1995 年,中国银行先后成为香港、澳门的发钞银行。

目前,中国银行拥有遍布全球 29 个国家和地区的机构网络。其中,境内机构超过 1 万家,境外机构 600 多家。

百 科 小 知 识

特色鲜明——中国银行标志

1986 年,中国银行标志经中国银行总行批准正式使用。中国银行的中文行名由郭沫若先生题写,标志由香港著名设计师靳埭强设计。

中国银行标志

从总体设计上来看,整个标志形状呈古钱状,有代表银行的文化韵味;图标里的"中"字则代表中国;外部圆形象征中国银行是面向全球的国际性大银行。

作为中国金融行业的百年品牌,中国银行在稳健经营的同时,积极进取,不断创新,创造了国内银行业的许多第一,在国际结算、外汇资金和贸易融资等领域取得的成绩斐然,硕果累累。

中国银行多年来的信誉和业绩,在银行同业、国内外客户和权威媒体中树立了良好的形象和口碑。目前,中国银行曾先后 8 次被《欧洲货币》评选为"中国最佳银行"和"中国最佳国内银行";连续 19 年入选美国《财富》杂志"世界 500 强"企业;多次被《财资》评为"中国最佳国内银行";被美国《环球金融》杂志评为"中国最佳贸易融资银行"及"中国最佳外汇银行";被《远东

牵手奥运

经济评论》评为"中国地区产品服务 10 强企业";被《亚洲风险》杂志评为 2006 年度"中国最佳银行"。

在美国知名财经杂志《财富》与世界知名的管理咨询公司(合益)集团合作评选的 25 家"最受赞赏的中国公司"中,中国银行榜上有名;在"A + H"资本市场整体上市后,中国银行荣获《投资者关系》"最佳 IPO 投资者关系奖"等多个重要奖

项。2007 年,中国银行的营业收入在世界 500 强企业中排列第 215 位。

沧海横流——中国银行的历史发展轨迹

在近百年辉煌的发展历史中,中国银行在中国金融史上扮演了十分重要的角色。

中国银行的前身是我国清朝时期的户部银行。1905 年 8 月中国历史上第一家国家银行——户部银行在北京正式成立。1908 年 2 月,户部银行改为大清银行,行使中央银行职能。到 1911 年,大清银行在全国各省省会和通商口岸设立分支机构 35 处,成为清末规模最大的银行。

中国银行驻外办事处

1912 年,大清银行改组为中国银行,负责整顿币制、发行货币、整理国库,行使中央银行权力,成为当时的中央银行。1949 年,中华人民共和国成立,中国银行被收归国有,继续以中国银行行名营业存续。

中国银行以诚信为本,以振兴民族金融业为己任,在艰难和战乱的环境中拓展市场,稳健经营,锐意改革,表现出了顽强的创业精神,银行业务和经营业绩长期处于同业领先地位,并将分支机构一直拓展到海外,在中国近现代银行史上留下了光辉的篇章。

1950 年 4 月,中国银行划归中国人民银行总行领导。1953 年,中国银行被国家指定为外汇外贸专业银行成为当时的中央银行。这一时期,作为中国人民银行领导的一个职能部门,中国银行利用信贷、结算、汇率等多种手段促进对外贸易事业发展,使国家外汇收入不断增加;认真履行国家外汇专业银行的职责,加强外汇管理发展与国际金融界的交往。

改革开放以来,中国银行的各项业务得到了长足发展,跨入了世界大型银行的前列。

1979年3月,中国银行从中国人民银行中分设出来,同时行使国家外汇管理总局职能,直属国务院领导,但内部机构,由中国人民银行代管。中国银行总管理处改为中国银行总行,负责统一经营和集中管理全国外汇业务。

1983年9月,中国人民银行专门行使中央银行职能,而中国银行与国家外汇管理总局分设,各行其职。中国银行统一经营国家外汇的职责不变,但它由原中国人民银行一个分支部门和国家金融管理机关,转变为以盈利为目标的企业。1994年,国家外汇由外汇管理局经营,中国银行由外汇外贸专业银行开始向国有商业银行转化。中国银

中国银行

行正式结束了国家外汇专业管理,作为国有独资商业银行,与中国工商银行、中国农业银行、中国建设银行国有独资商业银行成为国家金融业的支柱。

2004年8月26日,中国银行股份有限公司挂牌成立,标志着中国银行的历史翻开了崭新的篇章,踏上新的航程。

2006年6月1日、7月5日,中国银行先后在香港证券交易所和上海证券交易所成功挂牌上市,成为首家"A+H"股发行上市的国有商业银行。按截至2007年12月31日的市值计算,中国银行为全球第四大银行。

在近百年岁月里,中国银行以稳健的经营、雄厚的实力、成熟的产品和丰富的经验,深得广大客户信赖,并与客户建立了长期稳固的合作关系。中国银行将秉承"以客户为中心,以市场为导向,强化公司治理,追求卓越效益,创建国际一流大银行"的宗旨,依托其雄厚的实力、遍布全球的分支机构、成熟的产品和丰富的经验,为客户提供全方位、高品质的银行服务,与广大客户携手共创美好未来。

业精于勤——中国银行的经营范围

随着社会经济的突飞猛进,中国银行的业务范围也日益在发展壮大。主要包括:

(1)吸收人民币存款,发放短期、中期和长期贷款。

（2）办理结算和票据贴现。

（3）发行金融债券，代理发行，代理兑付，承销政府债券。

（4）买卖政府债券，从事同业拆借，提供信用证服务及担保。

（5）代理收付款项及代理保险业务，提供保管箱服务。

（6）外汇存款、外汇贷款、外汇汇款、外币兑换和国际结算。

（7）同业外汇拆借，外汇票据的承兑和贴现。

（8）外汇借款与外汇担保，结汇与售汇。

（9）发行和代理发行股票以外的外币有价证券，并且买卖和代理买卖股票以外的外币有价证券，自营外汇买卖。

（10）代客外汇买卖，外汇信用卡的发行和代理国外信用卡的发行及付款。

（11）资信调查、咨询、见证业务，组织或参加银团贷款、国际贵金属买卖。

（12）海外分支机构经营当地法律许可的一切银行业务。

（13）在港澳地区的分行依据当地法令可发行或参与代理发行当地货币。

（14）经中国银行业监督管理委员会等监管部门批准的其他业务。

10. 因您而变——招商银行

招商银行简称"招行"，成立于 1987 年 4 月 8 日，是我国第一家完全由企业法人持股的股份制商业银行，总行设在深圳。2002 年 4 月 9 日，招商银行在上海证券交易所上市，成为国内第一家采用国际会计标准上市的公司；2006 年 9 月 22 日，在香港联合交易所上市。

招商银行

成立 20 多年来,招商银行不断创新产品与优化服务,由最初的一个只有资本金 1 亿元人民币、1 个网点、30 余名员工的小银行,发展成为资本净额 1 170.55 亿元人民币、机构网点 700 余家、员工 3.7 万余人的中国第六大商业银行,跻身全球前 100 家大银行之列,并逐渐形成了自己的经营特色和优势。2009 年以来,招商银行先后荣获国外具有影响力的机构和刊物评出的诸多殊荣:被美国波士顿咨询公司列为净资产收益率全球银行之首;荣膺英国《金融时报》评出的"全球品牌 100 强"第 81 位、品牌价值增幅全球第一名;美国《福布斯》杂志评选的"全球最具声望大企业 600 强"第 24 位;荣获《华尔街日报》选出的"中国最受尊敬企业前十名",位居第一;荣获《欧洲货币》、《亚洲银行家》等国内外权威媒体和机构授予的"中国最佳零售银行"、"中国最佳私人银行"、"中国最佳托管新星"等。

招商银行深圳总行大厦

截至 2009 年 6 月底,中国招商银行的资产总额达 19 727.68 亿元人民币。

现在,招商银行在我国的 60 个城市设有 47 家分行及 648 家支行,2 家分行级专营机构(信用卡中心和小企业信贷中心),1 家代表处,1 622 家自助银行,1 500 多台离行式自助设备,1 家全资子公司——招银金融租赁有限公司;在香港拥有永隆银行和招银国际金融有限公司 2 家全资子公司,及 1 家分行;在美国设有纽约分行和代表处;在英国设有伦敦代表处。

在稳健快速的过程发展中,招商银行坚持"效益、质量、规模协调发展"的战略指导思想,大力营造以风险文化为主要内容的管理文化。在国内同业中,招商银行较早地实行了资产负债比例管理、审贷分离和贷款五级分类制度,建立了比较完善的稽核内控体系,同时成功地在全行推行了储蓄、会计业务质量认证,获得了英国BSI 太平洋有限公司和中国船级社质量认证公司颁发的ISO9001 质量体系认证书,成为我国国内第一家获得ISO9001 证书的商业银行。

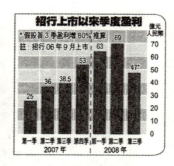

招商银行赢利表

由于注重防范风险,招商银行的资产质量得以不断优化,按照五级分类口径,不良贷款率为 2.87%,其中,近五年新增贷款的不良率在 1% 以内,是国内资产质量最好的银行之一。

在企业管理方面,招商银行秉承"因您而变"的经营理念,在国内银行业率先通过实施为客户提供高效、便利、体贴、温馨的服务,带动了国内银行业服务观念和方式的变革,拉近了银行与客户的距离。

招商银行还率先构筑了网上银行、电话银行、手机银行、自助银行等电子服务网络,为客户提供"3A"式现代金融服务。在做好大众服务的同时,它还致力于为高端客户提供量身定制的"一对一"的尊贵服务,不断提高金融服务的专业化、个性化水平,为更好地树立企业形象和提升服务质量提供了有力保障。

在未来发展方面,招商银行坚持"科技兴行"的发展战略,立足于市场和客户需求,充分发挥拥有全行统一的电子化平台的巨大优势,率先开发了一系列高技术含量的金融产品与金融服务,树立了技术领先型银行的社会形象。

在我国的商业银行中,招商银行率先打造了"一卡通"多功能借记卡、"一网通"网上银行、双币信用卡、点金公司金融、"金葵花"贵宾客户服务体系等产品和服务品牌,并取得了巨大成功。截至 2009 年,"一卡通"累计发卡 5 172 万张,卡均存款为 8 670 元人民币;信用卡累计发卡 2 885 万张,居于中国信用卡市场的领导地位,并入选哈佛大学 MBA 教学案例。"一网通"网上银行的技术性能和柜面替代率,一直在同业中保持领先。"金葵花"服务体系在高收入人群中受到广泛欢迎,拥有贵宾客户 46.34 万户。

中国招商银行逐渐形成了低资本、低消耗、低风险、高效益的业务发展模式。2009 年上半年,实现净利润 82.62 亿元。

招商银行的网上银行

招商银行的业务范围

招商银行经营的范围十分广阔,主要包括基本业务和外汇业务两大类。

(1)基本业务:

①吸收公众存款。

②发放短期、中期和长期贷款。

③办理结算;办理票据贴现;发行金融债券。

④代理发行、代理兑付、承销政府债券;买卖政府债券。

⑤同业拆借,提供信用证服务及担保。

⑥代理收付款项及代理保险业务,提供保管箱服务。

(2)外汇业务:

①外汇存款;外汇贷款;外汇汇款;外币兑换。

②国际结算;结汇、售汇;同业外汇拆借。

③外汇票据的承兑和贴现;外汇借款;外汇担保。

④买卖和代理买卖股票以外的外币有价证券。

⑤发行和代理发行股票以外的外币有价证券。

⑥自营和代客外汇买卖;资信调查、咨询、见证业务;离岸金融业务。

⑦经中国银监会批准的其他业务。

百科小知识

乘风破浪——招商银行图标

招商银行的图标以招商银行英文名的首字母 C、M、B 为基本设计元素,立足招行国际化、现代化进行设计。视觉中心"M"型稳实有力,象征招行全面拓展国内、国际市场的发展态势。"M"下加横线构成"B"的造型,又与充满速度感的平行射线,形成扬帆出海、资金畅通的图形寓意;七条平行射线代表招行最初的 7 家股东,传达出明确的亲和感与时代感。

整个图标的标准色选用代表活力、热情的红色,象征招行的经营活力和服务热情,充满向上跃升的内在动力和主动应变市场的积极姿态。体现了招行不断进取的精神和变革力量,传达出招商银行"因您而变"的企业理念。图标与招商银行本身的企业特质和文化特质完美融合,深层互动。

红色图标蕴涵着招商银行将与时俱进,和广大股东、客户一起共创佳绩,共同打造值得客户信赖和稳健发展的百年老店。

招商银行图标

品牌为先——中国招商银行的金融产品

一卡通

"一卡通"是招商银行向社会大众提供的、以真实姓名开户的个人理财基本账户,它集定期、活期、多储种、多币种、多功能于一卡,具有"安全、快捷、方便、灵活"的特点,是国内银行卡中独具特色的知名银行卡品牌。招商银行从 1995 年 7 月发行"一卡通"以来,凭借高科技优势,不断改进其功能,不断完善综合服务体系,创造了个人理财的新概念,多次被评为消费者喜爱的银行卡品牌。

一卡通

一网通

招商银行"一网通"是招商银行互联网相关产品的总品牌,包括了网上银行全部系统。"一网通"自 1997 年以来一直成为国内银行网上银行风险标,创建了国内网上银行诸多标准。

网上个人银行,包括专业版、大众版、网上支付等产品,开通互联网、手机等渠道。

网上企业银行,包括银关通、票据通、集团通、E证通、集团资金管理等产品。

系列网站,包括门户网站、信用卡网站、证券网站、外汇网站、网上商城、网上房产、网上社区等。

信用卡

2002年,招商银行率先在国内发行国际标准信用卡,并先后推出了粉丝卡、航空卡、百货卡、商务卡、白金卡、无限卡等创新特色产品。招商银行以五星级的产品和服务奠定了信用卡品牌在国内市场的领先者形象,并依靠不断提供更符合客户需求的创新产品以及服务水平,获得越来越多客户的认可。

信用卡推出以来,招商银行信用卡获奖无数,包括连续五年上榜胡润财富成为中国千万富豪"最青睐的银行信用卡"、荣获亚洲银行家"2008最佳中国零售银行之最佳信用卡业务奖"以及在各类评选中屡屡获得像"最佳用户体验奖"、"最受持卡人喜爱的信用卡"等奖项,并多次被国内国际权威行业机构授予"国内首家五星

招商银行信用卡

级客户服务中心"、"亚太最佳客户服务"、"全球最佳服务中心"等荣誉,同时凭借卓越的信用卡拓展和经营战略成功入选"哈佛大学商学院MBA教学案例"。

"金葵花"理财

"金葵花"理财是招商银行面向个人高端客户提供的高品质、个性化综合理财服务体系,涵盖负债、资产、中间业务及理财顾问等全方位金融服务。它的核心价值在于对银行的产品、服务、渠道等各种资源进行有效整合,通过贵宾理财经理为高端客户提供一对一的个性化服务。

"金葵花"理财在申请过程中,有不同的等级:个人客户在招商银行同一分行的所有账户资产总额达到人民币50万元,即可申请"金葵花"卡,享有"金葵花"贵宾理财服务。个人客户在招商银行同一分行的所有账户资产总额达到人民币500万元,即可申请"金葵花"钻石卡,成为"金葵花"钻石贵宾

"金葵花"理财

客户,体验包括绿色就医通道与体检套餐、免息授信等在内的专享服务,更可在各地招商银行钻石财富管理中心感受优越专属的贵宾理财之旅。

点金公司金融

2003 年,招商银行在国内银行业首家推出公司银行业务点金品牌。2006 年,招商银行以客户为中心,重新梳理点金品牌,全面整合批发银行业务,再造代表招商银行批发银行业务整体形象的品牌——点金公司金融。

招商银行的点金公司金融是基于对公司客户金融服务需求的深刻理解,强调"善用金融,进步有道"的核心理念,针对客户结算服务、现金管理、贷款融资、国际业务、资产管理、投资银行 6 类服务需求,致力于打造网上企业银行、现金管理、公司融资、中小企业融资、贸易融资、国际结

点金公司金融

算、离岸业务、同业金融、资产托管、企业年金、公司理财、投资银行等 12 条产品线,为客户提供精细化的产品和综合化的金融解决方案,与客户一道善用金融,探索成长之道。

生意贷

"生意贷"是招商银行为广大客户提供的个人经营贷款产品及贷款服务,在个人经营贷款产品中首创了贷款授信额度长期使用、主动续期,同时支持"随借随还"以及最长达 50 天的延后结算期等创新领先功能,为中小企业经营者提供融资帮助。

周转易

"周转易"是招商银行提供的一项个人经营贷款"免息"定向支付功能,是目前国内唯一为个人经营贷款提供"免息"延后结算期的贷款产品。

客户通过"周转易"业务审批后,在"一卡通"内即可获得一个循环额度用于定向支付。客户可通过定向转账、POS 刷卡、网上支付等快捷方式,随时随地用它支付货款,并可享受最长 50 天的延后结算期。还款日,招商银行提供自动还款服务,当客户活期账户资金不足时,自动发放一笔贷款用于归还定向支付款项。

出国金融自由行

招商银行精心准备的出国金融服务及产品套餐,不论出国留学、旅游、商务、移民,都可享受到全方位、专业、贴心的出国金融服务,包括:存款证明、理财产品持有证明、留学贷款、购汇、结汇、外币携带证、外汇买卖、电话预订机票酒店、境外电汇、国际信用卡、国际借记卡等多种产品。更全新推出网上自助办理一条龙服务,不用到银行网点,只要登陆网上银行,即可轻松办理网上购汇、网上结汇、网上境外汇款、网上国际收支申报业务,操作便捷、省心省时

财富立方

2006 年,招商银行在同业中率先涉足公司理财领域,开创了国内商业银行作

为理财计划的发行人和管理人为机构客户提供资产管理类服务的先河,至今一直保持该领域的领跑者地位。2008年,招商银行再次领先同业,以客户为中心,隆重推出代表招商银行点金公司理财业务的整体品牌形象"财富立方",不仅全面开启公司财富管理的品牌经营时代,同时宣告着招商银行公司财富管理由简单的产品服务向顾问式的综合服务全面迈进。招商银行"财富立方"以全方位、立体式的全局财富观,从资金规模、风险、投资回报率、周期、投资对象、币种等多维度进行财富思考,为企业设计真正适合的个性理财计划,并由专业理财团队严格执行,助力企业实现财富立方式增值。

"C +"现金管理

"C +"是招商银行现金管理品牌的标志。

作为我国商业银行现金管理业务的先行者,2007年,招商银行正式推出以"C +"为标志的现金管理品牌体系,并提出了"C +:为伙伴增加价值"的服务理念。这个品牌体系包括账户及交易管理、流动性管理、投资管理、融资管理和风险管理五大类解决方案,全面涵盖了账户管理、代发代扣、公司卡、票据托管、电子票据、电子商务、网上信用证、资金归集、集中支付、现金池等三十多项现金管理产品和服务。

"C +之道"是招商银行个性化、综合化的专业现金管理服务。它将增加企业总裁、财务总监对现金流良性循环的满意度,增加企业对风险管理、成本控制的信心,更增加企业对下一财年内现金收益的期许。

百科小知识

欣欣向荣——招商银行与金葵之缘

招商银行之所以把向日的金葵作为自己的行花,招商银行行长马蔚华有着十分形象的比喻:"向日葵是迎着太阳来转动的,我们把太阳比做我们的客户,我们的客户就是上帝,就是太阳。向日葵必须永远围着我们的上帝去转,满足了客户的要求,招商银行才能不断的发展、才能欣欣向荣,抓住阳光、抓住阳光的方向,能够让向日葵永远鲜艳。"

金葵象征着招商银行完美的化身,深涵着浓浓的寓意:

(1)金葵的向阳体现了招商银行以客户为中心的精神。

(2)金葵的一朵不起眼,一片才灿烂,体现了招行员工的团队合作精神。

(3)金葵的朴实、不娇贵,体现了招行员工在市场上勇于挑战、工作扎实的精神。

(4)金葵的观赏性和食用性,体现招商银行能够为客户带来实实在在的、多层次的增值。

11. 老骥伏枥——中国邮政储蓄银行

中国邮政储蓄银行隶属于中国邮政集团，它的前身是邮政储蓄。2006 年 12 月 31 日，中国邮政储蓄银行作为商业银行正式成立。2007 年 3 月 6 日，中国邮政储蓄银行有限责任公司在北京依法挂牌成立。

中国邮政储蓄银行

中国邮政储蓄银行有限责任公司继承了原国家邮政局、中国邮政集团公司经营的邮政金融业务及因变更而形成的资产和负债，继续从事原经营范围和业务许可文件批准/核准的业务，并使用原商标和咨询服务，各项业务照常进行。

成立后的中国邮政储蓄银行依托邮政网络优势，按照公司治理架构和商业银行管理要求，不断丰富业务品种，拓宽营销渠道，完善服务功能，对加快推进我国社会主义新农村建设和支持我国国民经济建设，以及社会各项事业的发展具有积极的现实意义。

1986 年 4 月 1 日，我国恢复开办邮政储蓄业务。经过 20 多年的长足发展，中国邮政储蓄银行已

贷款业务

成为我国金融领域的一支重要力量,为支持国家经济建设、服务城乡居民生活作出了重大贡献。现已建成全国覆盖城乡网点面最广、交易额最多的个人金融服务网络:拥有储蓄营业网点3.6万个,汇兑营业网点4.5万个,国际汇款营业网点2万个。其中有近60%的储蓄网点和近70%的汇兑网点分布在农村地区,成为沟通城乡居民个人结算的主渠道。

截至2006年底,全国邮政储蓄存款余额达到1.6万亿元,存款规模列全国第五位。持有邮政储蓄绿卡的客户超过1.4亿户,每年通过邮政储汇办理的个人结算金额超2.1万亿元。其中,从城市汇往农村的资金达到1.3万亿元。在邮政储蓄投保的客户接近2 500万户,占整个银行保险市场的五分之一。邮政储蓄本外币资金自主运用规模已接近1万亿元。邮政储蓄计算机系统运行安全稳定,跨行交易成功率位居全国前列,交易差错率保持全国最低水平。

中国邮政储蓄银行注重开发多样化的金融产品,目前形成了以本外币储蓄存款为主体的负债业务;以国内、国际汇兑、转账业务、银行卡、代理保险及证券、代收代付等多种形式的中间业务;以及银行间债券市场业务、大额协议存款、银团贷款和小额信贷为主渠道的资产业务。

别具一格——绿卡驿使图

中国邮政储蓄银行储蓄绿卡卡面上的驿使图距今已有1 600多年的历史,它取自魏晋时期的驿使图画像砖。画面上的驿使,头戴黑帽,身着短衫,足蹬长靴,持缰举牍,飞马急递,再现了当时边境地区驿传的紧急情景;画面中的马尾因疾驰而飘了起来,但信使仍稳坐马背,整幅画面动中有静,是中国早期邮驿历史真实、形象的记录。令人玩味的是,画像砖上这位驿使的五官中,独独缺少了嘴巴,这说明了驿传保密的重要性,这种寓意传递至今,引申出了邮政储蓄安全、可靠的服务理念。

1982年,为纪念中华全国集邮联合会成立暨第一次代表大会的召开,邮电部发行驿使图小型张纪念邮票,以见证中国邮政悠久的历史与辉煌历程。

1995年,驿使图"代言"的邮政储蓄绿卡,将中国古老文化与现代文明结合起来,不仅突出了邮政的历史渊源和信息传递的特色,也体现出了深厚的文化底蕴。

驿使图

邮政机构的设置

中国邮政储蓄银行是国家邮政局下辖储汇局的二级单位。各省(区、市)设邮政储汇银行,隶属于本地区邮政局。国家邮政局邮政中的储汇局下设8个职能处室,即综合管理处、储蓄业务处、汇兑业务处、代理业务处、国际业务处、经营发展处、稽核检查处、资金清算中心等。

邮政金融的业务发展

中国邮政储蓄银行所从事的邮政金融业务,是在综合利用邮政网点的基础设施、人员等资源的基础上,面向城乡居民提供的零售金融业务。

邮政银行卡

(1)邮政储蓄业务。

我国近代的邮政储蓄最早创办于1919年,由于历史等原因,中途有过间断,直至1986年邮政储蓄业务又恢复开办。20多年来,我国的邮政储蓄迎头赶上,健康发展,已经取得了不俗的业绩,成为继我国五大国有商业银行之后的一支生力军。

(2)邮政汇兑业务。

我国的邮政汇兑业务开办于1898年,如今,邮政汇兑业务发展平稳,前景无量,每年开发汇票2.2亿张左右,收汇款额2 700多亿元。国内邮政汇兑业务品种多样,主要以普通汇款、电报汇款、入账汇款、礼仪汇款等业务为主,依托信息技术开发的电子汇款、网上汇款等业务业已开通。

目前而言,我国的邮政汇兑业务,不仅在全国31个省(市、区)的236个通汇局开办,还开通了与美国、日本、芬兰、瑞士、意大利、比利时、巴西、韩国、泰国、新加坡、马来西亚、西班牙、法国、奥地利、丹麦、南斯拉夫、秘鲁、罗马尼亚、越南、哈萨克斯坦、中国香港、国宝银行、巴基斯坦等23个国家、地区或机构的汇票互换业务。

(3)代理业务。

20世纪80年代末,我国邮政部门开始发展代理业务,目前代理业务品种主要有代理保险、代理国债、代收代付(如代发工资、代发养老金、代收电话费)等。90年代末,邮政部门还开始兼做保险代理业务,开办代理保险业务的局所已达到1.6万多处。21世纪,随着邮政事业日新月异的发展,邮政部门也开始经营中间代理业务,代理业务有彩票、长城卡;代收业务有移动电话费、固定电话费、发行费、学费、书费、交通罚款、菜金、牛奶费、农电费、旅游费、水费、电费、煤气费、有线电视费、互联网通讯费、物业费、卫生费;代发业务有

2008年中国邮政储蓄银行成绩单

养老金、工资、下岗职工解困金、失业救济金、医疗保险金。其他业务有邮政储蓄IC

卡、消费卡、电话卡；与中国联通合办营业点；代付电话亭酬金；代售业务有寻呼机、互联网上网卡、企业债券；代缴业务有税金等。

（4）网上银行业务。

20世纪90年代末，我国邮政储蓄开始实施"绿卡工程"，即计算机联网技术改造工程。随后，我国的1 294个县、市的邮政储蓄已实现系统联网，全国联网网点达到9 046个，区域性邮政储蓄联网县市8 695个，

（5）对公业务。

从2008年初开始，中国邮政储蓄银行在全国各地陆续进行了公司业务的试点工作。现有的业务主要有对公存款、票据、支付结算业务等基础业务，网上银行、对公贷款等业务也已经在2009年陆续开通。

（6）服务"三农"业务。

进入新世纪以来，中国邮政储蓄银行面向"三农"领域，专门设立农村金融服务部门，充分依托和发挥网络优势，完善金融服务功能，并以零售业务和中间业务为主，为广大农村地区居民提供基础金融服务。

我国邮政储蓄有2/3的网点分布在县及县以下农村地区，特别是在一些偏远地区，邮政储蓄成为当地居民唯一可获得的金融服务。为满足广大农村群众日益增长的基础金融需求，完善农村金融服务，中国邮政储蓄银行从服务"三农"的大局出发，通过完善功能和充实业务，加强与政策性银行和农村合作金融机构的全面合作，加大了邮储资金支农力度。

防患未然——自动柜员机（ATM）安全小常识

（1）在ATM上查询、取款时，要留意ATM上是否有多余的装置或摄像头；输入密码时应尽量快速并用身体遮挡操作手势，以防不法分子窥视。

（2）不要向他人透露个人密码；也不要设定简单数字排列或以本人生日作密码；刷卡进入自助银行的门禁无需输入密码。

（3）选择打印ATM交易单据后，不要将它们随手丢弃，应妥善保管或及时处理、销毁单据。

（4）操作ATM时，如果出现机器吞卡或不吐钞故障，不要轻易离开，可在原地及时拨打ATM屏幕上显示的银行服务电话或直接拨打银行的客户服务热线进行求助。

（5）认真识别银行公告，千万不要相信要求客户将钱转到指定账户的公告，发现此类公告应尽快向银行和公安机关举报。

（6）警惕银行卡短信诈骗。收到可疑手机短信时，应谨慎确认，如有疑问应直接拨打发卡银行客户服务热线进行查询，不要拨打短信中的联系电话。

12.特殊使命——中国信用合作社

信用合作社简称"信用社",是指由个人集资联合组成,以互助为主要宗旨的合作金融组织。它的基本的经营目标是以简便的手续和较低的利率,向社员提供信贷服务,帮助经济力量薄弱的个人解决资金困难。

中国信用合作社简称"中国信合",是我国特定经济环境条件下产生的一类独有的金融机构。它分为城市信用合作和农村信用合作社,它们的性质都是相同的。

中国信合

百科小知识

意义非凡——中国信合标志解析

中国信合标志整体造型质朴简约、富有动感。红、绿标志的组合,具有浓厚的传统感,而黑色的综艺体"中国信合"及拼音,又具有强烈的现代感,展现了中国信合是一个根基于传统文化,而具有现代管理意识的企业。

(1)整个标志以人化的"绿色之手"为主体元素,中间有一个为红的铜钱币,这直接代表着"中国信合"基于传统,服务于广大"人民群众"。

(2)两只"绿色之手"传递着中国信合的热情和执着,意味着这在广袤的大地上,播撒绿色,为民谋富。

中国信合标志

(3)中间火红的而有缺口的铜钱币,既体现出中国信合是一家经营货币的企业,又体现了求真务实、锐意创新、打破常规的创新精神,这个缺口就代表了要冲出旧的束缚,去接受新的观念,突破旧的体制,又展现了中国信合与时俱进、蒸蒸日上、蓬勃发展的远景。这个右面有缺口的铜钱币还可以看作是英文字母"C",代表着中国。

(4)标识以代表希望的绿色和活力的红色为主色调。文字采用现代感极强的黑色综艺体,使整个标识显得更有生命力、感染力和亲和力。

携手共进——城市信用合作社

城市信用合作社简称"城市信用社"，是我国城市居民集资建立的合作金融组织。它宗旨是通过信贷活动为城市集体企业、个体工商业户以及城市居民提供资金服务。

城市信用合作社实行独立核算、自主经营、自负盈亏、民主管理的经营原则，盈利归集体所有，并按股分红。主要经营业务是：面向城市集体企业、个体工商业户以及城市居民聚集资金，为其开办存款、贷款、汇兑、信息和咨询，代办保险和其他结算、代理、代办业务，支持生产和流通，促进城市集体企业和个体工商户经济的发展，繁荣城市经济。

城市信用社的组织机构

城市信用社的民主管理形式是社员代表大会制度。社员代表大会由全体社员选举代表参加，是城市信用社的最高权力机构。它的职权是制定或修改社章程，选举理事会、监事会成员，审议通过聘用由理事会推荐的社主任，遵循中央银行的宏观决策，确定一定时期的资金投向，讨论制订社年度计划和财务计划等。社员代表大会原则上每年召开一次。日常业务和工作实行理事会领导下的主任负责制。

城市信用社接受中国人民银行的领导、管理、协调、监督和稽核，按时向当地人民银行下属机构报送信贷现金计划及其执行情况，会计、统计报表和财务报告；在当地人民银行开立帐户，按规定缴存准备金，并实行资金负债比例管理；对于从城市集体企业、个体工商业户和城市居民中吸收的股金，可以继续转让但不得退股。

城市信用社发展历程

城市信用社是我国经济和金融体制改革的产物，是我国金融机构体系的一个组成部分。我国城市信用社是在改革开放后出现的。

20 世纪 70 年代末，随着我国经济体制改革的逐步开展，一些地区出现了少量的城市信用社，数量约为 1 300 家，总资产约为 30 亿元。80 年代初，国家明文明确了城市信用社的地位，中国人民银行也对城市信用社的性质、服务范围、设立条件等作了新的规定。至 80 年代中期开始，城市信用社设立的速度加快，当时主要设立在地级以上大中城市，但有一些地方在县（市）也设立了城市信用社。为了加强进一步管理，中国人民银行颁布《城市信用合作社管理规定》，提高了城市信用社的设立条件，注册资本由 10 万元提高到 50 万元。到 80 年代末，城市信用社的数量达到 3 330 家，总资产为 284 亿元。

20 世纪 90 年代伊始，为了规范金融制度，中国人民银行对城市信用社实行清理整顿工作。

在这期间，全国各地控制城市信用社新设机构的发展规模，对经营不善的城市信用社予以撤并。通过一年时间的清理整顿，城市信用社新设机构共 253 家，撤销机构达 75 家。至此，全国城市信用社为 3 500 多家，总资产达到 497 亿元，职工人数接近 8 万人。与此同时,我国也开始了城市信用社市联社的试点工作。

在此之后,我国经济进入高速发展时期,各行各业开始大力申办城市信用社。一时之间,城市信用社的数量急剧猛增,在绝大多数县(市)都设有城市信用社。到 1993 年底,我国城市信用社数量近 4 800 家,比前期增加了 1 200 多家,总资产也增加到 1 878 亿元,职工突破 12 万人。

1995 年,部分地级城市在城市信用社基础上组建了城市商业银行。同年,中国人民银行下发通知,以文件形式明确:在全国不再批准设立新的城市信用社。从此全国基本上完全停止了城市信用社的审批工作。

为了切实防范和化解金融风险,保持社会稳定,确保城市信用社稳健经营和健康发展,1998 年 10 月,国家出台了《整顿城市信用合作社工作方案》,要求各地在地方政府的统一领导下,认真做好城市信用社的清产核资工作,彻底摸清各地城市信用社的资产负债情况和风险程度,通过采取自我救助、收购或兼并、行政关闭或依法破产等方式化解城市信用社风险;按照有关文件对城市信用社及联社进行规范改造或改制;要求全国各地进一步加强对城市信用社的监管。

20 世纪初,国家除了对少数严重违法违规经营的城市信用社实施关闭或停业整顿外,还完成了将约 2 300 家城市信用社纳入 90 家城市商业银行的组建工作,为城市信用社的健康发展奠定了良好的基础。

城市信用社的未来之路

面对日益竞争激烈的金融市场,城市信用社正面临着创新转型的艰难阵痛。为了更好地适应经济的发展和需求,城市信用社的未来之路大致有四个走向:一是对于经营状况良好且已达到组建城市商业银行标准的城市用社,逐步组建为城市商业银行;二是对设在县市的城市信用社,可以考虑研究探索组建以所在地区的中小企业和居民为主要服务对象、按照股份制原则进行经营管理、具有较强抗风险能力的社区银行;三是对于风险较大的城市信用社,提请当地人民政府采取切实措施,通过增资扩股、置换不良资产、更换管理层等方式,增强资本实力,改善股东结构,提高资产质量和管理水平;四是凡不能按照要求进行规范改造、资产质量低劣、管理混乱、经多种措施救助无效的城市信用社,将按照《金融机构撤销条例》等有关规定,依法实施市场退出,以更好地维护地方金融秩序。

汇流成河——城市商业银行

城市商业银行是我国银行业的重要组成和特殊群体,它的前身就是 20 世纪 80 年代出现的城市信用社。

20 世纪 90 年代中期,国家以城市信用社为基础,开始组建城市商业银行。城市商业银行形成于我国特殊历史条件下,是中央金融主管部门整肃城市信用社、化解地方金融风险的产物。截至 2003 年底,全国城市商业银行达到 112 家,设有营业网点 5162 个,从业人员达 16.9 万,资产总额 14 552 亿元,占全国银行业金融机构总资产的 6.27%,占全国股份制商业银行总资产的 27.7%。

经过近 10 年的发展,城市商业银行已经逐渐发展成熟。尽管发展程度参差不齐,但有相当多的城市商业银行已经完成了股份制改造,并通过各种途径降低不良贷款率,转变经营模式,在当地金融市场占有了相当大的份额。例如发展迅速的上海银行,已成为跻身于全球银行 500 强行列的优秀银行。

如今,城市商业银行正以它独特的社会功能和作用,逐步发展为一个具有相当数量和规模的银行阶层;它与其他大型国有银行和股份制商业银行优势互补,互通有无,形成我国银行业多彩多姿的新格局。

天津银行

作为一个特殊的群体,纵观城市商业银行的发展轨迹可以折射出它在规模和经营上呈现的自身特点和瓶颈:

(1)总体规模较小。

由于受地域限制,我国城市商业银行资产规模总体不大。2003 年末的统计数据显示:资产规模在 1 000 亿元以上的城市商业银行有 2 家;资产规模在 500 亿元与 1 000 亿元的有 2 家;资产规模在 200 亿元到 500 亿元之间的有 14 家;资产规模在 100 亿元到 200 亿元之间的有 19 家;资产规模在 100 亿元以下的有 75 家。其中,最大一家城市商业银行资产规模仅为 1 934 亿元;最小一家资产规模仅为 9.11 亿元。

盛京银行

由此可见,我国的城市商业银行绝大部分资产规模都在 200 亿元以下,其中,又有近七成资产规模在 100 亿元以下。因此可以看出,城市商业银行基本上属于中小银行的范畴。

(2)发展程度多取决于当地经济发展 。

经济发展是金融的土壤。我国经营绩效好的城市商业银行主要集中于经济较发达的地区,特别是东部地区。这主要表现在:经济较发达地区的地方政府财政收入充裕,对城市商业银行的消极影响较小;中小民营企业数量众多,且盈利能力强,城市商业银行向中小企业提供贷款的意愿强;

城市商业银行银行卡

居民人均收入高,信用文化发达;地方政府对私有产权的保护意识较高等。大多数发展较好的城市商业银行地处较为发达的中心城市,经济活跃,面对的是城市中最有价值的客户,这些优势为城市商业银行的业务拓展提供了良好的根基。

（3）市场定位不清。

城市商业银行在成立之初就确立了"服务地方经济、服务中小企业和服务城市居民"的市场定位。但仍有相当数量的城市商业银行表现出市场定位摇摆不定的现象。这突出表现在：很多城市商业银行热衷于跟国有银行和股份制商业银行争抢大客户、大项目。这里面有外部金融环境和市场条件的原因，更重要的还是城市商业银行自身的原因。公司管理不够完善、业务手段单一、产品创新能力不足，制约着城市商业银行的生存与发展。

百 科 小 知 识

我国城市商业银行综合实力排名前30强

1.杭州银行 2.南京银行 3.莱商银行 4.台州商业银行 5.日照银行 6.宁波银行 7.包商银行 8.廊坊银行 9.浙江绸州银行 10.盛京银行 11.东莞银行 12.南充商业银行 13.攀枝花商业银行 14.北京银行 15.济宁市商业银行 16.南昌银行 17.九江银行 18.湘潭市商业银行 19.赣州商业银行 20.湛江商业银行 21.重庆三峡银行 22.东营商业银行 23.重庆银行 24.洛阳商业银行 25.株洲商业银行 26.新乡商业银行 27.富滇银行 28.长沙银行 29.青岛银行 30.徽商银行

播撒希望——农村信用合作社

农村信用合作社成立于20世纪50年代，简称"农信社"，是指经中国人民银行批准设立、由社员入股组成、实行民主管理、主要为社员提供金融服务的农村合作金融机构。它的服务对象是农民，服务区域在农村，服务目标是为了促进地方经济的发展和社会的稳定。

农村信用合作社

农村信用合作社是银行类金融机构,即存款机构和存款货币银行。它的特征是以吸收存款为主要负债,以发放贷款为主要资产,以办理转账结算为主要中间业务,直接参与存款货币的创造过程。农村信用合作社又是信用合作机构,所谓信用合作机构是由个人集资联合组成的以互助为主要宗旨的合作金融机构,以互助、自助为目的,在社员中开展存款、放款业务。

农村信用合作社自动柜员机

截至 2003 年 6 月末,农村信用合作社存款余额为 22 330 亿元,贷款余额达 16 181 亿元,这两项指标分别仅占金融机构存款总额和贷款余额的 11.5% 和 10.8%,较上年同比增长幅度达370%。现在,全国90%以上的农信社都开办了小额信用贷款和农户联保贷款,自 2001 年正式开办以来,共累计发放 2 918 亿元,大大缓解了农民贷款难的矛盾,而且其间蕴藏着很大的发展潜力。

农村信用社的建立与自然经济、小商品经济发展直接相关。由于农业生产者和小商品生产者对资金需要存在季节性、零散、小数额、小规模的特点,使得小生产者和农民很难得到银行贷款的支持,但客观上生产和流通的发展又必须解决资本不足的困难,于是就出现了这种以缴纳股金和存款方式建立的互助、自助的信用组织。

农村信用合作社机构特点

农村信用合作社作为银行类金融机构有着自身发展的特点,主要表现在:

(1)农民和农村的其他个人集资联合组成,以互助为主要宗旨的合作金融组织。它的业务经营是在民主选举基础上由社员指定人员管理经营,并对社员负责。其最高权力机构是社员代表大会,负责具体事务的管理和业务经营的执行机构是理事会。

(2)主要资金来源是合作社成员缴纳的股金、留存的公积金和吸收的存款;贷款主要用于解决其成员的资金需求。起初主要发放短期生产生活贷款和消费贷款,后随着经济发展,渐渐扩宽放款渠道,现在和商业银行贷款没有区别。

(3)由于业务对象是合作社成员,因此业务手续简便灵活。农村信用合

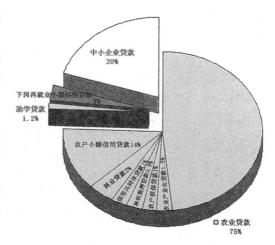

农村信用合作社 2008 的信贷构成

作社的主要任务是：依照国家法律和金融政策的规定，组织和调节农村基金，支持农业生产和农村综合发展，支持各种形式的合作经济和社员家庭经济，限制和打击高利贷。

农村信用合作社目前突出的问题

农村信用合作社是新中国成立后成立的合作组织。50多年来，在不同的历史时期，它都为我国的农业和农村经济以及农村社会稳定作出了应有的贡献。它在支持"三农"发展过程中的作用不可低估，在"三农"未来的发展中更将起到不可替代的作用。

近年来，经过多次的整顿和改革，农村信用合作社已走上了健康发展的道路，但它也有自身的缺陷和不足，尚需进一步改进和完善。

当前，农村信用合作社面临的最为紧迫的问题有三个方面：

（1）金融风险日渐累积，且缺乏迅速遏制的办法。

2001年底，农村信用社不良贷款5 290亿元，占贷款总额的44%，其中呆滞和呆账贷款分别占31%和8%，当年全国46%的信用社亏损，亏损额167亿元，历年累计亏损挂账1 232亿元。如果预计呆滞贷款50%在未来会变为呆账贷款（实际情况可能比这一比例更高），那么不良资产与累计亏损的数额大约在4 000亿元左右。

（2）产权不清、体制不顺是农村信用社难以从根本上改善经营状况的重要原因。

如何界定农村信用社的产权制度及性质，是农村信用社改革面临的首要问题和基础性的环节。

目前，农村信用社已经不具备成为合作金融组织的条件。建立真正属于农民自己的合作金融组织不仅需要逐步完善有关的法律法规体系，还需要充分竞争和完善的资本市场作为依托及其他更加复杂的制度条件。因此，合作金融的真正建立和发育当是中国农村一项长期的目标和任务。

现代农村信用合作社大楼

（3）满足农村居民的基本金融服务，信用社已经独木难支。

农村信用社以占全部金融机构12%左右的储蓄存款余额支撑着60%～70%的农业贷款和70%～75%的乡镇企业贷款。从整个农村经济发展的要求来看，仅仅依靠信用社已无法满足农村日益多样化的金融需求，还需要对其他的金融机构进行改革,同时发展新的金融服务组织形式,逐步建立和完善整个农村金融体系。

水到渠成——农村商业银行

作为农村信用合作社未来的改制风标,农村商业银行是指由辖内的农民、农村工商户、企业法人和其他经济组织共同入股组成的股份制的地方性金融机构。

在经济比较发达、城乡一体化程度较高的地区,"三农"的概念已经发生很大的变化,农业比重很低,有些只占5%以下,作为信用社服务对象的农民,虽然身份没有变化,但大都已不再从事以传统种养耕作为主的农业生产和劳动,对支农服务的要求较少,农村信用社实际也已经实行商业化经营。在不久的将来,这些地区的信用社可以实行股份制改造,组建农村商业银行。

第二节 群芳竞艳——我国其他商业银行

1. 幸福一生——中信银行

中信银行隶属于中国国际信托投资公司,是我国改革开放中最早成立的新兴商业银行之一,也是中国最早参与国内外金融市场融资的商业银行。它成立于1987年,原名"中信实业银行",屡以创造中国现代金融史上的多项第一而蜚声海内外。

伴随着我国经济的快速发展,中信实业银行在中国金融市场改革的大潮中逐渐成长壮大。2002年,中国国际信托投资公司更名为"中国中信(集团)公司",组建了以中信实业银行为主体的中信控股有限公司。其中,中信实业银行是中信控股有限公司的全资金融子公司。2005年8月,中信实业银行正式更名为"中信银

中信银行大厦

行"，总部位于北京。2006年12月，中信银行以中国中信集团和中信国际金融控股有限公司为股东，正式成立了"中信银行股份有限公司"。同年，成功引进战略投资者，与欧洲领先的西班牙对外银行建立了优势互补的战略合作关系。2007年4月27日，中信银行在上海交易所和香港联合交易所成功同步上市。经过20多年励精图治的发展，中信银行不仅成长为国内资本实力最雄厚的商业银行之一，而且还快速发展为我国具有强大综合竞争力的全国性商业银行。

百科小知识

如日中天——中信集团公司

中国中信集团公司是由我国前国家副主席荣毅仁于1979年10月4日创办的。成立初期，公司的名称为"中国国际信托投资公司"，是我国对外开放中的一个示范窗口，同时也是中央管理的大型国有重要骨干企业，为国家的改革开放事业作出了重大贡献。

如今，中信集团现已成为具有较大规模的国际化大型跨国企业集团，拥有40多家子公司和控股公司。其中也包括设在香港、美国、加拿大、澳大利亚等地的子公司，以及在东京、纽约设立的代表处。

中信银行

中信集团的业务主要集中在金融业、房地产开发、信息产业、基础设施、实业投资和其他服务业领域。截至2007年底，中信集团的总资产为13 217亿元；当年净利润为160亿元。

中信集团主要的知名企业有：中信控股、中信银行、中信国际金融控股、中信嘉华银行、中信泰富集团、中信证券、中信海直、中信信托、中信网络、中信国安集团、亚洲卫星、信诚人寿、中信文化传媒、中信国安足球俱乐部等。

成立以来，中信银行在中国金融领域和银行业界创造了多个奇迹。2005年7月，英国《银行家》杂志按一级资本排序排出了全球最大的1 000家银行，中信银行名列第200位，进入了全球银行200强，同时它还在中国商业银行排名中位居第七位。

2009年5月，中信银行与中信集团及集团全资子公司签订股份收购协议，以135.63亿港元现金对价收购了中信国际金融控股有限公司的70.32%股权。中信国际金融控股有限公司是中信集团我国境外金融业务的旗舰，现持有中信嘉华银行全部股份、中信国际资产管理有限公司40%的权益和中信资本控股有限公司50%的权益。

载誉而归——中信银行获得的荣誉

（1）"2008 年全球市值 500 强企业"排行榜中，中信银行首次入榜，排名第 260 位。

（2）"2008 年度世界 1 000 家银行"排行榜中，中信银行一级资本排名位居第 77 位。

（3）"全球 2008 年金融品牌价值 500 强"排行中，中信银行的品牌价值排在第 99 位，傲然迈入百强行列。

（4）在中国《银行家》杂志推出的《2007 中国商业银行竞争力评价报告》中，中信银行在 2007 年全国性商业银行核心竞争力排名和 2007 年全国性商业银行财务评价排名中均获得第五名。同时，中信银行整体品牌形象获得"年度最佳股份制银行"、"年度最受尊敬银行"、"中国金融营销奖"之"最佳企业社会责任奖"和"北京奥运会、残奥会运行保障突出贡献单位"等荣誉称号。

（5）在专业领域，中信银行获得"亚洲十佳商业银行最佳公司业务奖"。

（6）中信银行被评为 2007 年度"中国最佳现金管理银行"。

（7）中信银行荣获 2008 年度"中国 CFO 最信赖银行大奖"。

（8）中信银行摘得 2008 年度"最佳财富管理奖"和"最佳理财品牌塑造奖"，并荣膺"最佳人民币理财银行"称号。

（9）中信银行受评为 2008 年度"读者最关注的零售银行"、"交易量最大做市商"、"做市交易量最大做市商"和"最佳风险控制银行"，并赢得"中国股票组合管理最佳私人银行奖"。

（10）中信银行折桂 2008 年度"最佳发卡银行奖"，被评为"最具投资能力私人银行"、"中国最佳呼叫中心"与"金融行业十大最佳雇主"等奖项和称号。

捷足先登——中信银行的成立背景

1984 年底，随着经济发展的需要，应中国国际信托投资公司（简称"中信公司"）董事长荣毅仁的要求，经国务院和中国人民银行同意在中信公司系统下成立一个银行，全面经营外汇银行业务。于是，中信公司率先成立了银行部，扩大经营外汇银行业务，为成立银行做好前期准备工作。

1985 年 4 月，中信公司在原来财务部的基础上成立了银行部，进一步扩展了对外融资、外汇交易、发放贷款、国际结算、融资租赁和吸收存款等全面银行业务。在银行部建立的两年时间里，中信公司得到中国人民银行与国家外汇管理局的大力支持和帮助，业务进展较快，通过办理人民币及外汇存款、贷款、进出口开证、国际租赁、优价证券及外汇买卖、外币兑换等业务,积累了一定经验,已初步具备了成立银行的条件。

1986 年 5 月底,中信公司向中国人民银行申请将中信公司银行部改组成"中信实业银行"。1987 年初,经国务院和中国人民银行批准,中信实业银行正式成立,总行设在北京。

1987 年 4 月,中国人民银行批准中信实业银行为中信公司所属的国营综合性银行。它是中信公司的子公司和独立法人,注册资本 8 亿元人民币;实行自主经营、独立核算、自负盈亏。在国内外,中信实业银行可设立分支机构,经营已批准的银行业务。而在当时,中信公司创始人荣毅仁先生担任中信实业银行名誉董事长。

中信银行

涉猎广泛——中信银行的核心业务

中信银行的业务辐射全球 70 多个国家和地区,全国 450 多家分支机构战略性地分布在经济发展迅速的我国东部、沿海地区以及内陆的经济中心城市;16 000 多名中信员工为客户提供最佳、高效、综合的金融解决方案,以及优质、便捷的网上银行、电话银行以及信用卡客户服务中心等电子银行服务。它的业务涵盖多个领域,主要包括:

(1)人民币存款、贷款、结算、贴现业务。

(2)汇兑、旅行支票、信用卡业务。

(3)代理收付和财产保管业务。

(4)经济担保和信用见证业务。

(5)经济咨询业务。

(6)外汇存款、汇款、放款、担保业务。

(7)在境内外发行或代理发行外币有价证券。

(8)外币票据的承兑和贴现、买卖或代理买卖及外币有价证券业务。

(9)外币兑换业务。

(10)出口信贷业务。

(11)贸易、非贸易结算业务。

百科小知识

诚信稳健——解读中信银行标志

中信银行标志源自于"中国印"。在我国文化中，"印"的第一含义喻示着"诚信"；"中国印"在中国古时称为"玺"，是权力和尊贵的象征，是中华数千年文化博大、精深的结晶，体现中国人的智慧、积极向上的追求。

中信银行标志

中信银行标志中，"印"的图案主色调为红色，象征着上涨、增长、发展的生命活力；而"印"中的阴文露白形体则是"CITIC"字母组合抽象化的反映，它是中国中信集团公司（CHINA INTERNATIONAL TRUST AND INVESTMENT CORPORATION）的英文缩写。

中信银行标识，红色的印章，白色的抽象化表示，蓝色的汉字和英文注释，三色相互映衬，烘托出中信银行企业实体的深厚文化底蕴主题：诚信、尊贵、稳健、发展。

为天下先——中信银行开创金融领域多项"第一"

1987年，中信银行成立以来，在中国人民银行和中信公司的领导下，在全体员工的共同努力下，坚持"稳步发展，争创一流"和"以客户为中心，以市场为导向"的经营思路，不断创新，快速发展，为我国股份制商业银行的发展进行了积极的探索，为金融业的改革与发展作出了自己的贡献。

（1）1987年12月，中信实业银行与美国普惠证券投资有限公司合作开展民航租赁业务，这是国内租赁界第一次与国外合作从事飞机租赁业务。

（2）1989年4月，中信银行在国内首家同时开通路透社和美联社信息系统开展国际金融交易业务。

（3）1992年3月，中信银行在国内首家开展速汇即付业务。同年5月，中信银行在国内设立第一台外汇自动取款机。

（4）1993年7月29日，中信银行代理中信公司在美国纽约发行了2.5亿美元的扬基债券。这是自1911年以来，中国企业首次进入美国市场发行的公募债券。

（5）1994年3月9日，中信银行与美国运通公司合作开展速汇即付业务，是在国内首家开展此项业务的银行。

（6）1994年12月，中信银行代理中信公司向日本金融机构发行商业票据，成功筹措5 000万美元和50亿日元贷款，这是中国企业以自己

中信银行银行卡

的信誉第一次在国外发行商业票据。

(7)1995 年 11 月,中信银行与美国雷曼兄弟公司共同担任了承销美国福特汽车公司 2 亿美元小龙债的主干事,开创了中国金融机构参与承销外国公司债务并担任主干事的先例。

(8)1996 年 1 月,中信银行作为首批会员参加全国统一同业拆借交易系统,第一个交易日即以迅速、准确的操作完成了具有特殊意义的第一笔交易。

(9)1996 年 6 月,中信银行在广州成功地推出了我国第一家"全柜员制",实行面对面服务,并率先开办私人理财等商业银行新业务,专门为大额存款户提供全方位的金融服务。

(10)1998 年 3 月,中信银行在北京、上海、广州、成都和沈阳地区的分支机构代理美国使馆收取签证申请费。它成为国内独家开展收取签证申请费业务的银行。

(12)1999 年,中信银行正式推出中信银行借记卡,实现了全国通、全行通、银联通,一卡多户、一卡多能、一卡多用。其中,"理财宝"以复合式智能理财的优越性被国家工商局正式批准为国家注册商标,成为金融服务领域的第一个注册商标。

(13)2000 年 7 月,中信银行作为国内首家通过中国金融认证中心认证的银行,正式开通网上银行服务。

(14)2002 年 7 月,按照一级资本排序的"全球最大的 1 000 家银行",中信首次进入全球银行 300 强。

(15)2003 年 7 月,中信银行在全球银行最新排名中平均资本利润率位居国内各银行之首。

(16)2007 年 4 月 27 日,中信银行股票在沪港两地交易所同步上市。它是继中国工商银行之后又一家以"A + H"股同步同价上市的内地银行,也是 A 股市场上第九只银行股。

2. 创造卓越——上海浦发银行

"浦发银行"是上海浦东发展银行的简称。是 1992 年 8 月 28 日浦发银行经中国人民银行批准设立,于 1993 年 1 月 9 日正式开业的股份制商业银行(即上海浦东发展银行股份有限公司),注册资本金为 56. 613 4 亿元人民币,总行设在上海。目前,上海浦东发展银行在国内城市设立的分行超过了 20 个。1999 年,经中国人民银行、中国证监会正式批准,上海浦东发展银行获准公开发行 A 股股票,并在上海证券交易所正式挂牌上市,揭开了我国银行业改革的序幕,为未来的发展赢得了先机。

建行以来,上海浦发银行秉承"笃守诚信、创造卓越"的经营理念,积极探索和推进金融改革与创新,业务发展迅速,资产规模持续扩大,经营实力不断增强,在海内外的影响力日益扩大。

2008年底,浦发银行的总资产规模已达13 094.25亿元人民币,各项存款余额9 472.93亿元人民币,本外币贷款余额6 975.64亿元人民币,实税后利润125.15亿元人民币,并在上海、杭州、宁波、南京、北京、温州、苏州、重庆、广州、深圳、昆明、芜湖、天津、郑州、大连、济南、成都、西安、沈阳、武汉、青岛、太原、长沙、哈尔滨、南昌、南宁、长春、乌鲁木齐、合肥、呼和浩特、石家庄、邯郸、兰州等地开设了32家直属分支行,共491家营业网点,并在香港设立了代表处。

上海浦东发展银行

十年磨剑,厚积薄发。2009年6月底,浦发银行的注册资本金已达到79.3亿元。良好的业绩和诚信经营的声誉使浦发银行业已成为中国证券市场中一家备受关注和尊敬的上市公司。

百 科 小 知 识

逐浪弄潮——浦发银行标志释义

上海浦东发展银行标志由三个大写英文字母"P"、"D"连接"S"巧妙连接而成。正面来看,浦发银行的英文缩写行名了然醒目,给人以浪潮迭起的美感;从上、下、左、右不同角度变化透视,又得到不同角度的空间意境。

上海浦东发展银行标志处处体现了

上海浦東發展銀行

SHANGHAI PUDONG DEVELOPMENT BANK

浦发银行标志

银行现代化的气息和金融业滚动增值的底蕴内涵,同时又象征着上海浦东发展银行在改革大潮的巨浪簇拥下承上启下,扬帆起航;拓展向前,逐浪竞流。

动力引擎——浦发银行的主营业务

(1)吸收公众存款,发放短期、中期和长期贷款,办理结算,办理票据贴现,发行金融债券,代理发行,代理兑付,承销政府债券,买卖政府债券,同业拆借,提供信用证服务及担保业务。

(2)代理收付款项及代理保险业务。

(3)提供保管箱服务。

(4)外汇存款、外汇贷款、外汇汇款、外汇兑换业务。

(5)国际结算、同业外汇拆借业务。

(6)外汇票据的承兑和贴现业务。

(7)外汇借款、外汇担保业务。

(8)结汇、售汇业务。

(9)买卖和代理买卖股票以外的外币有价证券。

(10)自营外汇买卖和代客外汇买卖业务。

(11)资信调查、咨询、见证业务。

(12)离岸银行业务。

(13)证券投资基金托管业务。

(14)全国社会保障基金托管业务。

(15)经中国人民银行和中国银行业监督管理委员会批准经营的其他业务。

一卡多能——东方卡

东方卡是浦发银行发行的一种集多储种、多币种、多渠道和多功能的借记卡。它具有一卡多能的功能。

（1）刷卡消费。东方卡可在全国（包括港澳地区）万余家带有"银联"标志的商户进行消费。为了确保卡内资金使用的安全，东方卡消费时需正确使用交易密码，并在签账单上签名确认，交易才能实现。

（2）现金存取款。东方卡可在浦发银行的各个网点、自助银行以及全国（包括港澳地区）近万台带有"银联"标识的自动柜员机存取现金，每笔自动柜员机取款金额不能超过 2 500 元人民币；当日自动柜员机取现金额累计不超过 5 000 元人民币。

（3）实时转账。东方卡可以通过浦发银行网上银行、自动柜员机和自助终端等电子渠道实现与任何其他开通转账功能的银行之间的转账，款项实时到账。

（4）投资理财。东方卡还可以进行证券买卖、基金买卖、外汇买卖等投资。只需携带本人有效身份证件和相关资料到浦发银行网点开通即可。

（5）多种服务渠道。浦发银行为客户提供柜面、自助设备（ATM、POS、存款机等）、电话银行和网上银行等多种服务渠道，使客户随时随地享受到东方卡带来的便捷和高效。

四方来财——四方钱

"四方钱"是浦发银行为满足客户资金存储需求和存款隐私需求，而为客户提供的一个完全专享、私有的储蓄空间。它是浦发银行借助智能卡和网上银行技术，推出的一种创新性金融产品。

"四方钱"是效仿瑞士银行的私密性极高的银行个人隐私存款账户的产品名，它在为客户提供多币种定活期存款资金存储、约定理财功能的同时，使客户拥有"隐私账户"。

"四方钱"取名的寓意为"志在四方和四方来财"，针对的市场目标是已婚中青年人。这一客户人群既注重隐私，又容易接受新鲜事物，具有乐观向上的精神风貌。由于"四方钱"的谐音有"私房钱"之意，因此得到不少年轻人的追捧和青睐。

"四方钱"是"阳光下的私房钱"。在当前的经济环境中，许多人希望有一个便于自己使用的私密账户。在市场经济条件下，银行推出"四方钱"业务，迎合了部分人想存私房钱的需求心理，并为他们划出了一方自由空间。

相对于普通银行卡而言，"四方钱"有很高的私密性。即使是"四方钱"存款人的家属拿着存款人的卡、身份证且知道密码，也无法查询，它不能在柜员机、POS机、短信、电话银行以及一般的网点柜台查询或存取款。要想查询和存取，必须通过网上银行或本人到相关营业网点,出示本人有效身份证件,并输入正确密码后,方能在授权的银行工作人员协助下,查询和办理存取款业务。

四方钱的特点

(1)所有柜面操作严格要求本人凭证件办理,保障客户隐私。

(2)自助操作,保障客户隐私。

(3)多币种、多储种,满足全方位的储蓄需求

(4)定期收益,活期便利。

(5)享有理财积分。

(6)采用芯片技术,有效杜绝伪造风险。

何为离岸银行

离岸银行又称"离岸单位",是设在离岸金融中心的银行或其他金融组织。它的业务只限于与其他境外银行单位或外国机构的往来,而不允许在国内市场经营业务。在金融学上,离岸银行指存款人在所居住国家以外开设账户的银行。相反,位于存款人所居住国内的银行则称为"在岸银行"或"境内银行"。

离岸银行业务

离岸银行业务是服务于非居民的一种金融活动,银行吸收非居民的资金。银行的服务对象为境外(含中国港澳台地区)的自然人、法人(含在境外注册的中国境外投资企业)、政府机构国际组织及其他经济组织,包括中资金融机构的海外分支机构。离岸银行业务的经营币种仅限于可自由兑换货币。非居民资金汇往离岸账户、离岸账户资金汇往境外账户和离岸账户间的资金可以自由划拨和转移。

离岸银行业务源于20世纪50年代在英国伦敦出现的欧洲美元交易,但当时业务量很小。从20世纪60年代末开始直至70年代,伴随着离岸银行市场的快速扩张,离岸银行业务得到迅猛发展,80年代达到高潮,形成了新加坡、香港和东京等新的离岸银行中心。由于离岸银行业务是金融自由化的产物,它的发展反过来也推动了全球金融自由化的发展和各国金融管制的放松。但从20世纪90年代中期开始,加强金融监管重新成为各国的共识,金融自由化步伐放缓,离岸银行业务的发展步入低谷,呈现相对衰落之势。

从20世纪80年代开始,经中国人民银行和中国国家外汇管理局批准,招商银行、交通银行、深圳发展银行、浦东发展银行等银行先后开设了离岸账号业务。经过几年的发展,这些银行机构设置日趋完善,提供的业务品种日趋多样化,服务手段更加先进,为客户提供了全面、高效、优质的各项服务。

目前,我国主要的离岸银行有:深圳发展银行、广东发展银行、上海浦东发展银行、招商银行等;其他的离岸银行有汇丰香港、香港中银、香港渣打、香港恒生等。

蟾宫折桂——浦发银行的"2007"

2007 年 11 月,浦发银行获评"2007 年亚洲银行竞争力排名十佳商业银行——最佳稳健经营奖"。

2007 年 11 月,浦发银行被评为"2007 第一财经金融品牌价值榜十佳中资银行"。

2007 年 10 月,浦发银行蝉联"上海美国商会企业社会责任奖"。

2007 年 9 月,浦发银行在"2006—2007 年度杰出营销奖"评选中荣摘全场唯一"最佳创新奖"。

2007 年 9 月,浦发银行荣获"中国内地三大强势银行亚军"。

2007 年 9 月,浦发银行荣膺"2007 中国最具投资价值高成长银行"。

2007 年 9 月,浦发银行在评选的"2007 中国服务业企业 500 强"中位居第 50 位;在国内股份制商业银行中排名第二。

2007 年 9 月,浦发银行在"2007 中国信用卡测评"中被评定为卓越级发卡银行,并获"最佳用户体验奖"。

2007 年 7 月,浦发银行在最新"全球银行 1 000 强"排名中,根据一级资本排名,位列 191 位,首次跻身世界前 200 强;根据总资产排位,名列第 134 位。

2007 年 6 月,浦发银行在第二届暨 2007 年度"中国银行业 100 强排行榜"中,位列股份制银行三甲;在总排名中,位列第八。

2007 年 5 月,浦发银行在上海市公众服务热线热度测评中"95528"热线位居银行业首位。

2007 年 4 月,浦发银行在"2006—2007 中国互联网 100 强"评选中获得"创新 50 强"殊荣。

2007 年 4 月,浦发银行的公司服务品牌——"浦发创富"在 2007 国际品牌高峰论坛活动中,荣获"杰出品牌竞争力奖"。

2007 年 4 月,浦发银行获得"第三届(2006)中国上市公司董事会金圆桌奖"。

2007 年 3 月,浦发银行获评"2006 年度中国最具投资性的上市公司 50 强"。

2007 年 3 月,浦发银行荣获德累斯登银行颁发的"2006 年度中国区最佳贸易融资合作伙伴"奖项。

2007 年 2 月,浦发银行获得"JA 中国志愿者最佳组织奖"。

2007 年 1 月,浦发银行的"轻松理财 E 支付"系列产品,荣获中国电子商务支付大会"最具竞争力电子支付产品"、"中国优秀电子支付企业"、"电子商务最佳银行应用奖"和"中国电子支付最信赖品牌"四项大奖。

3. 服务大众——中国民生银行

"中国民生银行"是"中国民生银行股份有限公司"的简称,是我国首家主要由非公有制企业入股的全国性股份制商业银行。1996 年 1 月 12 日,中国民生银行在北京正式成立。

中国民生银行是严格按照我国《公司法》和《商业银行法》而建立的规范性股份制金融企业。它是多种经济成分在中国金融业的涉足和实现规范现代企业制度的成功典范,这是中国民生银行有别于国有银行和其他商业银行的最大特征,因而受到国内外经济界和金融界的广泛关注。

公司成立 10 多年来,中国民生银行保持了良好的发展势头。它的业务空间拓展迅速,规模日益庞大完善,效益逐年呈柱状递增,成为金融界一道生机勃勃的亮丽奇观。中国民生银行按照“团结奋进,开拓创新,培育人才;严格管理,规范行为,敬业守法;讲究质量,提高效益,健

中国民生银行

康发展”的经营发展方针,在改革发展与管理等方面进行了有益探索,先后推出了“大集中”科技平台、“两率”考核机制、“三卡”工程、独立评审制度、八大基础管理系统、集中处理商业模式及事业部改革等制度创新,实现了低风险、快增长、高效益的战略目标,树立了活力四射、头角崭露的商业银行新形象。

2000 年 12 月 19 日,中国民生银行股票在上海证券交易所挂牌上市。2004 年11 月 8 日,中国民生银行通过银行间债券市场成功发行了 58 亿元人民币次级债券,成为中国第一家在全国银行间债券市场成功私募发行次级债券的商业银行。

2008 年底,中国民生银行总资产规模达到10 544亿元;实现净利润为78.85 亿元,存款总额已达 7 858 亿元;贷款总额(含贴现)为 6 584 亿元,不良贷款率为1.20%,保持了国内领先水平。

迄今,中国民生银行还在北京、上海、广州、深圳、武汉、大连、南京、杭州、太原、石家庄、重庆、西安、福州、济南、宁波、成都、天津、昆明、苏州、青岛、温州、厦门、泉州、郑州、长沙、长春设立了分行,在汕头设立了 1 家直属支行,在香港设立了 1 家代表处,机构总数量达到 374 家。

中国民生银行

荣誉总是和成绩结伴而来。中国民生银行的高速发展和非凡业绩赢得了国内公众和业界的充分肯定和高度评价。2004 年在"中国最具生命力企业"评选中,民生银行排名第 18 位,并获得了 2004 年"中国最具生命力百强企业"称号;2005 年度中国企业信息化 500 强中,民生银行排名第 22 位;在 2005 年度"财经风云榜"评选活动中,民生银行荣获"最佳网上银行"称号;在"2006 民营上市公司 100 强"中,民生银行位列第一名,并在市值、社会贡献两项分榜单中名列第一;2007 年 11 月,民生银行获得"2007 第一财经金融品牌价值榜十佳中资银行"称号,同时荣获"最佳贸易融资银行奖";2007 年 12 月,民生银行"非凡理财"业务获得"中国银行业卓越创新奖"和"中国银行业最佳个人理财品牌";2008 年 4 月,民生银行荣获第四届中国上市公司董事会"金圆桌奖"。

此外,中国民生银行还在国际上声名鹊起,好评如潮。2005 年,世界权威金融杂志——英国《银行家》杂志公布,在亚洲 200 家银行中按总资产排名,民生银行位列第 23 位;在美国著名财经杂志《福布斯》评选的"2006 中国顶尖企业十强榜"上,民生银行位列第 7 名;2007 年 12 月,民生银行荣获《福布斯》颁发的第三届"亚太地区最大规模上市企业 50 强"奖项;在《2008 中国商业银行竞争力评价报告》中,民生银行核心竞争力排名第 6 位;在公司治理和流程银行两个单项评价中,民生银行位列第一。

近年来,中国民生银行积极参与社会公益事业和承担社会责任的工作力度,获得了公众和媒体的广泛关注和高度赞誉。2005 年 10 月,民生银行参加了中国扶贫基金会举办的"扶贫中国行大型公益活动",同时捐助 3 100 万元设立"民生教育扶贫基金",这笔捐赠成为迄今为止民营企业中最大的一笔公益捐赠;2006 年,民生银行出资 1 450 万元,为全国贫困县在中央电视台免费播放电视广告,向全国观众展示土特产品、自然及人文景观;2006 年,民生银行荣获"扶贫中国行 2005 年度贡献奖"、"中国最受尊敬企业"称号和中国企业社会责任调查百家优秀企业奖;2007 年 3 月,民生银行荣获 2006 年度"中华慈善奖"提名奖;2008 年,民生银行荣获中国扶贫基金会颁发的"2007 扶贫中国行年度特别奖";2007 年 10 月,中国民生银行通过了 SAI 国际组织颁布的 SA8000 体系认证(即企业社会责任管理体系),成为中国金融界第一家通过该项认证的商业银行。

蓄势待发——民生银行的发展史

1995 年 5 月 23 日,由时任全国工商联主席的经济学家经叔平发起成立了民生银行筹备领导小组,并由全国工商联牵头组建中国民生银行;后经国务院、中国人民银行批准,中国民生银行开始正式筹建。

成立的中国民生银行,性质是股份有限公司形式的全国性股份制商业银行,股东均为工商联合会员企业;是独立核算、自主经营、自负盈亏、自担风险、自我约束的独立法人,接受中国人民银行的监督管理。当时,民生银行的注册资本为 30 亿元人民币,总部行址设在北京,后根据业务发展需要逐步设立分支机构。

组建中国民生银行,主要是为了缓解民营企业缺乏金融支持的矛盾,更好地为民营企业服务,引导非公有制经济健康发展。

在这种时代背景下,中国民生银行于 1996 年 1 月 12 日在北京正式成立。它是经国务院中国人民银行批准的首家主要由非国有企业入股的全国性股份制商业银行。它以发起人的方式募集股本。

中国民生银行是首家以现代企业制度设立的新机制银行,是自主经营、自担风险、自负盈亏、自我约束的独立法人。在经营管理上实现了产权明晰、权责明确。董事会科学、民主的决策,保证了银行正确的发展方向,股东大会、董监事会作用的充分发挥,成为民生银行发展的强大生机和活力。

中国民生银行以高科技、中小型的民营企业为主要服务对象,全力扶持他们中的优势企业上规模、增效益。1998 年,中国民生银行进一步提出了以非国有、高科技、中小型企业作为民生银行的主要目标市场。全行"百家重点客户工程"的实施,标志着民生银行信贷工作开始转向集约化经营阶段。企业的兴旺发达,也带动和促进了民生银行的发展,开始形成同舟共济、携手共进的新型银企关系。

中国民生银行在内部控制、资产负债比例管理、人力资源管理、市场营销和财务制度方面进行了创新。中国民生银行是中国银行界第一家依照国际惯例从事贸易编制财务报表，并聘请普华会计公司进行审计的商业银行。

2000年，中国民生银行上海证券交易所挂牌上市，由此跨入了中国的资本市场，壮大了实力，改善了资本结构，获得了各项业务发展的新契机。实现了股票成功上市的中国民生银行，又站在了一个新的发展起点上，进入了一个快速健康发展的轨道。

2007年2月，中国民生银行董事会通过了《中国民生银行五年发展纲要》。发展纲要的出台是民生银行经过10多年快速发展后，重新进行市场定位和战略转型的重要标志，第一次系统、全面地规划未来3到5年的发展愿景、业务指标和实施方式。

2008年，在复杂严峻的外部形势和市场环境下，民生银行认真贯彻执行董事会的发展战略，继续深化经营体制改革，不断提升专业化经营能力，全面加强风险管理，强化资源合理配置，成功克服了不利形势的影响，共实现净利润79亿元，比上年增长25%。

2009年，中国民生银行将继续在董事会的正确领导和《中国民生银行五年发展纲要》的指引下，统一思想，坚定信心，主动适应外部形势变化，充分把握宏观政策导向，继续深化流程银行建设，有效发挥体制机制优势，着力强化风险防范，促进各项业务全面健康协调发展。

稳中求进——民生银行的经营范围

（1）吸收公众存款。
（2）发放短期、中期和长期贷款。
（3）办理国内外结算。
（4）办理票据承兑与贴现。
（5）发行金融债券。
（6）代理发行、代理兑付、承销政府债券。
（7）买卖政府债券、金融债券。
（8）从事同业拆借。
（9）买卖、代理买卖外汇。
（10）从事银行卡业务。
（11）提供信用证服务及担保。
（12）代理收付款项及代理保险业务。
（13）提供保管箱服务。
（14）经国务院银行业监督管理机构批准的其他业务。
（15）经中国人民银行批准，可以经营结汇、售汇业务。

游走无疆——银联卡

中国银联是经国务院同意,中国人民银行批准设立的中国银行卡联合组织,成立于 2002 年 3 月,总部设于上海。目前银联卡已经走出国门,拥有近 300 家境内外成员机构,在 20 多个国家的 POS(销售终端)和 40 多个国家的 ATM(自动柜员机)上可以使用。

银联卡是指符合统一业务规范和技术标准要求,并且在指定位置印有"银联"字样的银行卡。据中国人民银行有关负责人介绍,加印"银联"标识的银行卡,必须符合中国人民银行规定的统一业务规范和技术标准,并经中国人民银行批准。

通常,银行卡卡号的前六位是用来表示发卡银行(机构)的,称为发卡行识别码(英文缩写为 BIN)。目前全球通用银行卡 BIN 号由 ISO(即国际标准化组织)负责分配。2002 年 10 月以来,中国银联向国际标准化组织申请了一批"6"字头的发卡行识别码,并陆续分配给各家成员机构(发卡银行)使用。

银联标准卡,就是发卡行识别码(BIN)经中国银联分配和管理,按照中国银联制定的银联卡业务规则和技术标准发行,卡面带有"银联"标识的银行卡。目前中国银联各成员机构发行的银联标准卡主要是"62"字头卡 BIN。

另外,一些中国银联成员机构使用独立向 ISO 申请的 BIN 发行的银行卡,卡面带有"银联"单标识,经检测符合中国银联制定的银联卡业务规则和技术标准,并与中国银联签署协议的,也纳入银联标准卡管理。

银联卡的特征有:一是卡片正面右下侧印有红绿蓝三色"银联"标志。二是在信用卡上"银联"标识上方有全息激光图案。三是信用卡背面的签名条上印有彩色"银联"字样,写上去的字迹无法涂抹。2005 年 10 月 18 日,中国银联更换标志,以红、蓝、绿三种不同颜色银行卡的平行排列为背景,衬托出白颜色的"UnionPay"英文和"银联"中文造型。与老标志相比,银联新标志主要是增加了英文"Union-Pay",并对三色块的面积、倾斜度等局部要素做了微调。

"银联"标志推出的目的是:为各种自动柜员机(ATM)和销售点终端机(POS)受理各商业银行发行的银行卡提供一种统一的识别标志,以便使不同银行发行的银行卡能够在带有"银联"标志的自动柜员机和销售点终端机上通用,为广大消费者提供方便、快捷、安全的金融服务。

自 2002 年 1 月 10 日起,四大商业银行及交通、招商、华夏、深发、广发等股份制商业银行和邮政储蓄部门已率先在北京、上海、广州、杭州、深圳等五城市推出了带有"银联"标志的银行卡,并正在逐步实现带有"银联"标识的银行卡在五城市内和五城市间的联网通用。其他各商业银行也正在抓紧开展自身计算机处理系统和自动柜员机、销售点终端机等的改造工作,并将在上述城市陆续推出带有"银联"标志的银行卡。

4.蒸蒸日上——兴业银行

兴业银行原名"福建兴业银行",成立于1988年8月,是经国务院和中国人民银行批准成立的首批股份制商业银行之一,总行设在福建省福州市。2007年2月5日,兴业银行正式在上海证券交易所挂牌上市,注册资本50亿元。截至2008年底,兴业银行的资产总额为10 209亿元,全年累计实现净利润113.85亿元,不良贷款率0.83%。

成立后的兴业银行,主要的经营范围包括:吸收公众存款;发放短期、中期和长期贷款;办理国内外结算;办理票据承兑与贴现;发行金融债券;代理发行、代理兑付、承销政府债券;买卖政府债券、金融债券;代理发行股票以外的有价证券;买卖、代理买卖股票以外的有价证券;资产托管业务;从事同业拆借;买卖、代理买卖外汇;结汇、售汇业务;从事银行卡业务;提供信用证服务及担保;代理收付款项及代理保险业务;提供保管箱服务;财务顾问、资信调查、咨询、见证业务;经中国银行业监督管理机构批准的其他业务。

层次多样——"兴业通"

"兴业通"业务是兴业银行向个体私营业主提供以个人支付结算服务为基础,配套个人信贷、个人理财、贵宾增值服务等多层次、全方位个人金融服务的业务。

主要金融服务

(1)支付结算。

"兴业通"主要为个体私营业主提供业主收款、转账汇款和信用卡还款等个人支付结算服务。与传统销售终端相比,"兴业通"具有功能丰富、交易费率低、可以直接绑定个人理财卡(无需开对公户)等特点。

(2)个人经营性贷款。

兴业银行将根据个体私营业主所从事行业、经营状况及交易情况等信息,为个体私营业主配套提供个人经营性贷款服务。

(3)个人理财、见证业务和贵宾增值服务等其他服务。

主要包括为个体私营业主提供财务诊断、税务筹划、保险筹划、业主家庭财务规划等个人理财服务;资信证明、存款证明、第三方资金监管等见证服务;时尚高尔夫、机场贵宾通道、健康医疗增值服务、赠书和手续费减免等贵宾增值服务。

业务特点

(1)实时到账、手续费低。

"兴业通"为个体私营业主提供"T＋0"的业主收款服务,资金实时到账,比现金交易更安全便捷;手续费单笔封顶,比销售终端消费更优惠。

（2）操作简便、安全快捷。

"兴业通"以智能电话为载体,客户刷卡并输入密码便可完成交易,交易成功打印凭条,操作简便又快捷。

（3）综合服务、尊贵礼遇。

个体私营业主可以享受兴业银行提供个人支付结算、个人经营性贷款、个人理财、见证服务等一站式金融服务,更可专享贵宾尊贵礼遇。

开业20多年来,兴业银行始终坚持与客户"同发展、共成长"和"服务源自真诚"的经营理念,致力于为客户提供全面、优质、高效的金融服务。截至2009年9月末,兴业银行资产总额为12 663.12亿元,股东权益为558.48亿元,不良贷款比率为0.61％。2009年,兴业银行累计实现税后利润95.72亿元。根据英国《银行家》杂志2009年7月发布的全球银行1 000强排名,兴业银行按总资产排名列第108位;按一级资本排名,兴业银行位列117位。在美国《福布斯》发布的"2009全球上市公司2 000强"排名中,兴业银行综合排名第389位;在307家上榜的全球银行中,兴业银行排名第62位。

目前,兴业银行已在全国主要城市设立了41家分行、470多家分支机构;它还在上海、北京设有资金营运中心、信用卡中心、零售银行管理总部、资产托管部、银行合作服务中心、大型客户业务部、投资银行部、期货金融部等总行经营性机构;在网上银行建设方面,兴业银行建立了"在线兴业"、电话银行"95561"和手机银行"无线兴业",并与全球1 000多家银行建立了代理行关系。

如今,兴业银行前十大股东依次为:福建省财政厅、恒生银行有限公司、新政泰达投资有限公司、中粮集团有限公司、福建烟草海晟投资管理有限公司、内蒙古西水创业股份有限公司、福建七匹狼集团有限公司、中国电子信息产业集团公司、湖南中烟工业有限责任公司、福建省龙岩市财政局。

兴业银行

百科小知识

兴旺发达——兴业银行图标释义

兴业银行图标,创意来源于中国古钱币和英文"金匠（Goldsmith）"首写字母"G",旨在直观体现银行的行业属性。

兴业银行图标旋转型的流畅线条,充满动感与活力,代表本行开拓创新、积极进取和团结合作。它内折外旋的整体架构,秉承天圆地方的中国传统文化,象征本行依法合规经营以及真诚周到的服务;它宽延向上的轨迹,传递本行与客户、与股东、与员工、与社会共成长的理念,记录本行稳健务实与竞逐奋进的步履。

兴业银行图标

整个图标以旋转构成椭圆,涡形由内而外的开口,隐含无限扩展的张力,寓意百年兴业的宏伟蓝图,任重而道远。

稳健起步——兴业银行的发展历程

兴业银行的前身是福建省福兴财务公司,简称"福兴公司"。它是 1981 年 12 月 4 日经福建省人民政府批准成立,与当时的福建建设银行合署办公,同时在福建各地市、县建行兼设公司的代理处。1982 年 1 月,福兴公司成立了董事会,以"特殊政策,灵活措施"为公司宗旨,为适应国家国民经济发展需要,开始筹集社会闲散资金,办理人民币投资、贷款及信托投资业务,引导资金流向,提高资金使用效益,支持本省经济快速发展。

1986 年 5 月 15 日,福兴公司与福建建设银行分设,实行独立核算,自负盈亏,自主经营,成为具有法人地位的经济实体。同年 11 月 25 日,经中国人民银行正式批准,福兴公司为非银行金融机构,获得《经营金融业务许可证》。注册资本为人民币 8 亿元,首期实收 3 亿元。

分离后的福兴公司内部组织也发生了新的变化,设有办公室、人事处、综合处、业务一处、业务二处、咨询部,分支机构有福州营业部和厦门、三明、漳州、泉州、龙岩办事处。

从成立至 1988 年,福兴公司重点支持对国民经济发展具有重要意义的大中型项目和基础设施的建设,累计发放生产性基本建设贷款近 15 亿元,贷款项目 485 个,其中大中型骨干项目 35 个;累计发放其他各类贷款 5.23 亿元,重点支持"新技术、新产品、高效益"和投资少、工期短、见效快的外向型贷款项目。

1988 年 8 月,福兴公司改组为福建兴业银行。1988 年 8 月 26 日,兴业银行在原国内第一家地方国营金融机构——福兴财务公司的基础上改组成立,总行设在福州,成为国内第一批新兴股份制商业银行。尽管兴业银行作为商业银行成立较早,然而,它从一开始就定位为区域性银行。因此,在开业后很长的一段时间里,兴业银行实则为福建的地方性银行。

1996 年,对于兴业银行的发展来说是具有历史意义的一年。它审时度势,把握机遇,终于迈出了划时代的一大步。兴业银行在同类地方性银行中第一家进驻上海,接着又南下深圳、西进长沙,开始跨区域经营,成为一家区域性银行。

兴业银行

从 2000 年开始,根据内外形势的变化,兴业银行果断提出"建设全国性现代化银行"的发展战略,全面拉开全国化发展的序幕。随后,快速进入北京、杭州、广州、南京、宁波、重庆、济南、武汉、沈阳、天津、成都、郑州、西安、太原、昆明、南昌、合肥、乌鲁木齐、青岛、大连、南宁、哈尔滨等全国主要城市。2003 年 3 月,兴业银行在同类银行中第一家实现行名变更,从"福建兴业银行"更名为"兴业银行",标志着其全国性银行地位基本确立。

2007 年 2 月,兴业银行首次公开发行 A 股和挂牌上市工作顺利完成,成为一家正式的上市公众银行。

四次跨越式的发展,书写了兴业银行发展的传奇。从创业之初到现在,兴业银行资产总额、贷款余额年均增长接近 40%,存款余额年均增长超过 50%,资本净额年均增长接近 30%。短短 20 多年间,兴业银行的营业网点从最初的 1 个发展到400 多个,员工队伍从最初的 68 名发展到 12 000 多名,资产总额从最初的 6 亿多元发展到 9 000 多亿元,资本净额从最初的 3 亿多元发展到 500 多亿元,年实现净利润从最初的几百万元发展到 100 多亿元,发展速度之快,经营业绩之好,在国际国内金融市场都可谓是一个奇迹。

绿色金融——兴业银行卡

"自然人生"家庭理财卡,是兴业银行发行的国内首套家庭系列理财卡。它利用电子货币综合理财工具和综合性个人金融服务平台,实现了存取款、转账结算、自助融资、代理服务、交易消费、综合理财于一体的多账户、多功能的集中管理服务。

"自然人生"家庭理财卡包含男士卡、女士卡和青春卡三大系列。

男士卡

自然人生理财卡男士系列,是为精英人士专门设计的专属卡,它代表了精英阶层的独特品位和卓越气质,不仅从功能上,更从服务上满足客户的需求。专业独到的个性化理财设计和服务,为客户解答投资疑难,成为客户成就事业与家庭理财的好伙伴,帮助客户规划人生,实现人生价值的最大化,让客户生活美满,享受财富乐趣,体验自然人生。

女士卡

兴业康乃馨卡是全国首张以花命名的银行卡,也是首张女士专属卡。康乃馨是女性最美好天性的象征,是贤良淑德之集大成。康乃馨卡的卡面,是由无数朵康乃馨组成的花海,其中一朵盛放的康乃馨在花海中脱颖而出。它象征着兴业银行以其独特的理念在众多银行中傲然伫立,是女士最理想的选择;更意味着持卡人独具的慧眼,必将成为影响时代的优秀女性。

兴业康乃馨卡是兴业银行给予现代女性的充分关爱,是对现代女性所具有的传统美德的肯定。它表达了本行对女性的最大尊重,必将会带动并营造出全社会尊重女性、关爱女性的良好氛围。

青春卡

青少年是朝气蓬勃的群体,是父母的希望,是祖国的未来。兴业银行小蜜蜂卡,力求以简单明了的方式引导孩子们认识各种基本理财工具,学习基本金融产品的使用方式。通过对理财卡的使用,以及对相关知识的了解,让他们学会聪明地管理自己的零用钱,进而从小培养青少年正确的金钱观和理财意识,为他们美好的未来打下基础。

兴业银行卡七大功能

(1)多账户、多币种。一张理财卡可同时开立理财产品、基金、集合资产管理计划、委托理财及备用金等多种理财结算专户,理财资金分账户管理,账务明细更加清晰。一张理财卡可同时开立人民币、港币、美元、日元、欧元等多币种的多个定期、活期储蓄存款账户。可在境内及境外数十个国家和地区加入"银联"的ATM、POS办理跨行查询、取款、特约商户刷卡消费服务。

（2）多品种投资、多途径理财。持有理财卡，可办理第三方存管、外汇宝、银联通基金超时，购买开放式基金、本外币理财产品、国债、集合资产管理计划和信托产品。

（3）多方式转账。可办理实时转账或汇款、预约转账或汇款、自动转存等业务，让现金管理更智能，调动更灵活。

（4）多途径融资。可通过自助循环贷款、自助质押贷款融资。

（5）多种优惠活动。兴业银行不定期地针对各种业务开展多种营销、优惠活动。

（6）多项增值服务。理财卡持卡人可凭卡预订酒店、机票，享受电信增值服务，贵宾客户可享受时尚高尔夫、机场贵宾服务、SOS 紧急救援、免费精灵信使、免费高额商旅保险、免费个性化对账单、优惠费率等多项增值服务。

（7）多渠道支持。"无线兴业"——手机银行，"在线兴业"——网上银行，"热线兴业"——电话银行，以及 ATM、CRM 等自助终端。

5. 万涓成流——深圳发展银行

深圳发展银行是我国国内最早唯一发行公众股，并公开上市的股份制商业银行。它的全称是"深圳发展银行股份有限公司"，简称"深发行"或"深发展"。1987年 12 月，深圳发展银行在对原特区内 6 家农村信用社进行股份制改造的基础上成立。

深圳发展银行

　　1987年12月28日,深圳发展银行宣告成立,总部位于深圳特区。这是我国金融体制改革的重大突破,也是我国资本市场发育的重要开端。

　　成立20多年来,深圳发展银行自身规模不断扩大,综合实力日益增强。

　　它以"敢为天下先"的精神,锐意进取、不断创新,由最初的6家农村信用社,成长为在20个经济中心城市拥有300多家分支机构的全国性股份制商业银行,并在北京、香港设立代表处,与境外众多国家和地区的600多家银行建立了代理行关系。

　　2004年,深圳发展银行成功引进国际战略投资者,从而成为国内首家外资作为第一大股东的中资股份制商业银行。战略投资者的成功引入,将国际先进的管理技术与本土经验有效结合,在经营理念、风险管理、财务管理、市场开拓等各个领域为深圳发展银行注入了新的活力。

　　深圳发展银行公司业务在保持传统优势的同时,致力于为客户提供量身定做的优质金融服务,以一系列业内领先的创新产品,赢得了良好的品牌声誉。

　　在发展过程中,深圳发展银行在国内较早建立了货权质押业务中心、票据业务处理中心等专业化集中作业处理平台;在能源等相关企业,深圳发展银行率先引入产业链金融理念,并为众多企业量身定做了"CPS—以票据业务为核心的企业短期融资解决方案",得到客户的广泛认可。

　　经过多年的探索和积累,深圳发展银行在贸易融资业务领域独占鳌头,凭借科学、便捷的业务处理流程,拥有了一批稳定、优质的客户群体。2005年,深圳发展银行正式确立了"定位中小企业,打造贸易融资领域专业品牌"的发展战略。2006年,深圳发展银行在全国率先推出"供应链金融"品牌,引起市场强烈反响。同时,深圳发展银行的国际业务、离岸业务稳健发展,市场份额与品牌知名度不断提高。深圳发展银行也是国内首家获得离岸网银业务资格的银行企业。它为公司客户搭建起跨时空、全方位的银行服务体系。专家态度、专业素质,高效率、高附加值,正成为深圳发展银行系列公司产品品牌的显著特征。

　　经过多年的积淀,2005年,深圳发展银行开始了向零售业务的全面转型之旅。财富管理中心、个人贷款中心、汽车融资中心、信用卡中心、客户服务中心,构建了深发展零售银行全方位的产品和服务体系。

　　深圳发展银行为客户设计的零售产品"聚财宝"人民币理财产品及"聚汇宝"外币理财产品具有投资方式灵活、实际收益率高、安全方便的特点,一经推出,便受到了广大投资者的广泛推崇。深圳发展银行还推出全国首创密码保障功能的"发展信用卡"更是深入人心,信用卡平均贷款余额居同行业之首。在"发展卡"基础上,深圳发展银行针对不同人群推出了"发展校园卡"、"发展青年卡"、"发展读书卡"等特色银行卡产品,拓展了发展卡的用户领域,也为客户带来了切实的优惠与方便。同时,深圳发展银行的个人消费信贷业务继续朝着专业化、智能化方向发展,"安居乐"、"车友乐"、"创业宝"等创新产品得到进一步的充实与推广。2006

年,深发展先声夺人,在国内率先推出了个人按揭贷款"双周供"业务,与此相关的系列住房与消费信贷业务产品也陆续面世。深发展零售银行产品体系已初步形成并产生了强大的市场影响力。

伴随着信息技术的飞速发展,深圳发展银行在行业内较早推出了功能强大的网上银行——发展网,实现了现代科技与金融服务的完美结合。网上查询、网上支付转账、网上理财、网上基金买卖等全面的产品网络和可靠的安全保障,使得深发展的个人用户和企业用户,均可以全天候地体验到"穿越时空"的现代金融服务。在 2004、2005 年全国最受股民喜爱的优秀财经网站评选中,"发展网"两次获得最佳银行网站的殊荣,2005 年,"发展网"还被推举为最具个性化服务网站。

深圳发展银行

作为一家年轻的股份制商业银行,深圳发展银行倡导开拓进取、勇于创新、诚实守信、团结协作的企业文化,积极引进现代企业人力资源管理的先进理念和成功经验,通过多种方式广纳贤才,逐步建立起科学合理的人力资源开发、配置、绩效考核、激励和培训体系。自成立以来,深发展为国家培养了大批金融专业人才,目前拥有员工 7 000 余人,其中具有大专以上学历的超过 90%。良好的职业素养、出色的专业技能,凝聚成一支充满生机、协同作战的优秀团队,成为深圳发展银行的坚强柱石。

随着综合实力的全面提升,深圳发展银行在深圳、北京、上海、天津、重庆、广州、珠海、佛山、海口、杭州、南京、宁波、温州、大连、济南、青岛、成都、昆明、武汉等经济中心城市设立了分支机构,在香港、北京设立了代表处。今天的深发展,已经基本形成了覆盖华东、华北、西南、华南的全国性战略布局,机构与业务网络日臻完善。

进入21世纪,面对我国金融改革的深化和金融监管的强化,世界经济一体化步伐加快,更多国外优秀银行蜂拥而至,深圳发展银行审时度势,迎接挑战;高瞻远瞩,开始着手规划自己的未来。

未来的深圳发展银行,将立足于"按照国际先进标准建设现代商业银行"的基本思路,遵循"专业、服务、效率、诚信"的理念,秉承为股东创造回报,为客户增添价值,为员工带来发展的宗旨,努力提高盈利能力和服务水平,锐意进取,不断创新,进一步打造核心竞争力,为全面建设国际标准的现代商业银行而不懈努力。

标志建筑——深圳发展银行大厦

深圳发展银行大厦是由深圳发展银行独资兴建的一座跨世纪智能化高档写字楼,是深圳发展银行总行所在地。它出自澳洲著名设计师之手,斥资8亿,耗时4年,由深圳发展银行全资兴建;大楼于1992年12月28日开工,1997年1月18日正式投入使用。

建成的大厦外型呈风帆型,有乘风破浪之势。香槟红的玻璃幕墙,更显温馨高雅。它既融合了卓越的设计概念和完美的建筑质素,又融合了尖端科技与"人本主义"的服务模式,大厦质量与形象达到完美的结合,足使其成为写字楼之典范。

深圳发展银行夜景

深圳发展银行大厦是一座全智能化的超时代建筑。它汇聚了国内外顶尖科技成果,大厦内运用了大量智能化管理系统,包括:"3A"系统(即楼宇自动化系统、办公自动化系统、通信自动化系统)、远端模块光纤入户通信网络系统以及全国最大的万点IBDN布线系统。大厦内的供水、供电、空调开启、电梯运作、停车场管理、消防报警、开关门感应、红外线监测等方面都采用了全智能化控制。富丽堂皇的大堂高达12米,尽显甲级写字楼之气派。另外,大厦首创4米层高,为深圳同类写字楼层高之最。

核心竞争——深圳发展银行的主营业务

(1)办理人民币存、贷、结算、汇兑业务。

(2)人民币票据承兑和贴现。

(3)各项信托业务。

(4)经监管机构批准发行或买卖人民币有价证券。

(5)外汇存款、汇款。

（6）境内境外借款。

（7）在境内境外发行或代理发行外币有价证券外汇存款、汇款、境内境外汇借款。

（8）贸易、非贸易结算。

（9）外币票据的承兑和贴现。

（10）外汇放款。

（11）代客买卖外汇及外币有价证券,自营外汇买卖。

（12）资信调查、咨询、见证业务。

（13）保险兼业代理业务。

（14）经有关监管机构批准或允许的其他业务。

6. 如沐春风——华夏银行

1992 年 12 月 22 日,华夏银行在北京开业成立。它是我国第一家由工业企业开办的商业银行。

华夏银行的创办有着一定的时代背景。20 世纪 90 年代初,作为全国最早进行改革试点的单位,首都钢铁总公司(简称“首钢”)逐步发展成为跨行业、跨地区、跨国经营的特大型企业。随着内部资金流通和对外资金融通业务急剧增加,成立银行参与资金经营已成为首钢进一步改革与发展的迫切需要。1992 年 5 月,首钢获得了国务院赋予的投资立项权、外贸自主权以及资金融通权;首钢获得批准建立自己的银行,按照国际惯例经营金融业务。华夏银行就应运而生。

华夏银行是首钢总公司兴办的全民所有制金融企业,行政上归首钢总公司领导,业务上接受中国人民银行指导和检查,具有独立法人资格,注册资金 10 亿元。

1995 年,华夏银行率先实行了股份制改造,成为一家全国性股份制商业银行;2003 年 9 月,华夏银行公开发行股票,并在上海证券交易所挂牌上市交易,成为全国第 5 家上市银行;2005 年 10 月,华夏银行引进战略投资者,与德意志银行签署了股份转让协议、全面长期战略合作协议、全面技术支持和协助协议、信用卡业务合作协议,为提高经营管理能力和国际化水平带来了新的契机。至此,10 多年来华夏银行完成了发展的三次历史性跨跃。

截至 2008 年 9 月,华夏银行已在北京、南京、杭州、上海、济南、昆明、深圳、沈阳、广州、武汉、重庆、成都、西安、乌鲁木齐、太原、大连、青岛、温州、石家庄、天津、呼和浩特、福州、宁波、绍兴、南宁、常州、苏州、无锡设立了分行,在烟台、聊城、玉溪设立了异地支行,营业机构达到 307 家,员工 1 万多名。华夏银行“立足经济发达城市,辐射全国”的机构体系已经形成。此外,华夏银行还与境外近 500 家银行建立了代理业务关系,建成了覆盖全球主要贸易区的结算网络。

进入新世纪以来，华夏银行提出了高质量发展的办行思想，坚持质量、效益、速度、结构协调发展，不断扩大经营规模，不断提高盈利能力，保持了持续稳定、健康发展的良好态势。2004年，华夏银行被评为中国上市公司金融地产行业10家最具竞争力企业之一；2005年，华夏银行荣获"中国最具有影响力财富企业"称号；2008年7月，华夏银行在"世界1000家大银行"评选中排名第313位、"2008中国企业500强"名列第320名、"中国服务业企业500强"排位第100名、"中国企业纳税200佳"位列第102名、"中国企业效益200佳"排名第115名、位列银行业第8名。

它获得的其他荣誉还有：华夏银行的"中小企业成长产品服务方案"被中国中小企业协会、中国银行业协会、金融时报社授予"最佳中小企业融资方案"；华夏银行"创盈6号"信托理财产品在2007年度"中国最佳银行理财产品"活动中，获"2007年中国最佳信托投资型银行理财产品"；外汇清算系列产品在北京金融展和广州博览会上荣获"优秀金融产品奖"；清算中心再获"花旗集团美元清算直通率卓越奖"；客户服务中心"95577"被媒体评为中国金融业呼叫中心"客户满意十佳品牌"和"十大影响力品牌"。

截至2008年9月30日，华夏银行资产总额达到6526.23亿元，前三季度实现净利润11.78亿元，同比增长89.41%。

红山文化——华夏银行图标释义

华夏银行的图标为我国辽西新石器时代红山文化典型器物——国宝玉龙图案；玉龙由碧绿色辽宁岫岩玉精雕细琢而成，距今约五千多年，被誉为"华夏远古第一龙"。

龙是华夏民族创造的体现民族精神之魂的寓意性形象；搏击四海、升腾向上的龙是华夏银行的精神象征。

图标的外形以新石器时代的玉龙为基本原形，借毛笔韵味书成，并作图案化处理，使之更加简洁鲜明，显示华夏银行丰富的文化底蕴。

华夏银行图标

图标的内形则采用代表现代银行电子化趋向的信用卡（电脑芯片）造型，表明华夏银行"科技兴行"的经营理念，展示了与国际接轨、早日实现现代化的态势；图标的内外形天然合成，呈中国古钱币形态，将"华夏"与"银行"、"文化"与"现代"从视觉上融为一体；右边的空白与向前的龙尾，形成腾飞的趋向，展现了华夏银行根植中华五千年文化的精髓，永创一流，努力成为现代化、国际化商业银行的雄姿。

高效机制——华夏银行的部门组织结构

华夏银行的最高权力机构是股东大会。股东大会通过董事会对华夏银行进行管理和监督。而行长在董事会领导下,全面负责日常经营管理活动。

华夏银行实行的是一级法人、总分支行垂直管理体制。总行是全行的领导机构,对分支行实行授权管理;分支行不具备独立法人资格,在总行授权范围内依法开展业务活动,并对总行负责;总行对分支行的主要人事任免、业务政策、基本规章和涉外事务等实行统一管理。

华夏银行

2007 年开始,华夏银行根据发展规划,并经董事会研究决定,对原有组织结构进行了必要的调整。总行新设立了信用风险管理部、市场与操作风险管理部、合规部、工会、总行机关党委和投资银行部;人力资源部与党委办公室合署办公。调整后的组织结构更符合现代商业银行对经营管理体制的要求,有利于本行优化资源配置和加强内部控制,提高本行的经营管理水平及营运效率。

殊途同归——华夏银行的经营范围

(1)吸收人民币存款。

(2)发放短期、中期和长期贷款。

(3)办理结算和票据贴现。

(4)发行金融债券,代理发行、代理兑付、承销政府债券。

(5)买卖政府债券和同业拆借。

(6)提供信用证服务及担保,代理收付款项,提供保管箱服务。

(7)外汇存款,外汇贷款,外汇汇款,外汇借款,外汇票据的承兑和贴现。

(8)自营或代客外汇买卖,买卖和代理买卖股票以外的外币有价证券。

(9)发行和代理发行股票以外的外币有价证券,外币兑换,外汇担保,外汇租赁。

(10)贸易、非贸易结算,资信调查,咨询、见证业务。

（11）经中国人民银行批准的其他业务。

"惟您所需"——华夏银行银行卡

华夏银行于2007年6月18日正式发行银行信用卡。

华夏银行首发系列信用卡分为普通卡、金卡和钛金卡三种,在产品功能设计方面,华夏信用卡推出了多个创新功能与服务;在信用卡额度、还款期限、免息政策等方面皆有创新之举。发行华夏信用卡是华夏银行与德意志银行开展战略合作取得的一个重大进展,同时也标志着华夏银行首次进军中国信用卡市场。

华夏银行信用卡中心更是与万事达组织合作,推出了中国首张高端钛金信用卡,开创了中国信用卡市场的先河。钛金卡除了比金卡、普通卡有着更高的信用额度,更灵活、更便捷的财务功能外,为客户制定的"健康尊享"贵宾医疗计划、"安心旅程"高额保障计划、"惟您所需"贴心理财服务等增值服务,切中了目前市场上金融消费者针对生活品质服务和个性化服务的需求。

出奇制胜——华夏银行的特点

（1）先进的经营管理理念。

华夏银行秉承"始终坚持质量、效益、速度、结构协调发展"的经营理念,稳步实施国际化改造战略,在信贷、资金、营销、稽核、风险管理和人力资源等方面加大了改革力度,坚持科技创新与产品创新一体化的方针,加强信息系统管理、信息技术运用以及新产品开发管理,加强全行创新工作的统筹规划管理。不断加大科技投入,加强综合业务系统、自助银行和网上银行的开发推广,成为本行电子化的重要支撑,形成了较强的竞争优势。

（2）严密的风险管理体系。

华夏银行坚持依法合规经营,构建全方位、全过程的风险管理体系,加强风险管理制度建设,培育严格、规范、审慎、稳健的风险管理理念和良好的风险管理文化。按照全面风险管理原则要求,设立风险管理委员会和风险管理部,对信用风险、市场风险、操作风险等进行持续的监控和管理。建立了信贷专职审批人制度,实现授信审批的专业化和职业化。建立了垂直管理的稽核体制,保证稽核监督工作的独立性、权威性和有效性。依靠较为完善的全面风险管理体系,华夏银行资产质量不断得以优化。

（3）专业化个性化的金融服务。

华夏银行按照"以客户为中心,以市场为导向"的原则,建立公司、个人、同业三大客户营销体系,全方位开拓市场,制定了全行统一的客户服务标准,采用了先进的电子化服务手段,建立了专业化的客户经理队伍,为客户提供丰富的金融产品和个性化的金融服务。细分市场、细分客户,根据客户具体情况制定不同的金融服务方案,最大限度地满足客户的各种服务需求。华夏银行拥有"华夏互联通"、"华夏丽人卡"等为代表的一批品牌产品,在市场上享有盛誉,市场份额在业内名列前茅。

(4)以人为本的企业文化。

坚持以人为本的企业核心价值观,努力通过企业文化建设凝聚企业精神,塑造企业形象,提高员工职业道德,培育造就优秀人才。实施以人为中心的企业管理模式,提倡为了人、关心人、理解人、重视人、依靠人、尊重人、培养人的企业文化。进一步发挥全体员工的积极性,不断完善各项民主管理制度,努力创造和谐的工作环境和氛围,为员工的职业发展创造平台,让每一名员工在华夏银行事业发展的大舞台上充分施展才干,展现自我价值,与银行共同成长。

7. 温暖生活——中国光大银行

"中国光大银行"是"中国光大银行股份有限公司"的简称。中国光大银行成立于1992年8月,总部设在北京,是经国务院批复并经人民银行批准而设立的金融企业,为客户提供全面的商业银行产品与服务。

中国光大银行是中国光大(集团)总公司全资附属的国有金融企业,是独立核算、自主经营、自负盈亏的企业法人,接受中国人民银行的归口领导和管理。中国光大银行现由中国光大(集团)总公司、中国光大控股有限公司、亚洲开发银行等近130家中外股东单位参资入股,是中国最具特色的新型商业银行之一。它的任务是根据国家的方针政策,筹集融通国内外资金,主要办理机电、能源、交通等行业的大型设备信贷和飞机租赁等业务,以及经中国人民银行批准的其他业务。

中国光大银行

自成立以来,伴随着中国金融业的发展进程,中国光大银行不断开拓创新,锐意进取,在为社会提供优质金融服务的同时,取得了良好的经营业绩,在综合经营、公司业务、国际业务、理财业务等方面培育了较强的比较竞争优势,基本形成了各主要业务条线均衡发展、零售业务贡献度不断提升、风险管理逐步完善、创新能力日益增强的经营格局。

截至2009年6月末,中国光大银行的资产总额达到10281亿元,首次突破一万亿元大关。其中，贷款余额 6 165 亿元，比年初增长了 1 479 亿元，增幅为 31.6%；负债总额 9 920 亿元，其中一般存款余额达到 7 921 亿元，比年初增长 1 662 亿元，增幅为 26.6%。此外，中国光大银行的不良贷款余额为 87.3 亿元，比年初下降 6.4 亿元，不良贷款率为 1.42%，比年初降低 0.58 个百分点，继续实现双降。

凭借卓越的创新能力和出色的业绩表现，中国光大银行获得"十佳中资银行"、"年度最具创新银行"等奖项荣誉；招牌业务"阳光理财"连续被评为"百姓最认可的理财品牌"、"最受欢迎的理财产品"。

光明天使——中国光大银行的标志释义

中国光大银行的标志由英文和中文组成，其中英文大写字母的"E"为金黄色，并有喻为阳光的缕缕横线环绕，深深蕴涵着撒播阳光照万家、接触阳光和绿草、亲近自然的寓意。标识整体象征着：选择中国光大银行就是选择了时尚写意的生活方式。

中国光大银行标志

改革先锋——中国光大银行发展之路

1997 年 1 月，中国光大银行完成了股份制改造，成为国内第一家国有控股并有国际金融组织参股的全国性股份制商业银行。伴随着中国经济和金融业的发展进程，中国光大银行在锐意改革创新的同时，始终把自身发展与国民经济的增长紧密结合，在为社会提供优质金融服务的同时，取得了良好的经营业绩，逐步形成了与现代商业银行相适应的多元化股权结构、日益完善的

畅享美好生活——中国光大银行的企业文化

公司治理与经营机制、比较先进的科技支持系统、素质较高的员工队伍、布局合理的机构网络、范围广泛的同业合作等优势。

2007 年，中国光大银行进行了一系列财务重组。2007 年 11 月 30 日，经中国银监会核准，中央汇金投资有限责任公司向中国光大银行注资 200 亿元人民币等值美元，中国光大银行注册资本增加至 282.168 9 亿元，汇金公司成为中国光大银行的第一大股东，使中国光大银行的资本实力大为增强。

新世纪以来，中国光大银行逐步形成了公司治理比较完善、股东背景实力雄厚、业务品牌形象突出、经营网络布局合理、风险管控能力不断增强、员工队伍综合素质较高、盈利水平大幅提升的有一定竞争力的全国性股份制商业银行,并正在朝着精品上市银行的战略目标奋勇前进。

目前,中国光大银行在全国 23 个省(市、区)45 个主要经济中心城市设有 30 个一级分行 426 个营业网点,在香港设有 1 家代表处,从业人员 1.7 万人。其中,在人力资源配置上,中国光大银行的大学本科毕业生占 70%以上。

相伴相随——中国光大银行阳光卡

中国光大银行阳光卡是中国光大银行为满足各界士日益提高个性化理财需求而开发一种高科技多功能的电子化金融工具。它集储蓄存款、购物转账、消费结算、联网交易、自动理财、炒股炒汇、电子商务、个人融资等多种功能于一身,以自身具有科技含量高、结算速度快、适用范围广、安全保密性强、交易成本低的特色,而成为国内银行卡市场的"新星",是各界理财人士的当然之选。它可通过中国光大银行的各营业点、电话银行、自助银行、网上银行、手机银行等多种操作方式为客户提供全方位、个性化和人性化的理财服务,具有开户方便、功能强大、操作简捷、安全可靠、服务贴近百姓生活等特点。

阳光卡

阳光卡的特点

(1)功能多样化。

阳光卡具有储蓄、消费、转账、自动理财、委托代理、证券交易、个人融资、电子商务、外汇买卖、国债买卖等多种功能,能满足不同层次的理财需要。

(2)服务科技化。

光大银行致力于用金融创新和科技进步打造阳光卡品牌,以阳光卡为载体,每项特色功能的实现均体现着现代信息技术、通信技术、网络技术在金融产品中的广泛应用。

(3)方式个性化。

由于阳光卡功能的拓展是以高科技为依托,故此能为客户提供个性化的理财服务,比如阳光卡绝大部分的功能实现方式均以"人性化"为最终目标,提供诸如网上银行、手机银行、电话银行、自助银行等多种渠道,让您不必亲自到银行,做到了"足不出户、理财支付"。

(4)结算快捷化。

利用网络技术,阳光卡实现了全国范围联网集中式运行,充分满足客户对异地存取款、转账的需求,实时到账,真正实现一卡在手,走遍神州。

阳光卡的功能

(1)储蓄功能。

阳光卡内设立一个主账户和多个子账户，主账户的金额为活期储蓄存款，主要用途是消费结算；子账户可为客户保管人民币、外币、活期和各种定期存款。

（2）通存通兑。

持阳光卡，客户可以在全国任何光大银行的营业网点及自助设备上存取现金，办理转账。

（3）购物消费。

客户可在全国光大银行指定的，或已加入当地金卡网络的特约商户进行消费结算。

（4）汇市通（个人外汇买卖业务）。

阳光卡中开立外币存款账户，到中国光大银行指定营业网点签定《"汇市通"——个人外汇买卖协议书》即可通过多种操作方式进行实盘外汇买卖。

金融产品——阳光财富

（5）存贷通（小额抵押自动贷款）。

客户可利用阳光卡中本、外币定期存款账户或国债账户作为质押，通过电话、多功能自助服务机、网上银行等多种自助方式办理小额质押贷款。

（6）缴费通（代收代付业务）。

在中国光大银行的任意营业网点签定《"缴费通"——阳光卡代收代付业务协议书》，客户便可以通过阳光卡自动缴纳房租、电话、手机、水电、物业及有线电视等各种费用。

（7）理财通（个人理财服务）。

客户签定《"理财通"——阳光卡个人理财服务协议》，中国光大银行便为客户提供个性化的理财服务，使客户阳光卡内存款利息收入最大化。

（8）银证通。

凭卡申办"银证通"业务，客户可以直接利用阳光卡主账户的储蓄存款进行证券交易。

（9）国债通（国债买卖业务）。

通过阳光卡，客户可以在柜台、电话银行、网上银行、手机银行、多功能自助服务机上购凭证式国债，中国光大银行计算机系统将自动在阳光卡内为客户开立国债账户，并保管和到期自动兑付国债。

（10）卡卡转账业务。

客户可在营业网点、自动柜员机、多功能自助服务机、网上银行、电话银行和手机银行上进行全国范围内的卡卡之间互转，及时到账，安全可靠。

（11）卡折互转业务。

通过中国光大银行的服务渠道可完成阳光卡与光大银行储蓄存折、光大银行储蓄存折与阳光卡之间的资金划转。

（12）购物消费。

中国光大银行阳光卡已全面加入金卡网络，持卡人可持阳光卡方便地在任何一台联网自动柜员机上提取现金，在任何联网的特约商户通过销售终端机进行消费结算。

温馨贴士——如何申办阳光卡

申办阳光卡时，客户可持本人有效身份证件，到中国光大银行各网点，填写一张《中国光大银行阳光卡申请表》，马上就可以拥有一张属于自己的阳光卡。

请注意：当客户初次取到阳光卡后，应立即通过中国光大银行的自动柜员机、多功能自助服务机、电话银行或网上银行修改交易密码，并妥善保管。密码的位数为6位，中国光大银行提供的初始查询密码为888888。

熠熠生辉——中国光大银行所获荣誉

（1）中国光大银行门户网站荣获"最佳客户体验奖"。

（2）中国光大银行荣获第五届"中国最佳品牌建设案例"贡献奖。

（3）中国光大银行荣获"中国金融营销奖杰出奖"。

（4）中国光大银行入选"中国互动营销优秀案例 TOP 10"。

（5）中国光大银行荣获2009年中国本土银行网站本土竞争力排名"最佳创新活力奖"。

（6）中国光大银行荣获"中国区最佳银行投行"和"中国区最佳债券承销投行"两项大奖。

（7）中国光大银行荣获"2008年度凭证式国债承销优秀奖"。

（8）中国光大银行荣获2008年度中国财经风云榜多个奖项。

（9）中国光大银行荣获"最具社会责任企业奖"及"慈善先锋奖"。

（10）"阳光呵护计划"荣获"中国中小企业金融服务最具影响力品牌"。

（11）中国光大银行荣获"卓越2008金融理财"多个奖项。

（12）中国光大银行网上银行获"2008中国网上银行最佳客户体验奖"。

（13）中国光大银行荣获"2008搜狐金融理财网络盛典"多个奖项。

（14）中国光大银行阳光理财品牌荣获"年度金融服务品牌"。

（15）中国光大银行荣获"2008全国支持中小企业发展十佳商业银行"。

（16）中国光大银行荣获"2008年度国际保理业务进步奖"。

（17）中国光大银行荣获“2008 年度最佳债券和货币市场理财产品奖”。

（18）中国光大银行荣获“最佳产品创新奖”和“关税融资服务奖”奖项。

（19）中国光大银行的“银关保”产品荣获“2008 年度企业关税融资创新产品奖”。

（20）中国光大银行的“同赢五号”荣获“金理财十佳银行理财产品奖”。

（21）中国光大银行荣获“2008 信息化最佳 IT 项目实施奖”。

8. 首善之行——北京银行

北京银行，即“北京市商业银行”。北京市商业银行成立于 1996 年 1 月 8 日，是一家由境外投资者、首都众多知名企业和广大投资者参股的新型股份制商业银行，全称为“北京市商业银行股份有限公司”，总部位于北京。2005 年 1 月 1 日，“北京市商业银行”更名为“北京银行”。

北京银行下设 100 多家支行和一个营业部，拥有 3 600 名员工和遍布京城的 118 家营业网点，综合实力位居全国银行业前列。北京银行还在天津、上海、西安、深圳、杭州、长沙设立了分行，在香港设立代表处。

成立 10 多年来，北京银行依托首都经济持续快速发展的大好形势，2005 年引入国际知名的 ING 集团和国际金融公司作为境外投资者；2006 年实现跨区域经营；2007 年 A 股在上海证券交易所挂牌上市，成为一家公众持股银行，重大发展战略相继实现。目前，在最新公布的全球 1 000 家大银行排名中，北京银行按一级资本排名第 178 位，在中国银行业内排名第 11 位，位居城市商业银行之首；按资产规模计算，北京银行排名第 207 位，在中国银行业排名第 14 位。北京银行已经成为国内资产规模最大的城市商业银行，跻身国际中型银行之列，实现了国际化征程上新的跨越。

北京银行

2008 年，在年度“中国 500 最具价值品牌”排行榜中，继去年跻身中国最具价值品牌行列后，北京银行凭借良好的品牌形象、卓越的经营业绩再度榜上有名，以 48.57 亿元人民币的品牌价值排名第 150 位，较上一年度提升 16 位，成为全国唯一入围的城市商业银行，在中国银行业中排名第 7 位。在世界品牌实验室“中国 500 最具价值品牌”排行榜中，北京银行以 48.57 亿元人民币的品牌价值在中国银行业中排名第 7 位。

面对未来，北京银行以优质的服务塑造形成了良好的品牌形象，为自己赢得了广阔的发展前景。良好的开端是成功的一半。北京银行将继续秉承"为客户创造价值,为股东创造收益,为员工创造未来,为社会创造财富"的神圣使命,加快实施品牌化经营、区域化布局、综合化发展战略,全力打造信誉卓著、管理先进、服务领先的具有国际竞争力的现代化商业银行,打造一流现代商业银行的优质品牌。

目前,北京银行的业务主要面向企业,但它已计划将零售金融业务作为今后促进银行发展的首要动力。

北京银行还是北京市首次市财政国库所授权的3家支付代理银行之一。自从成为北京海淀区财政国库集中支付业务代理银行以来,北京银行已为区内219家预算单位提供配套金融服务。它积极创建中小企业融资"绿色通道",参加中关村科技园区管委会、中关村科技担保公司与多家单位联合推出的"瞪羚计划",推出知识产权质押贷款业务;今后,中小企业担保贷款将成为北京银行金融服务的优质品牌。

目前,北京银行是我国最大城市银行及北京地区第三大银行,通过116家支行为个人与公司客户提供服务。同时,北京银行还在自己覆盖的网点设立了272台自动取款机,并建立了快速增长的电子银行业务。

百科小知识

活力四射——"瞪羚计划"

瞪羚是一种善于跳跃和奔跑的羚羊,属于世界濒危物种。在金融领域,业界通常将高成长中小企业形象地称为"瞪羚企业"。一个地区的"瞪羚企业"数量越多,表明这一地区的创新活力越强,发展速度越快。

在北京,中关村科技园区拥有一大批处于高速发展中的"瞪羚企业"。仅2002年,这些企业的贸易收入总和超过了500亿元,平均增长率接近60%。但是这批"瞪羚企业"的产业发展资金匮乏,融资渠道十分狭窄。为了给中关村科技园区的"瞪羚企业"提供融资解决方案,帮助他们跳得更高,跑得更快,北京银行参与了"瞪羚计划"。

瞪羚

"瞪羚计划"的目的是将信用评价、信用激励和约束机制同担保贷款业务进行有机结合,通过政府的引导和推动,凝聚金融资源,构建高效、低成本的担保贷款通道,为中小企业的未来发展提供良好的金融环境。

"瞪羚计划"每年可帮助园区"瞪羚企业"解决超过50亿元的流动资金贷款。

激流勇进——北京银行的成长之路

1996 年 1 月,北京银行是经中国人民银行和北京市政府批准,在北京市原 90 家城市信用合作社基础上组建而成。当初设立时,它的名称为"北京城市合作银行股份有限公司"。北京银行也是中国最早成立的城市商业银行之一,它成立时的注册资本为人民币 10 亿元。

1998 年 3 月,根据国家有关部门的规定,北京银行的名称由"北京城市合作银行股份有限公司"更名为"北京市商业银行股份有限公司"。2004 年 9 月,为实施跨区域发展战略,经中国银监会批准,北京银行名称由"北京市商业银行股份有限公司"更名为"北京银行股份有限公司"。

2005 年 9 月 2 日,经中国银监会批准,北京银行为进一步充实资本和完善公司治理结构,引进了境外战略投资者 ING 银行及境外财务投资者 IFC。

2006 年 7 月,经中国银监会北京监管局批准,北京银行完成了迁址,入驻新建的"北京银行大厦"。

2006 年 4 月 13 日,中国银监会北京监管局同意北京银行在天津设立异地分支机构,2006 年 6 月 21 日,北京银行获得批准成立天津分行。同年 10 月,北京银行天津分行正式开业。自此,北京银行成为我国城市商业银行中率先实现跨区域经营的商业银行之一。

2007 年 6 月 8 日,中国银监会同意北京银行在上海设立异地分支机构。

10 多年来,北京市商业银行遵循"改革、发展、建设、提高"的指导思想,坚持地方银行的办行特色,把服务首都经济、支持地方企业发展作为自己的责任和义务,取得了良好的经营业绩。

2002 年,对于北京银行是具有重要历史意义的一年,国内经济社会发展逐步走向全面开放。在这一年里,北京银行认真贯彻国家各项政策、法规与法律,经过全体员工的共同努力,胜利实现了新千年的第一个跨越,全面完成了年度发展计划和各项工作指标,继续保持了快速、健康、稳定的发展势头。

2009 年 9 月底,北京银行资产总额达到 5 017 亿元;资本充足率为 14.52%,全年资本收益率达 16.67%,均处于上市银行领先水平;不良贷款率仅为 1.01%,持续实现"双降";拨备覆盖率达 212.45%,在上市银行中居于前列;风险抵补能力显著增强,前三季度实现净利润 43.93 亿元,成本收入比为 22.79%,经营管理绩效在上市银行中处于最好水平。

齐头并进——北京银行的经营范围

(1)吸引公众存款,发放短期、中期和长期贷款。

(2)办理国内结算,办理票据贴现。

(3)发行金融债券,代理发行、代理兑付。

（4）承销政府债券,买卖政府债券。

（5）从事同业拆借,提供担保。

（6）代理收付款项及代理保险业务,提供保管箱业务。

（7）办理地方财政信用周转使用资金的委托存贷款业务。

（8）外汇存款,外汇贷款,外汇汇款,外币兑换。

（9）同业外汇拆借,国际结算。

（10）结汇、售汇。

（11）外汇票据的承兑和贴现,外汇担保。

（12）资信调查、咨询、见证业务。

（13）买卖和代理买卖股票以外的外币有价证券。

（14）自营和代客外汇买卖。

（15）经中国银行业监督管理委员会批准的其他业务。

和谐统一——北京银行标志的含义

北京银行标志的主体图形取意于中国古代祈祀丰年的天坛,表明北京银行的属地元素:在北京诞生、在北京成长,未来将以北京为中心走向全国,迈向世界。

从设计的美学角度来看,北京银行标志体现了中国传统文化与现代社会发展的和谐统一:圆形的红色印章造型代表着诚信,蕴涵了中国传统文化中重视信用、遵守承诺的良好品德;从设计理念上来认识,北京银行标志植根于中国古代钱币的文化底蕴,与中国悠久的金融文化一脉相承。同时,标志设计还加入现代社会发展的元素,酷似"@"造型,体现了北京银行在网络信息化时代的崭新形象。

北京银行标志

整个标志设计,动静结合,内外兼顾;有如中国书法般流畅、遒劲;寓意着北京银行顺畅的管理体制与运行机制,象征着北京银行人执行有力、气魄非凡。而标志中"B"的造型,更是体现了北京银行英文名称"Bank of Beijing"的缩写要素;火红的颜色预示着北京银行充满希冀的未来。

第三章　老牌资本——世界主要银行和金融机构

第一节　并驾齐驱——世界两大金融机构

1944年7月,44个国家的代表在美国新罕布什尔州的布雷顿森林召开了关于如何建立国际金融体系的会议,并一致通过了《布雷顿森林协议》。为了推进《布雷顿森林协议》,布雷顿森林体系建立了两大国际金融机构——国际货币基金组织和国际复兴开发银行(简称"世界银行")。国际货币基金组织负责向成员国提供短期资金,保障国际货币体系的稳定;世界银行则提供长期信贷来促进世界经济的复苏和发展。

1.服务全球——国际货币基金组织

国际货币基金组织简称"IMF",是政府间的国际金融组织,也是世界两大金融机构之一。1945年12月27日,国际货币基金组织正式成立;1947年3月1日,它开始正常运作,处理日常工作;1947年11月15日,国际货币基金组织成为联合国的下属专门机构。

国际货币基金组织的总部设在华盛顿,主要职责是监察各成员国的货币汇率和贸易情况,并向它们提供技术和资金协助,以

国际货币基金组织总部

确保全球金融制度的正常运行。但国际货币基金组织在经营上享有独立性。

促进合作——国际货币基金组织的宗旨

国际货币基金组织的组织宗旨是通过一个常设机构来促进国际货币合作,为国际货币问题的磋商和协作提供方法;通过国际贸易的扩大和平衡发展,把促进和保持成员国的就业、生产资源的发展、实际收入的高水平,作为经济政策的首要目标;稳定国际汇率,在成员国之间保持有秩序的汇价安排,避免竞争性的汇价贬值;协助成员国建立经常性交易的多边支付制度,消除妨碍世界贸易的外汇管制;在有适当保证的条件下,基金组织向成员国临时提供普通资金,使成员国纠正国际收支的失调,而不采取危害本国或国际繁荣的措施;按照以上目的,缩短成员国国际收支不平衡的时间,减轻不平衡的程度等。

国际货币基金组织的资金来源于各成员认缴的份额。在国际货币基金组织中,各成员享有提款权,即各成员可以按照所缴纳资金份额的一定比例借用外汇。1969年,国际货币基金组织又创设"特别提款权"的货币(记账)单位,作为国际流通手段的一个补充,以缓解某些成员的国际收入逆差。成员有义务提供经济资料,并在外汇政策和管理方面接受该组织的监督。这项特殊权利在国际货币体系中起着枢纽和核心作用。

百 科 小 知 识

"纸黄金"——特别提款权

特别提款权是国际货币基金组织创设的一种储备资产和记账单位,也被形象地称为"纸黄金"。它是基金组织分配给会员国的一种使用资金的权利。

特别提款权不是一种有形的货币,它看不见摸不着,只是一种账面资产。

会员国在发生国际收支逆差时,可用特别提款权向基金组织指定的其他会员国换取外汇,以偿付国际收支逆差或偿还基金组织的贷款,还可与黄金、自由兑换货币一样充当国际储备。但由于特别提款权只是一种记账单位,不是真正货币,使用时必须先换成其他货币,不能直接用于贸易或非贸易的支付。因为它是国际货币基金组织原有的普通提款权以外的一种补充,所以称为"特别提款权"。

日常运转——国际货币基金组织的机构构成

国际货币基金组织的最高权力机构是理事会。它由各成员派正、副理事各一名组成,一般由各国的财政部长或中央银行行长担任。每年9月举行一次会议,各理事会单独行使本国的投票权(各国投票权的大小由其所缴基金份额的多少决定);执行董事会负责日常工作,行使理事会委托的一切权力,由24名执行董事组成,其中8名由美、英、法、德、日、俄、中、沙特阿拉伯指派,其余16名执行董事由其他成员分别组成16个选区选举产生;中国为单独选区,占有一席。执行董事每两年选举一次;总裁由执行董事会推选,负责基金组织的业务工作,任期5年,可连任,另外还有3名副总裁。

国际货币基金组织的临时委员会是国际货币基金组织的决策和指导机构。它在政策合作与协调,特别是在制订中期战略方面充分发挥作用。临时委员会由24名执行董事组成。国际货币基金组织每年与世界银行共同举行年会。

国际货币基金组织设有5个地区部门,包括非洲、亚洲、欧洲、中东、西半球;12个职能部门,包括行政管理、中央银行业务、汇兑和贸易关系、对外关系、财政事务、国际货币基金学院、法律事务、研究、秘书、司库、统计、语言服务局。

现在,国际货币基金已拥有185个会员国,成为当今世界致力于促进全球金融合作、加强金融稳定、推动国际贸易、增进高就业率、保持经济稳定成长以及降低贫穷的国际组织。目前,只有联合国成员国(除朝鲜、列支敦士登、古巴、安道尔、摩纳哥、图瓦卢、委内瑞拉和瑙鲁之外)有权成为国际货币基金组织会员,但部分领土争议地区(巴勒斯坦自治政府等地)不包含在内。

中国是国际货币基金组织创始国之一。1980年4月17日,国际货币基金组织正式恢复中国的代表权。中国在组织中拥有的份额为33.825亿特别提款权,占总份额的2.34%。中国共拥有34 102张选票,占总投票权的2.28%。中国自从恢复在货币基金组织的席位后单独组成一个选区并派一名执行董事。20世纪90年代初,国际货币基金组织在北京设立常驻代表处。

在出版发行方面,国际货币基金组织的主要出版物有:《世界经济展望》、《国际金融统计》、《国际货币基金概览》、《国际收支统计》、《政府财政统计年鉴》。

百科小知识

怎样才能取得国际货币基金组织的会员资格?

一个国家要想成为国际货币基金组织的一员,就必须加入国际货币基金的申请。首先要通过国际货币基金组织董事局的审议。然后,董事局会向管治委员会提交"会员资格决议"的报告,报告中会建议申请国可以在基金中分到多少配额,以及条款。再者,管治委员会接纳申请后,申请国需要修改法律,确认签署的入会文件,并承诺遵守基金的规则,而且会员国的货币不能与黄金挂钩(不能兑换申请国的储备黄金)。

成员国的"配额"决定了一国的应付会费、投票力量、接受资金援助的份额以及特别提款权份额的数量。

交流合作——国际货币基金组织的主要职能

国际货币基金组织的主要职能有：制定成员国间的汇率政策和经常项目的支付以及货币兑换性方面的规则，并进行监督；对发生国际收支困难的成员国在必要时提供紧急资金融通，避免其他国家受其影响；为成员国提供有关国际货币合作与协商等会议场所；促进国际金融与货币领域的合作；促进国际经济一体化的步伐；维护国际汇率秩序；协助成员国之间建立经常性多边支付体系等。

（1）保障外汇资金的融通。

会员国家在国际收支困难时，可以向国际货币基金组织申请贷给外汇资金，但用途仅限于短期性经常收支的不均衡。各会员国可利用基金的资金，最高限额为受贷会员国摊额的 2 倍，而在这个限额内每年仅能利用摊额的 25%。后来，为了配合实际的需要，国际货币基金组织已慢慢放宽会员国对于资金利用的限制。

（2）规定各会员国汇率、资金移动和其他外汇管制措施。

会员国的国际收支，除非发生基本不均衡，否则不得任意调整其本国货币的平价。其中，基本不均衡是指除了季节性、投机性、经济循环等短期因素外的原因，所产生的国际收支不均衡。

对于资金移动，基金则规定：各会员国不得以基金的资金，用于巨额或持续的资本流出的支付。对于这种资本流出，会员国得加以管制，但不得因此而妨碍经济交易的对外支付。

（3）对会员国有提供资料和建议的作用。

我国在该组织的历史较早，1944 年的布雷敦森林会议我国便是与会 44 国之一，并因作为大国而摊额十分庞大，仅次于美国的 275 亿美元及英国的 130 亿美元，为 55 亿美元，与美、英、法、印度并列入摊额最大的国家。1959 年基金增资时，由于种种原因，我国摊额并未增加，因此不能列入摊额最大的 5 国之内，1961 年单独任命执行董事的资格为西德取代。自从新中国恢复联合国合法席位后，于 1980 年 4 月国际货币基金通过决议，恢复我国会员国资格。

（4）对于外汇汇率采取平价制度。

国际货币基金组织规定各会员国均须设定本国货币的平价。会员国的货币的平价，概用黄金 1 盎司（英两）等于 35 美元表示。各国外汇买卖价格上下变动，不得超过平价的 1%。后来由于现货汇率的波动幅度，这个标准已扩大为平价上下 2.25% 的范围，而决定"平价"的标准，也由黄金改为特别提款权。经国际货币基金组织公布的平价，非经同意不得变更。但如果会员国的国际收支发生基本不均衡时，即可向国际货币基金组织提出调整平价的要求。如果调整幅度在平价的 10% 以内时，会员国得自行调整，后由基金组织予以追认。若超过 10% 以上时，则须先经基金组织同意才能调整。基金组织的平价,由国际货币基金组织与会员国所决定,而金汇兑本位制则由黄金含量比率所决定。

据理力争——国际货币基金组织的议事规则和改革

国际货币基金组织的议事规则很有特点,实行执行加权投票表决制。议事的投票权由两部分组成,每个成员国都有250票基本投票权,以及根据各国所缴份额所得到的加权投票权。

由于基本票数各国一样,所以在实际决策中起决定作用的是加权投票权。加权投票权与各国所缴份额成正比,而份额又是根据一国的国民收入总值、经济发展程度、战前国际贸易幅度等多种因素确定的。

目前国际货币基金组织的投票权主要掌握在美国、欧盟和日本手中,中国的份额甚至不如比利时与荷兰的总和。美国是国际货币基金组织最大的股东,具有17.4%的份额,中国仅占2.98%,这种以经济实力划分成员国发言权和表决权的做法与传统国际法的基本原则显然是背离的,因此引起了不少国家尤其是发展中国家的不满。

2009年9月,在美国匹兹堡召开的"二十国集团第三次金融峰会"上,与会领导人承诺将新兴市场和发展中国家在国际货币基金组织的份额提高到至少5%以上,5%的变化意味着发达国家和发展中国家双方的投票权比例由57∶43调整到52∶48,接近对等。

百 科 小 知 识

大相径庭——国际货币基金组织与世界银行的区别

国际货币基金组织与世界银行虽然都是世界上主要的金融机构,但二者各自服务的侧重点却迥然不同,特色鲜明。

国际货币基金组织的主要工作是记录各国之间的贸易数字和各国之间的债务,并主持制定国际货币经济政策。而世界银行,则主要提供长期贷款。世界银行的工作类似投资银行,向公司、个人或政府发行债券,将所得款项借予受助国。

国际货币基金组织的成立目的是稳定各国的货币以及监察外汇市场。由于国际货币基金组织不是银行,因此它不会放款。然而,国际货币基金组织却备有储备金,可供国家借用,以在短时间内稳定货币;做法类似在往来户口中透支,所借款项必须于5年内清还。

2. 减贫扶困——世界银行

一般意义上，"世界银行"这个名称用于专指国际复兴开发银行和国际开发协会。它们是世界银行集团的下属机构，主要职能是联合向发展中国家提供低息贷款、无息信贷和赠款。

世界银行是一个国际组织。成立之初，它的使命是帮助在第二次世界大战中被破坏的国家恢复重建；而今，世界银行的主要任务逐渐变为资助国家克服穷困。它的各个机构在减轻世界贫困和提高贫困国家生活水平的使命中发挥着独特的作用。

世界银行

世界银行是"世界银行集团"的通称，它包括 1945 年成立的国际复兴开发银行、1960 年成立的国际开发协会、1956 年成立的国际金融公司、1988 年成立的多边投资担保机构和 1966 年成立的解决投资争端国际中心。这五个机构分别侧重于不同的发展领域，但都运用各自的资源优势，协力实现它们减轻世界贫困的共同目标而不懈努力着。

当前，世界银行的主要帮助对象是发展中国家，帮助它们建设教育、农业和工业设施。世界银行在向成员国提供优惠贷款的同时，还向受贷国提出一定的政治要求，比如减少贪污或建立民主等。

目前，世界银行拥有 184 个成员国政府，其他机构有 140 到 176 个成员国政府不等。

世界银行集团的所有组织都由一个由24个成员组成的董事会领导,每个董事代表一个重要的负债国或一组国家。董事由负债国或国家群体任命。世界银行作为联合国全球环境基金的执行机构,总部在华盛顿哥伦比亚特区,它是一个非营利性的国际组织,成员国拥有自己的所有权。

作为联合国的一部分,世界银行的管理结构与联合国相差很大。世界银行集团每个机构的拥有权在于成员国政府,它们表决权的多少取决于各成员国政府所占股份的比例的大小。每个成员国的表决权分两个部分:第一个部分的表决权是所有成员国都相同,第二个部分的表决权是按照每个成员国缴纳的会费而不同。因此,虽然世界银行的大多数成员国都是发展中国家,但它们主要还是受发达国家的控制。2004年11月,美国拥有世界银行16.4%的表决权,日本占7.9%,德国为4.5%,英国和法国各占4.3%。由于任何世界银行重要的决议必须由85%以上的表决权决定,美国一国就可以否决任何改革。

蓦然回首,数载风雨,世界银行成立至今已发展成为国际间的大型金融组织。在世界经济大潮中,它依然扮演着重要的角色。1946年6月25日,世界银行开始运行;1947年5月9日,世界银行批准了第一批贷款,向法国贷款2.5亿美元,这是迄今为止世界银行提供的数额最大的一批贷款。

第二次世界大战以后,世界银行积极帮助欧洲国家和日本战后重建。此外,它还支持和辅助非洲、亚洲和拉丁美洲国家的经济发展。在此期间,世界银行的贷款主要集中于大规模的基础建设,如高速公路、飞机场和发电厂等。随着日本和西欧国家战后经济的逐渐复苏,世界银行完全集中于发展中国家。20世纪90年代初,世界银行也开始向东欧国家和原苏联国家贷款,帮助它们恢复和发展经济。

近年来,世界银行开始放弃一贯追求的经济发展,更加集中于减轻贫穷。它已开始更重视支持小型地区性的企业,意识到干净的水、教育和可持续发展对经济发展的关键作用,并开始在这些项目中投巨资。

虽然如此,非政府组织依然经常谴责世界银行集团的项目带来环境和社会的破坏以及未达到它们原来的目的。

私营部门发展是世界银行的今后的一个发展战略。它的目的在于推动发展中国家的私营化。所以,世界银行以后的所有其他战略都必须与这个战略相协调。

在实际金融业务活动中,世界银行的贷款有显著的特点。首先,世界银行的贷款一般须与特定的工程项目相联系。其次,世界银行的贷款期限较长。再者,世界银行的贷款利率参照资本市场的利率,但一般都低于市场利率。

世界银行向政府或公共企业贷款,要有一个政府或一个"主权"必须保证贷款的偿还。贷款的基金主要来自发行世界银行债券。这些债券的信用被列为最高级别。由于世界银行的信用非常高,它可以以非常低的利率支持贷款。虽然大多数发展中国家的信用比世界银行贷款的信用度低得多,即使世界银行向受贷人提取约1%的管理费,但这样的贷款对于这些国家来说还是非常有吸引力的。

除此之外,世界银行集团的国际开发协会向最穷的国家(一般人均年收入少于500美元)提供"软"的贷款,贷款期约为30年,不收利息。国际开发协会的基金直接来自成员国的贡献。

世界银行的贷款项目

对于有资格获得国际开发协会赠款和无息贷款的低收入国家而言,在准备世界银行援助项目之前,须在减贫战略文件中写进国别援助战略原则。自1999年以来,获得贷款的低收入国家在"战略减贫文件"中必须把减贫作为任何发展规划的重心,而且必须有私人部门和民间社会的充分参与。这是获得世界银行资金援助和其他援助的前提条件;在有些情况下,这也是未来债务减免的一项要求。

由于减贫在大多数中等收入国家中仍是一个十分重要的问题,所以,世界银行可通过国际复兴开发银行的贷款发挥作用。这通常意味着创造一种有利于吸引更多私人资本的投资环境,帮助制订有效和公平的社会支出方案,为建立人力资本和提供公平的经济机会创造条件。

世界上很大一部分穷困人口是生活在中等收入国家,这些国家一般可进入国际资本市场,但程度有限而且往往具有波动性。

世界银行的非贷款援助

对于可提高借款国发展能力的项目而言,借款国既可获得贷款,也可获得非贷款援助。世界银行的经济和部门工作是为了全面了解借款国的发展问题、对外融资的需要和外部资金的可得性以及对发展战略和捐款方的援助活动进行评估的分析框架。经济和部门工作的一个重要目标是事先找出让穷人能够直接受益的高收益的项目。

世界银行的经济和部门工作为借款国提供政策与公共支出咨询以及项目和其他业务的开发奠定了分析基础。

赠款是世界银行发展工作的有机组成部分。除通过国际开发协会提供赠款以外,世界银行还管理十几个赠款项目以及约850个捐款方的信托基金,每年支付的款项超过10亿美元以上。

紧急援助是世界银行在发生自然灾害或任何对经济有重大影响并需作出迅速反应事件的情况下提供的。这种援助的形式有多种多样。例如,世界银行可以制定一项恢复战略,对现有的贷款组合的结构进行调整来支持恢复工作。世界银行还发放迅速拨付的紧急援助贷款。如世界银行向非洲国家埃塞俄比亚、马拉维和赞比亚提供1.6亿美元的援助,帮助这些国家干旱后的恢复工作。世界银行还在2001年1月古吉拉特邦地震后向印度提供约6亿美元的贷款用于重建。

在实施防洪和森林防火措施方面,世界银行还设计了一些灾害管理项目。自20世纪80年代以来,世界银行还批准了500多项与灾害有关的业务,金额达380多亿美元。

防止发生冲突和冲突后的重建对于减贫至关重要。世界银行在这个领域中的作用要远远超过战后的基础设施重建。

执牛耳者——世界银行行长

世界银行行长是由世界银行的执行董事会选任。世界银行的《协定条款》没有明确规定行长的国籍，但常规上是由美国的执行董事提名的。根据一项长期的、非正式协定，世界银行行长为美国人，第一个任期为五年，第二个任期可以是五年，也可以少于五年。

世界银行的行长不仅是世界银行集团的行长，同时也是集团其他四个组织的总裁。

2007年6月25日，在华盛顿举行的世界银行执行董事会会议上，罗伯特·B.佐利克被一致批准任命为世界银行集团第十一任新任世界银行行长。当选后的罗伯特·B.佐利克是世行执行董事会主席以及组成世界银行集团的5个相关机构的行长。

出生于1953年的佐利克，1975年毕业于美国宾夕法尼亚州著名的斯沃斯莫尔学院。1981年，佐利克毕业于哈佛大学，获得哈佛大学法学院法学博士学位和肯尼迪政府学院的公共政策硕士学位，曾先后在美国政府内任职，并且在一系列重要的国际谈判中起了重要作用。

佐利克在经济和外交领域有着丰富的经验，这是他最终获得世界银行执行董事会通过的重要原因。

现任世界银行行长——罗伯特·B.佐利克

世界银行历任行长及任期

尤金·迈耶（1946年6月—1946年12月）

约翰·克劳伊（1947年3月—1949年6月）

尤金·布莱克（1949年—1963年）

乔治·伍兹（1963年1月—1968年3月）

罗伯特·麦克纳马拉（1968年4月—1981年6月）

阿尔登·克劳森（1981年7月—1986年6月）

巴尔伯·康纳伯（1986年7月—1991年8月）

雷维斯·普瑞斯顿（1991年9月—1995年5月）

詹姆斯·沃尔芬森（1995年6月—2005年5月）

保罗·沃尔福威茨（2005年6月—2007年6月30日）

罗伯特·B.佐利克（2007年7月1日—至今）

第二节 浪潮涌动——主权财富基金

1. 国家财富——主权财富基金的含义

主权财富基金又称"主权基金",主要是指掌握在一国政府手中用于对外进行市场化投资的资金。

主权财富,是相对应于私人财富而言的。它是通过国家特定的税收与预算分配、国际收支盈余和自然资源收入等方式积累形成的,由政府控制与支配的,通常以外币形式持有的公共财富。传统的主权财富管理方式被动保守,对本国与国际金融市场影响也非常有限。新设立的主权财富基金通常独立于中央银行和财政部,由专业的投资机构进行管理。近年来,主权财富得利于国际油价飙升和国际贸易扩张而急剧增长。于是,对主权财富的管理随之成为一个日趋重要的议题。在这种背景下,主权财富基金应运而生,发展势头迅猛,受到世界各国的广泛关注。

百 科 小 知 识

推陈出新——主权财富基金的由来

"主权财富基金"是2005年由国际投资银行领域创造出来的一个新名词。其实,这并不是一件新鲜事物。早在20世纪50年代,实际意义上的主权财富基金就已经出现了。

1953年,西亚国家科威特就利用石油出口收入成立了科威特投资局,投资于国际金融市场;1956年,西太平洋岛国——英属吉尔伯特群岛利用富含磷酸盐的鸟粪出口收入也创建了主权财富基金。当鸟粪资源消耗殆尽时,吉尔伯特群岛主权基金的投资组合价值已达到5.2亿美元,约为群岛年度国民生产总值的9倍。

主权财富基金不同于传统的政府养老基金以及那些简单持有储备资产以维护本币稳定的政府机构。它是一种全新的专业化、市场化的积极投资机构。

主权财富基金的主力并非是发达国家,而是一些因油价上涨获益匪浅的中东产油国和拥有大量外贸盈余的新兴市场国家。进入21世纪以来,主权财富基金数量快速增长,许多国家都相继设立了主权财富基金,包括一些发达国家和资源丰富国家,以及一些新兴市场国家和资源贫乏国家。其中,最引人注目的是阿联酋和中国。

20世纪90年代初,全球主权财富基金的规模只有约5亿美元。目前,全世界有36个国家和地区设立了主权财富基金,现有资金规模约为2.5万亿美元,而规模最大的主权基金是阿联酋阿布扎比投资公司,拥有资金总额已接近 9 000 亿美元。

从资金规模上来看,主权财富基金已经超过对冲基金和私募基金。预计到 2015 年,全球主权基金的规模将扩大到 12 万亿美元,几乎占到全球金融资产的 10%。

金融衍生——基金、对冲基金和私募基金

基金投资形式

基金是一种专家管理的集合投资制度。在国外,从不同视角分类,有几十种的基金称谓,如契约型基金、公司型基金、封闭型基金、开放型基金、股票基金、货币市场基金、期权基金和房地产基金等。在我国,金融市场中常说的"私募基金"或"地下基金",往往是相对于受我国政府主管部门监管的、向不特定投资人公开发行受益凭证的证券投资基金而言的。它是一种非公开宣传的、私下向特定投资人募集资金进行的一种集合投资。基本有契约型集合投资基金和公司型集合投资基金两种形式。

转移风险的对冲基金

对冲是一种旨在降低风险的行为或策略。对冲基金套期保值的常见形式是在一个市场或资产上做交易,以对冲在另一个市场或资产上的风险。

对冲基金起源于 20 世纪 50 年代初的美国。它也称做"避险基金"或"套利基金",意为"风险对冲过的基金",是指由金融期货和金融期权等金融衍生工具与金融组织结合后以高风险投机为手段并以盈利为目的的金融基金。它是投资基金的一种形式,属于免责市场产品。对冲基金名为基金,实际与互惠基金安全、收益、增值的投资理念有本质的区别。

对冲基金采用各种交易手段(如卖空、杠杆操作、程序交易、互换交易、套利交易、衍生品种等)进行对冲、换位、套头、套期来赚取巨额利润。

1949 年世界上诞生了第一个有限合作制的琼斯对冲基金。目前,全球对冲基金总资产额已经达到 1.1 万亿美元。当今世界著名的对冲基金有美国乔治·索罗斯的"量子基金"和朱里安·罗伯逊的"老虎基金"。

公私分明的私募基金

私募基金是相对公募基金而言的,以证券发行方法的差异(是否向社会不特定公众发行或公开发行证券)来界定公募和私募,称"公募证券"和"私募证券"。

所谓"私募基金",是指通过非公开方式,面向少数投资者募集资金而设立的基金。由于私募基金的销售和赎回都是通过基金管理人与投资者私下协商来进行的,因此它又被称为"向特定对象募集的基金"。

随着世界经济的飞速发展,主权财富基金数量与资产规模急剧膨胀,投资管理也更趋主动活跃。2006年底,全球主权财富基金管理的资产累计已达到约1.5万亿至2.5万亿美元。同时,资产分布不再是集中于"八国集团"(G8)定息债券类的工具,而是着眼于包括股票和其他风险性资产在内的全球性多元化资产组合,甚至扩展到了外国房地产、私人股权投资、商品期货、对冲基金等非传统类投资类别。主权财富基金已成为国际金融市场一个日益活跃且重要的参与者,市场影响力也在不断增强。

2009年的统计数据显示,2008年全球主权财富基金管理的资产已高达3.9万亿美元,比2007年增长18%。这些主权财富基金的主要资金来源是石油等资源类商品出口,总额为2.5万亿美元;此外,来自官方外汇储备、政府预算盈余、养老金储备和私营化的收入资金为1.4万亿美元。

百科小知识

富国俱乐部——八国集团

八国集团(简称"G8")是指世界八大工业国,即美国、英国、法国、德国、意大利、加拿大、日本和俄罗斯。严格地讲,它并非一个严密的国际组织,而是以往有"富国俱乐部"之称的经济利益体。在8个国家中,除俄罗斯外的其他7个国家是核心成员国,也就是以前的七国集团(简称"G7")。

世界经济的领跑者——"G8"

20世纪70年代,世界主要资本主义国家为共同解决世界经济和货币危机,在法国的倡议下召开由法国、美国、日本、英国、西德和意大利六国参加的最高级首脑会议,后来,加拿大和俄罗斯分别在1976年、1998年加入这个集团。从此,八国集团正式形成。

八国集团成员国的国家元首每年召开一次会议,即八国集团首脑会议,简称"八国峰会"。

2. 差之毫厘——主权财富基金与外汇储备的区别

主权财富基金与官方外汇储备都为国家所拥有,同属广义的国家主权财富。虽然它们的来源十分相似,但二者依然有着本质的区别:

(1)官方外汇储备反映在国家中央银行资产负债平衡表中;而主权财富基金则在中央银行资产负债平衡表以外,有独立的平衡表和相应的其他财务报表。

（2）官方外汇储备资产的运作和变化与一国国际收支和汇率政策密切相关，而主权财富基金一般与一国国际收支和汇率政策没有必然的、直接的联系。

（3）官方外汇储备资产的变化产生货币政策效应，即其他条件不变，央行外汇储备资产的增加或减少将通过货币基础变化引起一国货币供应量增加或减少；主权财富基金的变化通常不具有货币效应。

（4）各国央行在外汇储备管理上通常采取保守谨慎的态度，追求最大流动性与最大安全性；而主权财富基金通常实行积极管理，可以牺牲一定的流动性，承担更大的投资风险，以实现投资回报最大化目标。

3. 行业新军——国家主权财富基金投资公司

如今，对于主权财富基金管理，国际上通行的趋势是：把官方外汇储备的多余部分（即在足够满足国际流动性与支付能力之上的超额外汇储备资产）从中央银行资产负债平衡表分离出来，成立专门的政府投资机构——主权财富基金，或委托其他第三方投资机构进行专业化管理，使之与汇率或货币政策"脱钩"，追求最高的投资回报率。

新加坡政府投资公司是这一模式的先驱，中国投资公司已于 2007 年成立，注册资金 2 000 亿美元。

2009 年，美国主权财富基金研究所发布数据表明，截至 2008 年，世界上排名前五位的最大的主权财富基金分别是：

（1）阿布扎比投资局，所管理的资产为 6 270 亿美元。

（2）沙特阿拉伯的王室持有财富，所管理的资产为 4 310 亿美元。

（3）中国外汇储备管理局旗下的华安投资管理公司，所管理的资产约为 3 471 亿美元。

（4）挪威的国家养老基金，所管理的资产为 3 260 亿美元。

（5）新加坡政府投资有限公司，所管理的资产为 2 475 亿美元。

中国的另一支主权财富基金——中国投资有限公司以 1 900 亿美元的资产排名第八。

目前，最成功的是成立于 1974 年的新加坡淡马锡投资公司。2007 年淡马锡投资公司管理的投资组合净值已从成立之初的 3.54 亿新加坡元增加到 1 640 亿新加坡元，公司净值增加 460 多倍。其中，有 38% 的资产组合为金融类股权，投资项目的地域范围也从新加坡延伸到全球。

在我国，国家主权财富基金投资公司作为独立于国家外汇管理局的专门投资机构，主要通过采用更为活跃积极的投资管理方式，进行风险资产的最优组合，以获得比传统外汇储备管理更高的回报率。此外，国家主权财富基金投资公司的一个附属功能是代表国家对国有金融资产进行更有效的管理，帮助改善国有控股、参股金融机构的公司治理、内部管理与经营效率。

2007年9月29日中国投资有限责任公司（简称"中投公司"）正式在北京挂牌成立。作为国有独资公司，中投公司注册资本金为2 000亿美元，负责管理我国2 000亿美元的外汇储备。中投公司自2007年3月开始筹备，所从事的外汇投资业务以境外金融组合产品为主。中投公司董事会成员共11人，包括三名执行董事、五名非执行董事、一名职工董事和两名独立董事。

第三节　藏富天下——世界主要银行

1.闻名遐迩——花旗银行

花旗银行是世界著名的花旗集团下属的一家零售银行。它的前身是1812年6月16日成立的纽约城市银行。经过近两个世纪的发展、并购和组合，花旗银行已成为美国最大的银行，也是在全球近50个国家及地区设有分支机构的国际大银行，总部位于纽约。

花旗银行

20世纪90年代末，花旗银行的母公司及控股公司花旗公司与旅行家集团合并组成花旗集团。此后，花旗银行一直为花旗集团旗下的强势品牌。2005年，花旗集团控股的 12 家美国花旗银行的资产总额逾 9 000 亿美元,但并不包括花旗银行的海外机构。

鳌头独占——花旗集团

花旗集团是当今世界资产规模最大、利润最多、全球连锁性最高、业务门类最齐全的金融服务集团。它是由花旗公司与旅行者集团于 1998 年合并而成,并于同期换牌上市。

花旗集团作为全球卓越的金融服务公司,在全球 100 多个国家约为 2 亿客户服务,包括个人、机构、企业和政府部门,提供广泛的金融产品服务,从消费银行服务及信贷、企业和投资银行服务,以至经纪、保险和资产管理,非任何其他金融机构可以比拟。现汇集在花旗集团下的主要有花旗银行、旅行者人寿和养老保险、美邦等。

英国《银行家》杂志对世界前 1000 家银行 2002 年各项指标排名中,花旗集团以一级资本 590 亿美元、总资产 10 970 亿美元、利润 152.8 亿美元三项排名第一,盈利水平占 1 000 家大银行总盈利 2 524 亿美元中 6.1%。2003 年,花旗集团一级资本已达 669 亿、总资产 12 640 亿美元、利润 178.5 亿美元。

花旗银行大楼

昔日风采——"花旗"历史

在近 200 百年历史上,花旗银行有三个响当当的重要名字:花旗银行、花旗公司和花旗集团,它分别代表着花旗银行三个不同的历史时期。

花旗银行

"花旗银行"是中国人的戏称。1902 年,由于首次进入中国的这家美国银行门上每天都悬挂着一面美国国旗,所以中国人都称之为"花旗银行",100 年多来延续至今。

1812 年 7 月 16 日,军人出身的华盛顿政府第一任

花旗银行标识

财政总监塞缪尔·奥斯古德与纽约的一些商人合伙在纽约州注册创办了纽约城市银行。创建之初,纽约城市银行主要从事一些与拉丁美洲贸易有关的金融业务。

1865 年 7 月 17 日,按照美国国民银行法,纽约城市银行取得了国民银行的营业执照,更名为"纽约国民城市银行"。此后,纽约国民城市银行迅速发展成为全美最大的银行之一。

19 世纪末,纽约国民城市银行已经在美国的其他州和海外开设分行。同时,它也是第一个成立国际部的美国银行;1904 年,纽约国民城市银行第一个推出旅行者支票。

20 世纪初,纽约国民城市银行开始积极发展海外业务。1902 年,纽约国民城市银行在伦敦开设了它的第一家国外分行;1915 年,纽约国民城市银行已在拉美、远东地区和欧洲建立了 37 家分支机构。

1955 年,花旗银行是由纽约花旗银行与纽约第一国民银行合并而成。合并后,它改名为"纽约第一花旗银行";1962 年,纽约第一花旗银行改名为"第一花旗银行",1976 年 3 月,第一花旗银行正式更名为"花旗银行"。它包括:美国花旗银行、纽约城市银行、纽约第一城市银行、美国花旗公司、国际银行和万国宝通银行。而此时,花旗银行的资产急剧扩大,实力增强,地位迅速上升,成为当时美国第三大银行,资产规模仅次于美洲银行和大通曼哈顿银行。

花旗公司

在经济发达的美国,银行与证券业务有着严格的分业管理。根据美国银行法规定,商业银行不许购买股票,不允许经营非银行业务,分支行的开设也须有严格的限制。

1968 年,花旗银行成立银行控股公司以作为花旗银行的母公司。花旗银行把自己的股票换成控股公司——花旗公司的股票。经过这样一系列的"借壳"举措,花旗银行 99% 的资产就名正言顺地了花旗公司的资产。

数十年来,花旗银行一直是花旗公司的"旗舰银行"。20 世纪 70 年代花旗银行的资产始终占花旗公司资产的 95% 以上;直到 80 年代以后,这种情况才有所下降,但也保持在 85% 左右。

花旗公司共辖 13 个子公司,提供银行、证券、投资信托、保险、融资租赁等多种金融服务。按照当时法律要求,花旗公司的非银行金融业务所占比例很小。通过这一发展战略,花旗公司走上了多元化金融服务的道路,并在 1984 年成为美国最大的单一银行控股公司。

花旗集团

1998 年 4 月 6 日,花旗公司与旅行者集团宣布合并,合并组成的新公司称为"花旗集团",商标为旅行者集团的红雨伞和花旗集团的兰色字标。

旅行者集团的前身是成立于 1864 年旅行者人身及事故保险公司,一直以经营保险业为主。在成功收购了美邦经纪公司之后,它的经营范围扩大到了证券经纪、没资金融服务领域。20 世纪 90 年代末,旅行者集团又以 90 亿美元的价格兼并了美国著名的投资银行——所罗门兄弟公司,成立了所罗门·美邦投资公司,并已位居美国投资银行第二位。

后来,花旗公司与旅行者集团合并组成的花旗集团,成为美国第一家集商业银行、投资银行、保险、共同基金、证券交易等诸多金融服务业务于一身的金融集团。合并后的花旗集团总资产达 7 000 亿美元,净收入为 500 亿美元,在 100 个国家有 1 亿客户,拥有 6 000 万张信用卡的消费客户,从而跃居世界规模最大的全能金融集团行列。

历经近两个世纪的开拓发展,花旗集团已经成为全球最大的金融服务机构,资产达 1 兆美元,在全球雇有 27 万名雇员,为超过 100 多个国家约 2 亿的消费者、企业、政府及机构提供品种繁多的金融产品及服务,业务涵盖消费者银行和信贷、企业和投资银行、保险、证券经纪及资产管理服务等领域。以"红雨伞"为标志的花旗集团旗下的主要品牌包括:花旗银行、旅行家集团、所罗门·美邦和诸多金融服务公司。2001 年,集团的核心收入达到 146 亿美元,为全球盈利最高及财政最稳健的公司之一;股本总值达 880 亿美元,一般回报率为 20%。从 2001 年开始,在《商业周刊》评选的全球 1 000 家公司排名中,花旗集团连续两年名列第 5 位;在全球金融界,它蝉联第一。

全球战略——花旗银行的业务范围

作为唯一一家推行全球业务战略的银行,花旗银行不仅为遍及 56 个国家的 5 000 万消费者提供服务,还为近 100 个国家为跨国、跨区及当地的企业客户服务。

在全球金融领域内,花旗银行已成为金融服务的世界品牌。它的主要的业务范围包括:

(1)电子银行业务。

在一年每一天的 24 小时内,客户都可通过花旗银行的计算机、自动柜员机或电话银行得到安全而便捷的服务。

(2)信用卡业务。

花旗银行是全球最大的信用卡发行机构。在世界范围内,花旗银行的信用卡客户都可通过花旗银行发行的信用卡,或花旗银行与其他知名机构共同发行的信用卡满足自己的消费需求,并适应不同的财务状况。

(3)私人银行业务。

在世界上的 32 个国家,花旗银行从事私人银行业务的员工可通过银行的人才、产品及策略网络,让客户获得全球投资组合的第一手资料,花旗银行还可协助客户寻求投资机会及识别投资风险。

(4)新兴市场业务。

花旗银行在新兴市场服务客户接近 100 年,源远流长,取得了长足的发展。因为花旗银行就像一家当地商业银行一样,持有营业执照,了解当地市场,并拥有训练有素的当地雇员,配合着跨区域性的优势向客户提供世界水平的银行服务,这是花旗银行与众不同的优势。

(5)企业银行业务。

花旗银行在 100 多个国家与全球性、区域性和地方性公司客户进行互利合作。它在世界各地的市场所涉及的深度和广度是企业银行业务的基石。无论是在国内,还是在世界任何地方,客户均可得到花旗银行优质的服务和专业的建议。

(6)跨国公司业务。

花旗银行同许多著名的跨国公司之间有着成功的合作,这是基于花旗银行数十年来所积累的业务关系和经验。而花旗银行的目标是将花旗银行的产品和服务推向全世界。

数字花旗——花旗银行在中国

20 世纪初,花旗银行进入中国。1902 年 5 月,花旗银行在上海开设了第一个在华分行,标志着美资银行首次在中国开业。

花旗银行上海浦西支行

如今,花旗银行已是中国顶尖外资银行,为客户提供最广泛的金融产品。目前,花旗银行分别在北京、上海、广州、深圳、大连、天津设立企业与投资银行分行;在上海和北京设立个人银行营业网点;在厦门和成都设有代表处;中国区总部也设在上海。作为花旗集团在全球 100 多个国家网络的一部分,花旗银行是中国最具全球性的外资银行。

花旗银行在中国主要为跨国公司、合资企业、本地企业和个人提供广泛、多样的金融服务。花旗银行通过不断创新,始终站在行业发展的前沿。

1994 年,花旗银行成为中国首家提供 24 小时人民币自动提款和账户余额查询服务的外资银行。

1997 年和 1999 年,花旗集团分别在上海和深圳设立分行,成为首批获准从事人民币银行业务的外资银行。

1999 年 6 月,花旗银行引进全新的银行专业售后服务理念"花旗服务",为客户提供更为系统和有效的服务;并于 2001 年成为首家在中国获得 ISO9002 证书认证的外资银行。

作为中国首家外资银行,花旗银行在 1999 年 7 月正式加入上海自动取款和销售终端网络,实现花旗银行借记卡可在上海约 1 500 台自动取款机提款。

2002 年,《亚洲货币》杂志资金管理民意调研中,花旗银行资金管理服务荣登榜首。

2002 年 3 月,花旗银行作为中国首家独资外资银行率先获得向中国国内居民和企业经营外汇业务许可。同年,花旗银行成为上海证券市场 B 股美元清算的唯一外资银行以及中国外汇交易中心美元清算的主要银行。

2003 年 3 月,花旗银行获得中国人民银行、中国证监会和国家外汇管理局的批准,成为在中国首批获得合格境外机构投资者托管业务资格的外资银行之一。

2003 年 6 月,花旗银行成为首家在华推出个人外汇投资产品"优利账户"的外资银行。

2003 年 8 月,花旗银行被授予"中国最受青睐的外资银行"和"中国受欢迎的资金管理银行"。

2004 年 2 月 4 日,花旗银行与上海浦东发展银行合作的首张信用卡发行。这张由上海浦东发展银行发行的信用卡是中国首张有外资银行提供技术支持并参与管理的双币种信用卡。

2004 年 6 月 3 日,花旗银行成为首家在华开设财富管理中心的外资银行,花旗财富管理中心在上海新天地落户开张;首批获得金融延伸产品的外资银行之一——花旗银行成为首批获中国银监会颁发的金融衍生产品业务牌照,在中国开展风险管理和金融衍生业务,并被《资产》杂志评为 2003 年"中国最佳外资银行"。

在可持续发展方面,花旗集团为中国的经济发展作出了突出贡献,主要体现在教育、金融教育、小额信贷等具有很大潜力的领域。花旗银行通过赞助奖学金、组织学术和项目交流,让员工、志愿者和教授应用银行课程;花旗银行与中国许多重点大学和学院及非政府盈利机构建立了长期合作的关系;同时,它还通过捐赠等方式,与一些著名非政府机构和非盈利性组织建立了良好的合作关系。

20世纪90年代以来,花旗集团一直支持中国的高等教育,在中国主要大学设立"花旗银行奖学金和奖教金",致力于培养中国未来的金融业专业人才。

2004年11月,花旗集团资助150万美金帮助建立中国小额信贷促进网络和小额信贷培训中心,以期支持小额信贷行业在中国持续、深入地发展。

花旗集团拓展与复旦大学管理学院的关系,成立了"复旦——花旗管理研究中心",提供网络远程教学的必要设施,聘用海内外教授任"花旗座席教授"。

花旗集团与中国社会科学院扶贫基金会以及中国其他的机构建立伙伴关系,通过一项向"孟加拉乡村托拉斯"小额信贷机构为期三年的130万美元的捐款,支持中国发展小额信贷业务,帮助中国中西部地区的贫困妇女脱贫。

花旗集团长期赞助中国人民对外友好协会,对教育培训、环境保护等计划提供支持,这些项目引起了社会的极大关注。

花旗集团投入支持世界资源研究所在中国一项名为"新风险"的项目,致力于培养中国的可持续发展中小企业。

花旗集团资助美国自然保护协会在中国云南省开展能源节省项目,预计在未来5年能降低75%的木燃料消耗。

2. 富甲一方——瑞士银行

美丽的欧洲小国瑞士是世界上最富有的国家之一。在瑞士,人们引以为豪的是闻名世界的钟表和银行。

瑞士是全球名副其实的"银行王国"。瑞士经济的高度发达在很大程度上取决于瑞士和其他国家经济的紧密联系。银行产业是瑞士第一大支柱产业,它集中了全球个人资产的大约75%。瑞士法郎是世界最有价值的货币之一。瑞士的银行管理着全球

瑞士银行

1/3到1/4的国际投资私人财富,约有3.3万亿多瑞士法郎(2.75万亿美元),其中60%的资产来自于世界其他国家。所以,在私人银行服务和财富管理两大金融领域,瑞士银行占有极大的市场份额。有人曾形象地比喻:"风向正确时,走在瑞士的城市角落间,一不留神随时可以嗅到钞票气味。"

瑞士是全球最大的离岸金融中心，规模已超过伦敦、纽约和法兰克福，占有35%的市场份额，被公认为国际资产业务管理的全球领导者。2004年底，瑞士人均金融资产超过16万欧元，岸金融资产总计超过1万亿欧元。瑞士银行持有全球30%的离岸货币，总额接近2万亿欧元。

瑞士的金融产业创造了瑞士国民生产总值的14%，银行产业对国民经济的贡献率是同属于金融强国的德国、法国和美国的两倍。银行产业还是瑞士劳动生产率最高的产业，集中了瑞士超过3%的劳动力，并创造了占瑞士国内生产总值的10%以上的产值，人均产出超过35万欧元，比瑞士国内平均劳动生产率高出3倍以上。

瑞士银行业以严格完善的保密制度闻名于世。瑞士的中立国家地位、稳定的政经环境、讲求效率和品质保证的银行服务、高度负责的金融法令和措施，使它成为全球富豪趋之若鹜的存款地点。

作为全球资产规模最大的金融产业，瑞士银行业信誉卓著。瑞士银行有一套独特的银行保密制度，为客户提供高度专门的私人银行服务和绝对守密的保障服务。世界各国政要、商界名流和演艺明星都喜欢把存款存放瑞士银行，因而瑞士银行又有"避税天堂"之称。

美观实用——瑞士银行独特的保险箱

瑞士银行的保险箱在世界上是独一无二的，它和瑞士银行一样赫赫有名。

瑞士银行的每一个保险箱都只配有一把钥匙，通常也存在一把后备钥匙。

右图是瑞士联合银行在1923—1934年广泛使用的保险箱锁头。这个锁头看起来与普通银行的双重锁无异。但它有两个锁眼，相对应的是两把钥匙：一把是提供给客户的钥匙，一把是供银行留存的钥匙。实际上，在这个保险箱锁头里面还隐藏了第三个锁眼，只有用特制的钥匙才能开启。这第三个锁眼将锁牢牢固定在保险箱上，即使开启了锁头，也无法将锁从保险箱上取走，这样就有效地防止了偷锁复制钥匙的可能性。

瑞士银行保险箱的锁头由黄铜制成，坚固耐用。无论历经多少岁月，只要仔细擦拭，在灯光照射下，从各个角度依然都能看到它反射出的耀眼光芒。

最美丽的保险箱是瑞士联邦银行托管箱，它已有90多年的悠长历史了。瑞士联邦银行的托管箱一直不对外租用。托管箱里可以放价值连城的奇珍异宝，也可以放司空见惯的巧克力。至于里面究竟有什么，只有天知道。

瑞士银行保险箱的锁头相当坚固，可以抵抗炸弹。但它仅重1.35千克，女士也可轻易提起。

瑞士银行的保险箱简洁实用，锁眼都是激光切割，每把锁都独一无二。

事实上，"瑞士银行"只是笼统意义上的概念，广义上的"瑞士银行"是瑞士境内大大小小约 300 多家银行的总称。

和其他国家相比，瑞士的银行系统更为清晰和规范。瑞士的银行体系由州立银行、大银行、地方和储蓄银行、信用合作银行和包括外资银行在内的其他银行组成。

瑞士的国家银行是瑞士中央银行，银行业主要的行业组织是瑞士银行家协会。在瑞士银行业中，占统治地位的 5 家私营大商业银行是：瑞士联合银行、瑞士银行公司、瑞士信贷银行、瑞士沃克斯银行和莱尤银行公司。在瑞士的融资投资项目方面，州立银行、地区性银行等也扮演着重要角色。24 家州立银行占国内市场 30% 的份额。

2004 年，瑞士全国银行总数达 338 家。其中，最具代表性的银行有 4 家，它们是：瑞银集团、苏黎世州银行、瑞士信贷第一波士顿银行和瑞士信贷。根据 2005 年的资产负债总额计算，瑞士最大的州立银行是苏黎世州银行，其次是沃州银行和伯尔尼州银行。

20 世纪 90 年代，支撑瑞士整个金融业的"大银行"进行了两次重量级的"大象联姻"：1993 年瑞士信贷银行与民族银行合并、1997 年瑞士联合银行（UBS）与瑞士银行公司（SBC）合并。如今，瑞士的"大银行"仅存瑞士联合银行集团和瑞士信贷集团两家，它们的营运规模已占了瑞士银行领域的 60%。

独领风骚——瑞银集团

"瑞银集团"是"瑞士联合银行集团"的简称，也是现今瑞士最大的银行。1998 年 6 月，瑞士联合银行（UBS）与瑞士银行公司（SBC）两大银行合并完成后，瑞士联合银行集团的董事会首先完成了对业务部门的改组，将银行的业务部门划分成私人和公司客户管理、资产管理、私人银行、投资银行和私人产权等 5 大部门。

合并后的瑞士联合银行是一家既有悠久的历史传承，又有崭新品牌形象的瑞士联合银行集团（UBS AG）。新瑞士联合银行集团的总资产达到 1 万多亿瑞士法郎，全世界的雇员接近 5 万人，有 95 个分行分布在全球 50 多个国家。

瑞银集团是著名的金融服务企业，也是世界最大的资产管理企业和最大的投资担保

瑞银集团

银行。在私人服务方面,它处于领先地位,为 400 多万个客户提供优质服务。

2001 年底,瑞银集团总资产达到 1.18 万亿瑞士法郎,资产负债表外管理资产超过 2.0 万亿瑞士法郎;2002 年,它的银行净利润突破 35 亿瑞士法郎。

瑞银集团为广大的客户提供一系列的产品和服务。它的核心服务是资产管理、投资担保、科学研究以及商业零售服务。

瑞银集团由瑞银华宝、瑞银机构资产管理与瑞银瑞士私人银行三大分支机构组成。目前,瑞银机构资产管理拥有的客户资产超过 1 万亿美元。

瑞银集团是瑞士银行业中的佼佼者。2002 至 2006 年,它被《金融亚洲》杂志连续五年评为“亚洲最佳私人银行”;2004 至 2007 年,它被权威杂志《欧洲货币》连续四年评为“全球最佳私人银行”。

瑞银集团还获得《全球投资者杂志》环球股票类别“2005 年度卓越投资大奖”;它被《南华早报》和标准普尔联合评为香港地区近五年“最佳基金管理公司”,并荣膺“2005 年度香港、日本、瑞士理柏最佳基金奖”。

三大板块——瑞银集团的业务

瑞银集团的业务主要包括财富管理、投资银行及证券和资产管理三大部分。

在财富管理方面,瑞银是全球领先的财富管理机构。集团拥有超过 140 年的财富管理经验和遍布全球的庞大网络;在美国,瑞银集团是最大的私人银行之一。

瑞银财富管理业务主要是为高端客户提供量身订造的全面服务,业务涵盖资产管理到遗产规划、企业融资顾问和艺术品投资服务等。

在投资银行和证券方面,瑞银集团在股票、股票挂钩和股票衍生产品方面(包括一手和二手市场)稳居世界领导地位,在各主要的业界排行榜上长期高居前列位置;在固定收益方面,瑞银集团在业内业遥遥领先;在外汇业务方面,瑞银集团在全球多个主要的业界排行榜上名列前茅;在投资银行业务方面,瑞银集团为世界各地的企业客户提供顾问服务及执行能力,所有业务都是以客户为中心,提供创新的产品、高质量的研究和进入全球资本市场的渠道;同时,瑞银集团还是首屈一指的资产管理机构,它为世界各地的金融中介机构及机构投资者提供多种传统及另类投资管理方案。

瑞士之所以形成庞大的银行产业和享有全球金融中心的地位,实际上主要是靠瑞银集团来支撑的。在瑞士国内,瑞银银行的资产和负债均接近瑞士整个银行业资产和负债的 40%,雇员数占银行雇员总数的 30% 以上;在国际上,瑞银集团是全球最大的私人银行、全球最大的外汇交易商、全球最大的资产管理商,在全球商业银行和投资银行领域的地位更是今非昔比,如日中天;在很多方面,瑞银集团就是瑞士银行产业的象征和代名词。

百 科 小 知 识

"天堂保护伞"—— 瑞士银行保密制度

瑞士是世界上有名的中立国。瑞士银行的保密制度产生于1713年,已沿用了近3个世纪。1934年,瑞士制定了西方第一部银行保密法,造就了它无敌的吸金魅力,全球有四分之一的个人财富,就聚集在这个阿尔卑斯山麓的小国里。瑞士也一举成为世界上吸收离岸财富最多的国家。

"世界保险箱"——瑞士银行一角

瑞士的银行保密法规定,瑞士银行一律实行密码制,为储户绝对保密;银行办理秘密存款业务的只限于二至三名高级职员,禁止其他工作人员插手过问;对于泄漏存款机密的人给予严厉处罚:监禁6个月和罚款2万瑞士法郎或更重的处罚。保密法还规定,任何外国人和外国政府,甚至包括瑞士的国家元首和政府首脑以及法院等都无权干涉、调查和处理任何个人在瑞士银行的存款,除非有证据证明存款人有犯罪行为。

早在古希腊时期,类似瑞士这种典型的国际避税港就已见雏形。在漫长的历史演进过程中,这一为全世界金融"黑洞"提供庇护的经济保密制度在瑞士、列支敦士登、卢森堡、英属维尔京群岛等43个国家和地区逐步繁荣壮大起来。

按照国际经济组织的定义,税收优惠政策与保密制度是判断一个国家或地区能否被视为避税天堂的两个先决条件。加勒比海及太平洋地区的不少岛国以及众多欧洲小国——摩纳哥、列支敦士登、安道尔、诺曼底群岛等因此均被视为典型的"避税天堂"。

3. 历史悠久——渣打银行

　　渣打银行又称"标准渣打银行"或"标准银行",成立于1853年。它是一家总部设在伦敦的英国银行。

　　渣打银行在全球拥有1 400多家分支机构,遍布世界56个国家,业务范围主要集中在亚洲、印度次大陆、非洲、中东及拉丁美洲等新兴市场,因此它在发展中国家的银行业中拥有举足轻重的地位。

　　渣打银行的业务重点是亚洲和非洲市场。相反,它在英国本土的客户却比较少。数据显示,2004年渣打银行利润的30%来自于我国香港地区。

　　渣打银行的母公司是世界闻名的英国渣打集团有限公司,它不仅是英国伦敦证券交易所和香港交易所挂牌的上市公司,也是伦敦金融时报100指数成分股之一。

渣打银行

　　在我国香港,渣打银行和中国银行(香港)、汇丰银行并称香港资深的三家发钞银行。

　　渣打银行的主要业务包括零售银行服务和商业银行服务两大类。它的零售银行服务涵盖了按揭、投资服务、信用卡及个人贷款等诸多项目;商业银行服务主要体现在现金管理、贸易融资、资金及托管服务等方面。

渣打银行在香港发行的货币

　　现在的渣打银行是由两家英国海外银行合并而成。它们是英属南非标准银行和印度—新金山—中国渣打银行。

　　在世界银行发展史上,渣打银行是一家历史悠久的英国银行。1853年,渣打银行在维多利亚女皇的特许下建立。1858年,渣打银行在印度的加尔各答开立第一家分行,同年孟买以及上海两地分行紧随其后开设。第二年,香港分行和新加坡分行分别成立。

渣打银行标志

　　在非洲,英属南非标准银行于1863年在南非伊丽莎白港开业。随后20年间,标准银行又在非洲开设多家分行,但部分因经营困难而被迫关闭。到20世纪50年代中期,标准银行在非洲已拥有约600分行及办事处。60年代,标准银行在与原英属西非银行合并后,它的业务网络得了充分扩张。它拥有了英属西非银行在尼日利亚、加纳、塞拉利昂、喀麦隆和冈比亚的分行。

20 世纪初期,渣打银行成为第一家获准在美国纽约开展业务的外国银行。50 年代末,渣打银行收购了东方银行,从而获得了东方银行在亚丁(也门)、巴林、贝鲁特、塞浦路斯、黎巴嫩、卡塔尔和阿联酋的分行网点。

20 世纪 60 年代末,标准银行和渣打银行合并,成立了标准渣打股票上市公司。随后,它收购了英国的霍奇集埚和华莱士兄弟集团。自此,成立上市的渣打银行分支机构遍及欧洲、阿根廷、加拿大、巴拿马、尼泊尔和美国。

在后来的扩张过程中,渣打银行成功收购了包括加利福尼亚联合银行在内的三家美国银行,使得渣打银行获得了进入巴西和委内瑞拉的机会。20 世纪 90 年代,渣打银行继续向外扩张,它分别在越南、柬埔寨、伊朗、坦桑尼亚和缅甸开设新的分支机构。

进入新世纪以来,渣打银行全球扩张的势头依然强劲。2004 年 10 月,渣打银行收购了印度尼西亚普玛塔银行的 51% 股权,并在后来将持股比例提高到62.2%。2005 年,渣打银行收购了韩国第一银行,易名为"渣打第一银行"。

2006 年 3 月,新加坡国有投资公司——淡马锡控股收购了渣打银行的 1.52 亿股份,占渣打股权的11.55%,成为渣打的大股东。

老树新枝——渣打银行在中国

渣打银行是最早在中国设立分行的外资银行之一,并且从未中断过在中国内地的业务运营。

1858 年,渣打银行在中国上海成立第一家分行,成为国内历史最悠久的外资银行。新中国成立后,渣打银行得到允许继续留在上海营业,并应新政府的要求协助打开新中国的金融局面。

渣打银行在中国

20 世纪 50 年代,渣打银行对中国的贷款业务着重在化学及钢铁工业领域。改革开放后,渣打银行率先重建在中国的服务网络。加之已有的上海分行,渣打目前已在中国多个城市设立网点,成为在华网络最广的外资银行。

2006 年 11 月 16 日,渣打银行向中国银监会递交了筹建内地子银行及个人人民币业务牌照的申请。

2007 年 3 月 27 日,渣打银行(中国)有限公司成为中国第一批外资本地法人银行。

2008 年 10 月,渣打银行在中国内地共有 15 家分行、30 家支行和 2 家代表处。各分行分别位于上海、北京、天津、南京、广州、深圳、珠海、厦门、成都、苏州、青岛、重庆、大连、杭州和南昌。在北京、上海、深圳、天津、南京、苏州、重庆、成都、广州、厦门和珠海设有支行网点。在大连、宁波两地设有代表处。

4. 艨艟巨舰——巴克莱银行

著名的巴克莱银行是英国最大商业银行之一,它成立于1862年。1917年,巴克莱银行改用现名,总行设在伦敦。1998年,巴克莱银行的总资产达到了3 652亿美元,迈入世界大银行之列。2000年,巴克莱银行的税前营业收入达到了8亿多英镑,股票总价值达20亿英镑。

巴克莱银行也是世界上最大的跨国银行之一。它是继汇丰银行之后的英国第二大银行公司,在全球约60个国家经营银行业务,包括所有的金融中心;仅在英国,巴克莱银行就设有2 100多家分行。2007年4月,巴克莱银行的集团客户已多达4 700万,集团旗下拥有员工21.7万人;其中,银行业内全球雇员达7万多人,有52 300名在英国国内工作。

巴克莱银行主要从事经营消费和公司银行、信用卡、抵押贷款、代管及租赁业务等重点业务,同时,它还提供私人银行业务。

在业务方面,巴克莱银行通过银行网点、自动取款机、电话、互联网向英国的个人客户和小型商业部门、非洲的一些集团公司提供一系列的服务。除此之外,巴克莱银行还为全世界富裕的人们提供财产管理服务,特别是投资、资产评估、长期金融计划等业务。

巴克莱银行分支机构

目前,巴克莱银行集团拥有巴克莱国际银行、巴克莱金融公司等多家子公司。在国际上,巴克莱银行设有多家分支机构,并致力投资于西班牙、百慕大、比利时等地的大银行,形成庞大的国际银行财团;在国内,巴克莱银行以英国为中心,提供金融服务,主要业务集中在银行业和投资业;它还与造船、航运、机器制造等产业及报业托拉斯关系密切。

巴克莱银行标志

如今,巴克莱银行的企业品牌在"2006年度世界品牌500强"排名中跻身第344位;它在《巴伦周刊》公布的"2006年度全球100家大公司受尊重度"排行榜中名列第 47 位。它还在"2007 年度《财富》全球最大 500 家公司"排名中暂列第 83 位。

漫漫长路——巴克莱银行的发展之路

作为享有盛名的世界级大银行,巴克莱银行的成长之路有着悠久的历史渊源。17 世纪晚期,世界金融中心之一的伦敦到处是银行家的乐园。英国人约翰·弗瑞和他的合作者托马斯·高德创立了一家银行,主要为皇家和商人提供资金。这是巴克莱银行的前身。直到 1736 年,这家银行的名字开始以约翰·弗瑞的女婿詹姆斯·巴克莱来命名。1896 年,由巴克莱、贝文、特里顿、兰萨、布尔弗里公司等银行合并,成立了巴克莱公司股份银行。以后,巴克莱银行不断地兼并其他银行,规模越来越大。1917 年,巴克莱银行改为现在的名字,开始经营广泛的金融业务,包括票据交换、投资、保险、租赁、出口信贷、财产管理等,新的银行的营业网得到了迅速的扩展。

巴克莱银行是伦敦有名的六家票据交换银行之一。1918 年,巴克莱银行与伦敦地区银行和西南银行合并,成为英国最大的五家银行之一。1925 年,巴克莱银行开始在世界范围内进行业务扩展,拥有巴克莱银行股份的殖民银行、英国—埃及银行、南非国家银行进行了合并,新的巴克莱银行的业务活动主要在非洲、中东地区和西印度地区开展。1954 年,银行的名称更改为"巴克莱银行 DCO",以适应变化的经济和政治形势。1966 年,巴克莱银行在英国首先发行信用卡。

20 世纪 80 年代,巴克莱银行进军美国市场,成为华盛顿担保和交易数目最大的外国银行,提高了它在纽约的市场份额。随后,巴克莱银行成为在日本东京股市上市的第一家英国银行,它的股票紧接着也在纽约股票交易所成功上市,并成立了新的投资银行。这一系列紧锣密鼓的战略举措加速了巴克莱银行在国际上的飞速发展。90 年代末,巴克莱银行的商业银行与投资银行合并,进行了重组,形成了今天的巴克莱资本银行。

2008 年 9 月,巴克莱银行收购了雷曼兄弟公司的部分业务,交易额约 13.5 亿美元,包括雷曼兄弟在纽约市曼哈顿的办公大楼。

5. 笑傲江湖——美洲银行

美洲银行也叫"美国银行",是美国美洲银行的简称,它的全称是"美洲国民信托储蓄银行"。美洲银行是加利福尼亚财团控制的一家单一银行持股公司,创建于 1968 年 10 月 7 日,总部设在旧金山。

目前,以资产计算,美洲银行是美国第一大商业银行。2006 年,美洲银行跻身世界第三大公司。2007 年美洲银行的年营业额达到 1 100 多亿美元,净利收入达140 多亿。截至 2009 年,美洲银行在全球拥有员工员工数员工数 17 万多人。

美洲银行拥有美国最大的全国性零售网络，它业务收入的 85% 来自于美国本土。在美国，美洲银行服务于上万个个人客户和小型企业，拥有超过 5 700 个零售银行办事处、超过 17 000 部自动取款机和拥有 2 100 万用户的网上银行。它庞大的分支机构网络几乎复盖了美国所有人口众多的大城市。

美洲银行还是美国第一小型企业信贷银行和第一个向少数族裔开办的小型企业提供贷款的银行。在发展过程中，美洲银行还与几乎所有的美国财富 500 强企业和 80% 的世界 500 强企业建立了业务关系。近几年，美洲银行不但在全美范围内建立和发展了数以万计的银企关系，而且它还通过几次大规模的兼并实现了快速扩张。

美洲银行

2004 年，美洲银行兼并富利波士顿金融公司；2005 年 6 月，它入股中国建设银行，并以 350 亿美元收购了世界最大的独立信用卡发行商——美信银行。

百科小知识

为什么在中国注册的美洲银行机构被称做"美国银行"？

2002 年 8 月，美国第一大银行——美国美洲银行将它在中国内地注册的中文名"美国美洲银行"正式更改为"美国银行"。从此，美洲银行在全球统一使用这一中文名。

20 世纪 80 年代初，美洲银行在北京开设第一个代表处时，被命名为"美国银行"。由于当时担心公众可能会把"美国银行"误认为美国中央银行，产生歧义。因此，美洲银行使用了"美国美洲银行"这一中文名字，而美国的中央银行是美联储。现在，美洲银行又将在中国注册的银行机构改回"美国银行"这一称谓。

风雨前行——美洲银行的发展史

美洲银行前身是 1904 年由意大利移民创立的意大利银行。成立初期，意大利银行主要经营太平洋沿岸各州意大利移民的存放款业务，以后逐渐吸收中下阶层的存款，并对中小企业提供抵押贷款和发放消费信贷，业务迅速发展。20 世纪 20 年代，意大利银行就已经成为美国西部最大的银行。1927 年 3 月 1 日，意大利银行以意大利国民信托储蓄银行名义取得国民银行执照。1929 年，意大利银行与加利福尼亚的美洲银行合并，改名为"美洲国民信托储蓄银行"，简称"美洲银行"。

美洲银行是战后新兴的加利福尼亚财团的金融核心。为适应竞争和发展需要,1969 年 4 月,美洲银行建立了单一银行持股公司——美洲银行公司。美洲银行公司和美洲银行的最高权力机构,是由两家共同设立的一个董事会。董事会下设执行、审计和检查、综合信托、公共政策、雇员福利审计、人事工薪报酬执行、提名等委员会。美洲银行还有自己的管理委员会和管理顾问理事会。

截至 20 世纪 80 年代,美洲银行在美国国内外的分行已有 1 204 个,附属机构和联枝机构约为 800 个;此外,它在国外还有专营公司银行业务的机构和代表处 27 个,海外机构遍及 77 个国家和地区。

2008 年,由于金融海啸席卷而来,9 月 14 日,美国银行与美林达成协议,以 440 亿美元将美林收购,组成全球最大的金融服务机构。

涉猎广泛——美洲银行的业务范围

美洲银行的核心业务分为四个基本的业务单元:个人与小企业业务、大公司与机构的金融服务、资本市场与投资银行、财富与投资管理业务。其中,个人与小企业业务即零售业务单元是美洲银行盈利的最大一个部分。美洲银行所从事的业务基本上都被标准化,这与其他银行的业务选择截然不同。

美洲银行的业务范围包括:

(1)消费银行业务。为消费者个人办理储蓄、支票账户、分期贷款、不动产贷款、信托账户以及发放家庭用卡等。

(2)商业银行业务。提供商业贷款、金融管理、租赁设备、农业贷款以及仓库设施、存款单、贸易和出口融通资金、办理股票过户、利润分成基金和个人资金管理等。

(3)银行信托业务。由银行信托部提供的服务,包括养老金、利润分成基金、公司年金的管理以及提供咨询、对小型投资者提供有价证券的具体指导等业务。

(4)政府银行业务。对州和地方政府提供咨询服务、保护政府债券市场等。

(5)专门为军事服务的银行业务。第二次世界大战期间,加利福尼亚州是美国重要的军火生产中心,战争给美洲银行带来了巨额利润。战后,加利福尼亚州成为飞机、导弹、火箭和宇宙空间军火工业的主要生产基地,为美洲银行的金融活动提供了十分有利的条件,加速了美洲银行的发展和扩张。与此同时,美洲银行还积极向服务地区和市场多样化方面开拓业务,吸收国内外存款,并大力向国外扩张,资产进一步扩大。

第四章　物是人非——金融故事

　　银行作为社会发展和进步的一种不可或缺的特殊元素,伴随人类经济活动的跌宕起伏,走过了世纪的年轮。在经历了"丑小鸭"到"白天鹅"似的凤凰槃涅后,近代银行体系横空出现,完善和开创了这一行业渐入佳境的时代先河。

　　无限风光在途中,银行漫长曲折的发展轨迹饱含了太多的关于人和事的银行故事:有荆棘,有成功;有辉煌,有失败。有流金的岁月,也有如歌的往事,更有置之死地而后生的致命危机……

第一节　地球"流感"——金融危机

1. 掩耳盗铃——1995 年巴林银行事件

　　1995 年 2 月 27 日,英国中央银行突然宣布:巴林银行不得继续从事交易活动并将申请资产清理。这个消息让全世界震惊,因为这意味着具有 233 年历史、在全球范围内掌管 270 多亿英镑的英国巴林银行宣告破产。具有悠久历史的巴林银行曾创造了无数令人瞠目的业绩,雄厚的资产实力使它在世界金融史上具有特殊的地位。

　　1793 年,弗朗西斯·巴林爵士创建了巴林银行。由于巴林银行善于经营,富于创新,很快就在国际金融领域获得了巨大成功。

　　巴林银行的业务范围十分广泛。从刚果的铜矿开采、澳大利亚的羊毛贩运、巴拿马运河挖掘,巴林银行都可以为它们提供大量的项目贷款。但巴林银行又不同于别的普通商业银行:它不开发普通客户的存款业务。因此,巴林银行的资金来源比较有限,只能靠自身的力量来谋求生存和发展。

　　1803 年,刚刚诞生的美国从法国手中购买南部的路易斯安纳州时,所用资金就出自巴林银行。1886 年,巴林银行发行"吉尼士"证券,购买者手持申请表如潮水一样涌进银行,后来不得不动用警力来维持。20 世

巴林银行

纪初,由于巴林银行的卓越贡献,巴林家族先后获得了英国皇室的五个世袭的爵位,从而奠定了巴林银行声名鹊起的显赫地位。

1989年7月,尼克·里森正式到巴林银行开始工作。他很快取得了到印度尼西亚分部工作的机会。由于他富有耐心和毅力,又善于逻辑推理,做起工作来有声有色。因此,伦敦总部对尼克·里森在印尼的工作也相当满意。1992年,巴林总部委派里森到新加坡分行成立期货与期权交易部门,并出任总经理。

1992年,尼克·里森在新加坡任期货交易员时,巴林银行原来有一个"99905"号"错误账户",专门处理交易过程中因疏忽所造成的错误。这年夏天,伦敦总部全面负责清算工作的哥顿·鲍塞要求尼克·里森另外设立一个"错误账户",记录较小的错误,并自行在新加坡处理,以免麻烦伦敦的工作。于是,五位数的"88888"号"错误账户"便诞生了。

几周之后,伦敦总部要求新加坡分行按照原来规矩行事,所有的错误记录仍由"99905"号账户直接向伦敦报告。"88888"号"错误账户"刚刚建立就被搁置不用了,但它却成为一个真正的"错误账户"存于电脑之中,而且总部这时已经注意到了新加坡分行出现的错误很多,但都被尼克·里森巧妙地搪塞而过。

1992年7月17日,尼克·里森手下一名加入巴林仅一个星期的交易员金姆·王犯了一个致命错误——客户要求买进20口日经指数期货合约,而交易员金姆·王却误认为卖出20口,这个错误直到尼克·里森在当天晚上进行清算工作时被发现。然而要纠正这项错误,须买回40口合约,按当日的收盘价计算,损失额为2万英镑,并且还要上报伦敦总公司。在种种考虑下,尼克·里森决定利用"88888"号"错误账户",承接了40口日经指数期货空头合约,以掩盖这个失误。

另一个犯相同的错误的是尼克·里森的好友及委托执行人乔治犯的。尼克·里森本来示意他卖出的100份9月的期货却被他全盘照单买进,价值高达8 000万英镑,而且好几份交易的凭证根本没填写。为了弥补手下员工的失误和赚回足够的钱来补偿所有损失,尼克·里森将自己赚的佣金转入账户。

于是,尼克·里森承担着愈来愈大的风险,从事大量跨式部位交易,在多交易中赚取期权权利金。一段时间内,尼克·里森做得非常顺手。到1993年7月,他已将"88888"号账户亏扣的600万英镑转为略有盈余。

1993年下旬,接连几天,每天市场价格破纪录地飞涨1 000多点,用于清算记录的电脑屏幕故障频繁,无数笔交易入账工作都积压起来。因为系统无法正常工作,交易记录都靠人力。等到发现各种错误时,尼克·里森在一天之内的损失便已高达将近170万美元。在无路可走的情况下,里森决定继续隐藏这些失误。

1994年,尼克·里森对损失的金额已经变得麻木了。"88888"号账户的损失,已达两三千万英镑,到7月时已高达5 000万英镑。他已成为风险部位操纵的傀儡。

在尼克·里森的自编自导下,巴林银行亏损严重,终于被拖垮了。1995 年,巴林银行陷入致命危机,破产在所难免。

百科小知识

"银行痞子"——尼克·里森

尼克·里森是巴林银行的交易员,在衍生性金融商品的超额交易中投机失败,导致损失 14 亿美元。使巴林银行在 1995 年 2 月 26 日倒闭。不久,尼克·里森被警察带走,陷入牢狱之灾。巴林银行事件之后,尼克·里森的"银行痞子"之称便不胫而走。

尼克·里森出生于一个泥瓦匠的家庭,在家中为长子。1985 年,18 岁的尼克·里森刚刚离开学校就加入了位于市区的考茨公司。

尼克·里森

1987 年,他在摩根斯坦利银行的期货与期权部门从事清算工作。1989 年 6 月,尼克·里森辞职离开了摩根斯坦利银行,并在巴林银行重新得到了新工作,继续在期货与期权部门做清算工作。1991 年 3 月,尼克·里森被视为是期货与期权结算方面的专家。下半年,巴林银行决定在新加坡成立分行,尼克·里森成为新加坡分行期货与期权交易部门的总经理。

2. 城门失火——1997 年亚洲金融危机

金融危机又称"金融风暴",是指一个国家或几个国家与地区的全部或大部分金融指标的急剧、短暂和超周期的恶化。这些享有"经济晴雨表"之称的金融指标包括:短期利率、货币资产、证券、房地产、土地价格、商业破产数和金融机构倒闭数。

金融危机可分为货币危机、债务危机、银行危机、次贷危机等类型。近年来,金融危机越来越呈现出混合形式危机并发的特点,波及广泛,"牵一发而动全身"。它已显露出明显的新特征:人们对经济未来的预期更加悲观,导致整个区域内货币值出现幅度较大的贬值,经济总量与经济规模出现较大的损失,经济增长受到打击。往往伴随着企业大量倒闭,失业率提高,普遍的经济萧条,甚至有些时候伴随着社会动荡或国家政治层面的动荡。

20世纪90年代末,一场规模空前的金融危机席卷亚洲,给亚洲各国经济造成了巨大的冲击和损失,而银行业也风雨摇曳,首当其冲。

1997年6月,一场金融危机在亚洲爆发,这场危机的发展过程十分复杂,一直持续到1998年年底。

这次金融为大体上可以分为三个阶段:1997年6月至12月;1998年1月至1998年7月;1998年7月到年底。

1997年,泰国经济疲弱,许多东南亚国家如泰国、马来西亚和韩国等长期依赖中短期外资贷款维持国际收支平衡,汇率偏高并大多维持与美元或一揽子货币的固定汇率或联系汇率,这给国际投机资金提供了一个很好的捕猎机会。由美国知名金融炒家索罗斯主导的量子基金乘势进军泰国,从大量卖空泰铢开始,迫使泰国放弃维持已久的与美元挂钩的固定汇率而实行自由浮动,从而引发了一场泰国金融市场前所未有的危机。之后危机很快波及所有东南亚实行货币自由兑换的国家和地区,香港的港元便成为亚洲最贵的货币。

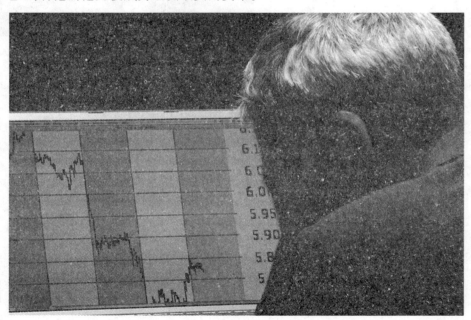

金融危机下的人们

1997年7月2日,泰国宣布放弃固定汇率制,实行浮动汇率制,引发了一场遍及东南亚的金融风暴。当天,泰铢兑换美元的汇率下降了17%,外汇及其他金融市场一片混乱。在泰铢波动的影响下,菲律宾比索、印度尼西亚盾、马来西亚林吉特相继成为国际炒家的攻击对象。8月,马来西亚放弃保卫林吉特的努力。一向坚挺的新加坡元也受到冲击。印度尼西亚虽是受"传染"最晚的国家,但受到的冲击最为严重。

10月下旬,国际炒家移师国际金融中心香港,矛头直指香港联系汇率制。10月23日,香港恒生指数大跌1 211.47点;28日,恒生指数跌破9 000点大关。面对国际金融炒家的猛烈进攻,我国香港特区政府重申不会改变现行汇率制度,恒生指数上扬,再上万点大关。接着,11月中旬,东亚的韩国也爆发金融风暴;17日,韩元对美元的汇率跌至创纪录的1 008∶1;21日,韩国政府不得不向国际货币基金组织求援,暂时控制了危机;但到了12月13日,韩元对美元的汇率又降至1 737.60∶1。与此同时,韩元危机也冲击了在韩国有大量投资的日本金融业。1997年下半年日本的一系列银行和证券公司相继破产。于是,东南亚金融风暴演变为亚洲金融危机。

1998年初,印度尼西亚金融风暴再起。2月11日,印尼政府宣布将实行印尼盾与美元保持固定汇率的联系汇率制,以稳定印尼盾。但遭到了国际货币基金组织及美国、西欧的一致反对。于是,印尼陷入政治经济大危机。2月16日,印尼盾同美元比价跌破10 000∶1。受印度尼西亚影响,东南亚汇市再起波澜,新元、马币、泰铢、菲律宾比索等纷纷下跌。

在东亚,1997年爆发的东南亚金融危机使得与之关系密切的日本经济也陷入困境。日元汇率从1997年6月底的115日元兑1美元跌至1998年4月初的133日元兑1美元;5、6月间,日元汇率一路下跌,一度接近150日元兑1美元的关口。随着日元的大幅贬值,国际金融形势更加不明朗,亚洲金融危机继续深化。

1998年8月初,乘美国股市动荡、日元汇率持续下跌之际,国际炒家对香港发动新一轮进攻,恒生指数一直跌至6 600多点。香港特区政府予以回击,金融管理局动用外汇基金进入股市和期货市场,吸纳国际炒家抛售的港币,将汇市稳定在7.75港元兑换1美元的水平上。

经过近一个月的苦斗,国际炒家损失惨重,无法再次实现把香港作为"超级提款机"的企图。国际炒家在香港失利的同时,在俄罗斯更遭惨败。1998年8月17日,俄罗斯中央银行宣布年内将卢布兑换美元汇率的浮动幅度扩大到6.0~9.5∶1,并推迟偿还外债及暂停国债交易;9月2日,卢布贬值70%。这使得俄罗斯股市、汇市急剧下跌,引发金融危机乃至经济、政治危机。俄罗斯政策的突变,使得在俄罗斯股市投下巨额资金的国际炒家大伤元气,并带动了美欧国家股市汇市的全面剧烈波动。

如果说在此之前亚洲金融危机还是区域性的,那么,俄罗斯金融危机的爆发,则说明亚洲金融危机已经超出了区域性范围,具有了全球性的意义。1999年,金融危机结束,但世界经济仍没有摆脱困境。

百科小知识

金融炒家——乔治·索罗斯与"金融大鳄"之缘

乔治·索罗斯是全球最大的股票投资者、著名的货币投机家、金融炒作家；他与"商品大王"吉姆·罗杰斯合伙成立了量子基金，被称为"打垮英格兰银行的人"。

索罗斯是匈牙利犹太裔的美国籍商人。1930年，他出生于匈牙利的布达佩斯。1968年，他创立"第一老鹰基金"；1992年，他狙击英镑狂赚20亿美元；1993年，他登上"华尔街百大富豪榜"之首。

进入21世纪，在世界权威性杂志《福布斯》每年"全球富豪榜"的评选中，索罗斯一直位列前十位。

1997年，索罗斯名声大噪，投机狙击泰铢，掀起了亚洲金融风暴。一时间，"索罗斯飓风"横扫印度尼西亚、菲律宾、

乔治·索罗斯

缅甸、马来西亚等国家，导致印尼盾、菲律宾比索、缅元、马来西亚林吉特等货币的大幅贬值，造成工厂倒闭、银行破产、物价上涨等一系列惨不忍睹的景象。这场扫荡东南亚的"索罗斯飓风"一举刮走了百亿美元之巨的财富，使这些国家几十年的经济增长化为灰烬。从此，所有的亚洲人都记住了这个恐怖的日子，也记住了这个可怕的人，人们开始叫索罗斯为"金融大鳄"。

3. 祸起萧墙——2007年美国次贷危机

美国次贷危机又称"次级房贷危机"。它是指一场发生在美国，因次级抵押贷款机构破产、投资基金被迫关闭、股市剧烈震荡引起的金融风暴。它致使全球主要金融市场出现流动性不足危机。

次贷危机是由美国次级房屋信贷行业违约剧增、信用紧缩问题而引发的国际金融市场上的震荡、恐慌和危机。

美国次贷危机是从2006年春季开始逐步显现的。2007年8月开始席卷美国、欧盟和日本等世界主要金融市场。

2006年，美国的房地产市场开始转差，楼市萎缩低迷，房价大幅下跌，而购房者也难以将房屋出售或通过抵押获得融资。无奈之下，美国中央银行连续17次提息，联邦基金利率从1%提升到5.25%。利率大幅攀升，加重了购房者的还贷负担，美国住房市场开始大幅降温。然而这一举措在一定程度上导致了次级房屋信贷的拖欠以及坏账增加。次级房屋信贷产品的价格大跌，直接累及欧美和澳大利亚不少金融机构都出现财政危机，甚至面临破产，从而牵动全球信贷出现收缩，造成连串的多米诺骨牌效应，导致全球股市大跌。

次贷危机

在银行方面，原有的放贷标准在高额利率面前成为一纸空文，新的市场参与者与华尔街经销商不断鼓励放贷机构，尝试不同贷款类型。许多放贷机构甚至不要求次级贷款借款人提供包括税收表格在内的财务资质证明。于是，潜在的风险就深埋于次级贷款市场中了。

为缓解次贷风暴及信用紧缩所带来的各种经济问题，稳定金融市场，美国中央银行几月来大幅降低了联邦基金利率，并打破常规为投资银行等金融机构提供直接贷款及其他融资渠道。美国政府还批准了耗资逾1 500亿美元的刺激经济方案，另外放宽了对房利美、房地美（美国两家最大的房屋抵押贷款公司）等金融机构融资、准备金额度等方面的限制。

在美国房贷市场继续低迷的情况下，美国财政部于2008年9月7日宣布以高达2 000亿美元的代价，接管了濒临破产的房利美和房地美。

之后，全球经济恢复缓慢，次贷危机的余波和影响仍然国际上关注的一个热点问题。

瞬间回顾——恐怖的"2007"

在2006年之前的5年时间里，由于美国住房市场持续繁荣，加上前几年美国利率水平较低，美国的次级抵押贷款市场迅速发展。

随着美国住房市场的降温尤其是短期利率的提高，次贷还款利率也大幅上升，购房者的还贷负担大为加重。同时，住房市场的持续降温也使购房者出售住房或者通过抵押住房再融资变得困难。这种局面直接导致大批次贷的借款人不能按期偿还贷款，引发了次贷危机。

2007年2月，美国新世纪金融公司发出2006年第四季度盈利预警；汇丰控股为在美次级房贷业务增加18亿美元坏账准备。

面对来自华尔街174亿美元逼债，2007年4月，美国第二大次级抵押贷款公司——新世纪金融宣布申请破产保护、裁减54%的员工。

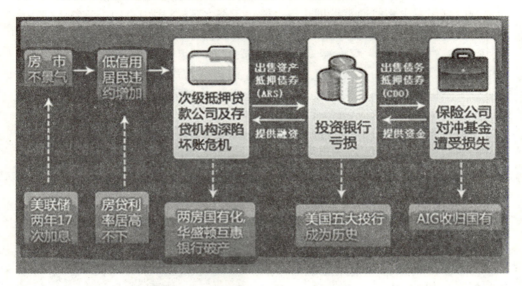

次贷危机演变示意图

2007年7月,花旗集团宣布,次贷危机引起的损失高达7亿美元。由此,花旗集团的股价已由高位时的23美元跌到了3美元,花旗集团的身价缩水成相当于一家美国地区银行的水平,市值已经萎缩了90%,且财务状况也不乐观。

2007年8月,德国工业银行宣布盈利预警,后来更估计出现了82亿欧元的亏损。它旗下的一个规模为127亿欧元的"莱茵兰基金"以及银行本身少量参与了美国房地产次级抵押贷款市场业务而遭到巨大损失。德国中央银行召集全国银行同业商讨拯救德国工业银行的篮子计划。

2007年8月6日美国第十大抵押贷款机构——美国住房抵押贷款投资公司正式向法院申请破产保护,成为继新世纪金融公司之后美国又一家申请破产的大型抵押贷款机构。

2007年8月8日,美国第五大投资银行——贝尔斯登宣布旗下两支基金倒闭。

2007年8月9日,法国第一大银行——巴黎银行宣布冻结旗下三支基金,同样是因为投资了美国次贷债券而蒙受巨大损失,导致欧洲股市重挫。

2007年8月13日,日本第二大银行——瑞穗银行的母公司瑞穗集团宣布与美国次贷相关损失为6亿日元。日、韩银行已因美国次级房贷风暴产生损失。据估计,日本九大银行持有美国次级房贷担保证券已超过1万亿日元。此外,还包括5家韩国银行总计投资5.65亿美元的担保债权凭证。投资者担心美国次贷问题会对全球金融市场带来强大冲击。

4. 巨人倒下——雷曼兄弟破产

美国雷曼兄弟控股公司简称"雷曼兄弟公司",成立于1850年,总部设在纽约,在英国伦敦和日本东京还设有地区性总部。它通过分支机构 向全球企业、政府部门、市政当局、投资机构和高资产净值个人客户提供各种金融服务。公司的主要业务分三大块:资本市场业务、投资银行业务和投资管理业务。

作为拥有100多年历史的世界老牌金融投资银行公司,雷曼兄弟公司在全球范围内建立起了创造新颖产品、探索最新融资方式、提供最佳优质服务的良好声誉。它的业务能力受到广泛认可,并拥有包括众多世界知名公司的客户群,如阿尔卡特、美国在线时代华纳、戴尔、富士、IBM、英特尔、美国强生、乐金电子、默沙东医药、摩托罗拉、NEC、百事、菲力普莫里斯、壳牌石油、住友银行及沃尔玛等。

雷曼兄弟公司的雇员约为1万多人,而员工的持股比例却达到了30%。在发展过程中,它不断扩展国际业务,2002年公司收入的37%产生于美国之外。雷曼兄弟公司凭借雄厚的财务实力支持其在所从事的业务领域的领导地位,并且是全球最具实力的股票和债券承销和交易商之一。同时,公司还担任全球多家跨国公司和政府的重要财务顾问,并拥有多名业界公认的国际最佳分析师。

雷曼兄弟公司

2000年,在全球性多元化的投资银行中,雷曼兄弟公司被评为"全球最佳投资银行"之一;2002年,雷曼兄弟公司的整体调研实力高居世界投资银行排名榜首,并被授予"2002 年度最佳投资银行"。

2007 年夏，美国次贷危机爆发，雷曼兄弟公司因持有大量抵押贷款证券，资产大幅缩水，公司股价在次贷危机后的一年之内大幅下跌近 95%。

由于美国政府拒绝为雷曼兄弟公司在地产方面的贷款负责，随后美国银行以及英国巴克莱银行也相继放弃收购谈判。

2008 年 9 月 15 日，在次级抵押贷款市场危机(次贷危机)加剧的形势下，曾经风光无限的美国第四大投行雷曼兄弟最终轰然倒下，向美国政府申请破产保护。

雷曼兄弟公司的由来

雷曼兄弟是华尔街的"老字号"。150 多年前，雷曼兄弟在美国成立了雷曼兄弟公司。

雷曼兄弟公司成立之初主营棉花和咖啡买卖。1844 年，拥有犹太血统的德国巴伐利亚牛贩子后代、23 岁的亨利·雷曼移民美国，并很快开设了雷曼家庭的第一家美国产业—— 一间经营干洗兼小件寄存的"鸡毛小店"。几年后，他的弟弟艾曼·纽尔和迈尔相继移民美国。1850 年，公司名称正式改为"雷曼兄弟公司"，然而此时的雷曼兄弟公司和金融投资还没有任何联系。

后来，雷曼兄弟三人看中了当时美国最有利可图的大宗商品——棉花，开始定期预购原棉，转手倒卖。1858 年，雷曼兄弟公司在纽约曼哈顿区开设了分部，年仅 32 岁的艾曼·纽尔亲赴纽约，这一年也被公认为雷曼兄弟公司正式诞生的一年。

1870 年，雷曼兄弟公司发起成立了美国纽约的棉花交易所，总部也正式迁往纽约，此后，雷曼兄弟又不失时机地进入铁路债券融资和金融咨询等当时的新兴市场，一个大规模的投资银行粗具雏形。到 1906 年，雷曼兄弟公司已成为纽约最有影响的股票承销商之一。

5. 深陷泥淖——2009 年迪拜债务危机

在中东，迪拜酋长国是阿拉伯联合酋长国的第二大酋长国，位于出入波斯湾霍尔木兹海峡内湾的咽喉地带。作为阿联酋第二大城市的迪拜市，则位于阿拉伯半岛中部、阿拉伯湾南岸，是海湾地区中心，被誉为"海湾明珠"。

近 20 多年来，迪拜利用"石油美元"建成了一系列现代化配套基础设施。大规模的建设也使得迪拜吸引了全球人的眼光，成了奢华的代名词。

崛起在沙漠上的迪拜，成为"世界奢华之都"。迪拜政府更是雄心勃勃，要把迪拜打造成世界级的观光和金融中心。海湾地区充足的石油美元在迪拜聚集，令迪拜的金融、贸易、房地产、旅游业飞速发展，许多外国人涌入迪拜，好莱坞的电影明星、体育界的球星抛巨资到迪拜购置房产，一时间迪拜引来无数亿万富翁。

然而在2009年末，受美国次贷危机的影响，一场突如其来的债务危机，迪拜再次成为世人关注的焦点。

近几年，迪拜是中东地区的转口贸易中心，非石油贸易约占阿联酋国家收入的70%，它依靠设立自由贸易区和免税区吸引外商，带动了旅游业和大量的房地产投资。

迪拜债务危机漫画

随着全球金融危机横扫全球，严重依赖外资的迪拜骤然失色，金融地产泡沫迅速破裂，许多人的财富大幅缩水，负债累累。

2009年11月，迪拜酋长国最大的企业"迪拜世界"宣布，将重组企业，并将"迪拜世界"的债务推迟6个月偿还。消息传出，令全球金融市场气氛逆转，引发风险资产市场的资金快速出逃。一时间，迪拜债务危机殃及世界。

受迪拜债务危机的影响，全球股市发生剧烈震荡。美国三大股指分别下跌了1.48%～1.73%，亚太股指更是一片惨淡，日本跌3.22%，香港跌4.84%，韩国跌4.69%，上证综指跌2.36%。然后是资源市场，金价、油价分别重挫了1.1%和2.4%，白银则下跌了2.5%。

迪拜的房产投资

"迪拜世界"是业务范围横跨房地产和大型港口的超大型企业,它一手造就了迪拜一时的辉煌。"迪拜世界"的经典之作是填海造出的棕榈岛,包括英国球星、美国影星在内的不少世界巨星、富豪都在棕榈岛购置了房产。此外,据说棕榈岛上的2 000多栋豪华别墅曾在一个月内销售一空。但是现在,由于过度开发,"迪拜世界"集团已经是债台高筑。

在全球范围内,"迪拜世界"最大债权人是阿布扎比商业银行和酋长国 NBD PJSC,其他债权银行主要包括汇丰控股集团、巴克莱银行、莱斯银行、苏格兰皇家银行和瑞信集团等。目前,"迪拜世界"集团的对外债务高达590亿美元,占迪拜总债务的74%,而整个迪拜政府的欠债却只有800亿元,仅仅"迪拜世界"一家就占去了政府超过一半的欠债。作为全球第六大面临破产的公司,"迪拜世界"的债务危机将会对全球金融市场生成冲击,令尚未摆脱金融危机阴影的世界再添阴霾。

迪拜债务危机是美国次贷危机的新反映,这是由于迪拜的房地产价格大幅度下跌、资金链条断裂、工程项目过多停工所造成的,也是欧美由金融衍生产品价值缩水导致的房地产价格暴跌的同步反映,只不过是因为金融危机期间债务没有到期,国际资本又大量流向迪拜,债务问题在美国次贷危机爆发时被隐藏了。

第二节 通行天下——货币识趣

1. 泽被四方——我国货币纵览

在我国的社会历史发展中,曾经出现过不同许多不同形制的货币。

贝:商代货币。到了商代后期,开始使用铜币取代真贝。

金币:起源于东周后期,楚国制的金币称为"郢爰",秦朝称黄金为"上币",每个重一镒,约为20两。西汉时期,汉武帝曾造白金龟龙币,有上、中、下三等,分别铸有龙、马、龟纹。后来才有金砖、金条、小宝等形式。

铜币:从春秋战国时广泛使用。当时有四种,都取像于实物:楚国的方币;燕、齐的刀币;晋国的铲币;周、秦的圆形方孔币。后来的铜币都效仿圆形方孔钱的形态,并统称为"钱"。铜币一直流通到清朝。

铁币:起源于安史之乱。当时,藩镇割据,铜不能贩运,改用铁铸钱。

银币:始于唐宣宗年间。唐朝以后,广泛流通;宋、金时期称为"银锭",到了元朝改为元宝。

钞票:也就是纸币,起源于唐朝,称为"飞钱"。宋、金、元时,呈现出以钞为主,钱为辅的流通形式。1900年,外商银行在我国发行外国钞票,中国以后也开始发行本国钞票。新中国成立后发行了"人民币",这是世界上公认的稳定货币。

2. 币中奇葩———"白金三品"

中国是世界上最早使用货币的国家之一。夏商时代,天然海贝是中国最早的货币。到了商代晚期便出现了用铜制造的仿铜币,它是中国最早的金属铸币,也是人类历史上最早使用的金属货币。在河南省安阳市大司空村商代晚期(公元前 4 世纪—前 11 世纪)墓中出土的铸造铜贝,是世界上现存最早的金属铸币。它比西方推许铸币的发明者小亚细亚的吕底人开始铸币年代(公元前 7 世纪),要早几个世纪。

中国钱币文化源远流长,博大精深;历代钱币铸造精美,种类繁多。这些珍贵的历史货币是人类历史的载体,也是文化发展的浓缩。在这绚丽多姿的百花丛中有一币中奇葩———"白金三品"。

"白金三品"始铸于公元前 119 年的汉武帝时期,在《史记·平准书》、《汉书·食货志》中均有"白金三品"的记载。

龟　币

"白金三品"是以龙、马、龟为纹样的三种形式币的总称。这三枚币形态各异:其中龙币为圆形,重 141 克,径 55.2 毫米,高 13.5 毫米;正面凸起,纹饰为一长嘴、独角、长脖的腾云驾雾之飞龙;背面凹,周沿有一圈铭文似希腊文,中间有两个 0.5×0.5 厘米的方形戳记,戳记铭文为"少"字。马币为方形,重 28.5 克,尺寸为 33.8×32.4×3.5 毫米;正面是一马纹形,挺胸昂首,三蹄着地,一蹄抬起,神采奕奕、气势昂然;背略凹,有一个 0.5×0.5 厘米的方形戳记,戳记铭文为"少"字。龟币为椭圆形,重 12 克。大小为 40×21.7×3.7 毫米;正面纹饰为鳞甲状,上有一个 0.5×0.5 厘米的方形戳记,其铭文为"少"字;背面平,有似篆字样图形。

这三品钱上都有方形戳记,铭文为"少"字,正好印证了史书上记载"少府"造"白金三品"的史事,证明这类钱币是由西汉掌管皇室财政、铸钱的机构"少府"统一铸造的。

汉武帝即位后,由于连年征伐,开拓疆土,国家财政空前困窘,其中军费开支最为庞大,同时中央政府与拥有大量财富的诸侯们的矛盾日益尖锐化,于是汉武帝听从张汤的建议,以"检约奸邪恶"、"摧浮淫并兼之徒"为名进行货币改制,发行三铢钱,同时铸造"白金三品",以此来削弱诸侯的实力,强化中央集权。

由于"白金三品"是一种巨额虚币,从而引起了社会上空前的大盗铸。"吏民之盗铸白金者不可胜数","自造白

龙　币

金、王铢钱后五岁,而赦吏民之坐盗铸金钱死者数十万人。其不发觉相杀者,不可胜计。赦自出者百余万人。然不能半自出,天下大氐无虑皆铸金钱矣"。为此,汉武帝颁布了严酷的法令:"盗铸诸金钱罪皆死,而吏民之犯者不可胜数"。

"白金三品"的铸行与当时的政治、经济有关,是当时特定历史背景下的产物。

铸行"白金三品"的主要原因是解决财政危机,弥补用度不足。"白金三品"于公元前114年废止,历时仅仅五年。

"白金三品"开创了中国铸银币的先河,是中国最早的法定银币。"白金三品"虽然在中国货币史上"昙花一现",但由于它的使用年限短,故存世量极为稀少,加之它的铸造样式奇特,是异型币中的佼佼者。

3. 独领风骚——"交子"

纸币是当今世界各国普遍使用的货币形式,而世界上最早出现的纸币,是中国北宋时期四川成都流行的"交子"。

中国是世界上使用货币较早的国家。根据文献记载和大量的出土文物考证,我国货币的起源至少已有4 000年的历史,从原始贝币到布币、刀币、圜钱、蚁鼻钱以及秦始皇统一中国之后流行的方孔钱,中国货币文化的发展可谓源远而流长。到北宋时期,我国出现了纸币——"交子"。

纸币的出现是货币史上的一大进步。有人认为中国纸币的起源要追溯到汉武帝时的"白鹿皮币"和唐代宪宗时的"飞钱"。汉武帝时期因长年与匈奴作战,国库空虚,为解决财政困难,在铸行"三铢钱"和"白金币"(用银和锡铸成的合金币)的同时,又发行了"白鹿皮币"。

"白鹿皮币",是用宫苑的白鹿皮作为币材,每张一方尺,周边彩绘,每张皮币定值40万钱。由于其价值远远脱离皮币的自身价值,因此"白鹿皮币"只是作为王侯之间贡赠之用,并没有用于流通领域,因此还不是真正意义上的纸币,只能说是纸币的先驱。

"飞钱"出现于唐代中期,当时商人外出经商带上大量铜钱有诸多不便,便先到官方开具一张凭证,上面记载着地方和钱币的数目,之后持凭证去异地提款购货。此凭证即"飞钱"。"飞钱"实质上只是一种汇兑业务,它本身不介入流通,不行使货币的职能,因此也不是真正意义上的纸币。北宋时期四川成都的"交子"则算是真正纸币。

宋代商品经济发展较快,商品流通中需要更多的货币,而当时铜钱短缺,满足不了流通中的需要量。当时的四川地区通行铁钱,铁钱值低量重,使用极为不便。当时一铜钱抵铁钱十,每千铁钱的重量,大钱25斤,中钱13斤。买一匹布需铁钱两万,重约500斤,要用车载。因此客观上需要轻便的货币,这也是纸币最早出现于四川的主要原因。再者,北宋虽然是一个高度集权的封建专制国家,但全国货币并不统一,存在着几个货币区,各自为政,互不通用。当时有13路(宋代的行政单位)专用铜钱,4路专用铁钱,陕西、河东则铜铁钱兼用。各个货币区又严禁货币外流,使用纸币正可防止铜铁钱外流。此外,宋朝政府经常受辽、夏、金的攻打,军费和赔款开支很大,也需要发行纸币来弥补财政赤字。种种原因促成了纸币——"交子"的产生。

最初的"交子"由商人自由发行。北宋初年,四川成都出现了专为携带巨款的商人经营现钱保管业务的"交子铺户"。存款人把现金交付给铺户,铺户把存款人存放现金的数额临时填写在用楮纸制作的卷面上,再交还存款人,当存款人提取现金时,每贯付给铺户30文钱的利息,即付3%的保管费。这种临时填写存款金额的楮纸券便谓之"交子"。这时的"交子",只是一种存款和取款凭据,而非货币。

随着商品经济的发展,"交子"的使用也越来越广泛,许多商人联合成立专营发行和兑换"交子"的交子铺,并在各地设交子分铺。由于交子铺户恪守信用,随到随取,所印"交子"图案讲究,隐作记号,黑红间错,亲笔押字,他人难以伪造,所以"交子"赢得了很高的信誉。商人之间的大额交易,为了避免铸币搬运的麻烦,直接用随时可变成现钱的"交子"来支付货款的事例也日渐增多。正是在反复进行的流通过程中,"交子"逐渐具备了信用货币的品格。后来交子铺户在经营中发现,只动用部分存款,并不会危及"交子"信誉。于是他们便开始印刷有统一面额和格式的"交子",作为一种新的流通手段向市场发行。这种"交子"已经是铸币的符号,真正成了纸币。但此时的"交子"尚未取得政府认可,还是民间发行的"私交"。

1023年,宋朝设益州交子务,由京朝官一二人担任监官主持"交子"发行,并"置抄纸院,以革伪造之弊",严格其印制过程。这便是我国最早由政府正式发行的纸币——"官交子"。它比美国(1692年)、法国(1716年)等西方国家发行纸币要早六七百年,因此也是世界上发行最早的纸币。

"官交子"发行初期,其形制是仿照民间"私交",加盖本州州印,只是临时填写的金额文字不同,一般是一贯至十贯,并规定了流通的范围。宋仁宗时,一律改为五贯和十贯两种。到宋神宗时,又改为一贯和五百文两种。发行额也有限制,规定分界发行,每界三年(实足二年),以新换旧。

在当时,"交子"的流通范围也基本上限于四川境内,后来虽在陕西、河东有所流行,但不久就废止了。

1107年,宋朝政府改"交子"为"钱引",改"交子务"为"钱引务"。除四川、福建、浙江、湖广等地仍沿用"交子"外,其他诸路均改用"钱引"。1109年,四川也改"交子"为"钱引"。

"钱引"与"交子"的最大区别,是它以"缗"为单位。"钱引"的纸张、印刷、图画和印鉴都很精良。但"钱引"不置钞本,不许兑换,随意增发,因此纸券价值大跌,到南宋嘉定时期,每缗只值现钱一百文。

"交子"的出现,便利了商业往来,弥补了现钱的不足,是我国货币史上的一大业绩。此外,"交子"作为我国乃至世界上发行最早的纸币,在印刷史、版画史上也占有重要的地位,对研究我国古代纸币印刷技术有着重要意义。

4.一骑绝尘——中国货币之最

最早的金属货币是3 000多年前商代的铜贝,形状似贝。

最早的铸币是2 000多年前春秋战国时期的刀币,形状似刀;而布刀,形状似铲。两者都是金属铸币的雏形。

最早的纸币是960年北宋建隆元年在四川印刷的"交子",有大商户引发,3年兑换一次,是纸币的原始形态。

最早的带色纸币是1105年北宋引发的"钱形",有花纹图案,有红、蓝、黑3种颜色。

最大的纸币是1375年明朝印发的"大明宝钞",长6寸,宽4寸。

最早可兑换黄金的货币是公元7年,新朝王莽发行的铸铜币"错刀",每枚值五铢钱5 000枚,2枚金错刀兑换黄金一斤。

最早的铅钱是918年五代时期发行的"乾宇重宝",10枚兑1枚铜钱。

最早的银本位货币是1137年发行的纸币——"银会子",也叫"银票",分为1钱、半钱两种。

最早的银元是1659—1661年,郑成功铸造的银币,正面铸有"漳州银饷"四字,背面有一花押,为"朱成功"三字组合。1888年,清朝发行"光绪元宝",正式叫"银元"。

流通时间最长的铸币是2 000多年前秦始皇铸造的方孔圆钱,沿用到清末才废止。

最重的铸币是1906年清朝在天津铸造的"大清金币",每枚重一两。

最早由政府发行的纸币是1023年宋朝政府发行的"交子"。

最早由银行发行的纸币是1897年成立的中国通商银行于第二年发行的"银两券"、"银元券",背面印有"中华帝国银行"的字样。

最早用机器铸成的银币是1882年吉林试铸厂用机器铸造的银元"光绪元宝"。

流通时间最长的纸币是1375年明朝发行的"大明宝钞",一直流通到清朝,共200多年时间。

最早的货币资料是东晋时的《刘氏泉志》,原本已散失,比欧洲早800多年。现存的是1149年南宋时洪遵写的《泉志》,共15卷,收录泉币325种。

最早由国家出版的货币书籍是1750年印刷的《钱录》,共16卷。

5. 琳琅满目——世界各国货币名称

世界各国的货币单位和名称各不相同,据统计不少于 70 种。其中,以"元"、"法郎"、"比索"、"镑"等名称的使用率最高。

采用"元"作为货币名称的国家主要有中国、美国、日本、朝鲜、新加坡、加拿大、新西兰等。

采用"法郎"的国家主要有法国、比利时、瑞士、卢森堡等。近年来,非洲有 10 多个国家共同采用一种"非洲法郎"作为货币,包括贝宁、尼日尔、塞内加尔、多哥、马里等。

货币称为"比索"的国家主要有菲律宾、墨西哥、玻利维亚、哥伦比亚、智利、乌拉圭、古巴、多米尼加和几内亚比绍等。

货币称为"第纳尔"的国家有亚洲的伊拉克、约旦、南也门、科威特、巴林,欧洲的塞尔维亚和非洲的阿尔及利亚、突尼斯、利比亚等。

货币称为"镑"的国家,除英国和爱尔兰外,还有叙利亚、黎巴嫩、塞浦路斯、马耳他、埃及、苏丹等。

以"卢比"为货币名称的国家有印度、巴基斯坦、斯里兰卡、尼泊尔、毛里求斯、塞舌尔等。

货币称为"先令"的国家,包括欧洲的奥地利和非洲的坦桑尼亚、乌干达、索马里等。

货币称"里亚尔"的国家全在亚洲,有伊朗、阿曼、卡塔尔、沙特阿拉伯和北也门等。

货币称为"克朗"的国家全在欧洲,包括瑞典、丹麦、挪威、冰岛、捷克和斯洛伐克等。

采用"盾"作为货币名称的国家有亚洲的印度尼西亚、越南、缅甸;欧洲的荷兰和非洲的苏里南。

货币称"马克"的国家均在欧洲,包括德国和芬兰。

货币称"埃斯库多"的国家有欧洲的葡萄牙和非洲的佛得角。

货币称"里拉"的国家是亚洲的土耳其和欧洲的意大利。

货币称"克朗"的国家均在美洲,包括哥斯达黎加和萨尔瓦多等。

只有一个国家采用的货币名称,这样的国家有:泰国的"铢"、匈牙利的"福林"、俄罗斯的"卢布"、马来西亚的"零吉"。

6. 傲视同群——美元的演变

美元是美国的官方货币。目前流通的美元纸币是自 1929 年以来发行的各版钞票。

1792 年，美国铸币法案通过，美元出现。美元的发行主管部门是国会，具体发行业务由联邦储备银行负责和控制。1913 年起，美国建立联邦储备制度，发行联邦储备券。现行流通的钞票中，99％以上为联邦储备券。

如今，美元是外汇交换中的基础货币，也是国际支付和外汇交易中的主要货币，它同时也可作为储备货币在美国以外的国家广泛使用，在国际外汇市场中占有非常重要的地位。

美　元

美元工艺

美元纸币是采用棉纤维和麻制成的。棉纤维使纸张不易断裂，吸墨好、不易掉色；麻纤维结实坚韧，使纸张挺括，经久流通不起毛，对水、油及一些化学物质有一定的抵抗能力。美元纸张中没有添加增白剂，呈本白色，在紫光灯下不反光。

1880 年，美钞纸张内开始夹有红蓝纤维丝，这种纤维丝是在造纸时掺入纸浆的。因此，纤维丝有的夹在纸中，有的浮于表面，用针尖可以把纤维丝挑出来。1928 年以前，美元的红兰纤维丝分布在钞票的正中，由上至下狭长的一条。1928 年及以后各版，纤维丝漫布全版。从 1990 年起，美元纸张中（人像左侧）加入了一条被称为"迈拉"的聚酯类高分子物质制成的安全线。安全线上有美元符号及面额数字，迎光透视清晰可见。

美元的正面油墨为黑色稍深，略带灰色，背面为绿色。1934 年以后的各版美元,油墨中添加了磁物质,具有磁性真美钞采用荧光油墨和磁性油墨等专用油墨特制。因此,美钞正面右侧的绿色徽记和绿色号码,在白纸上用力擦拭后,纸上能留下"绿痕"。1996 年以后发行的部分美元会随光线角度不同而显示一会黑一会绿。美元的主要图案是雕刻凹版印刷,库印及连号等为凸印。1990 年版以后,下面肖像窗周围加有缩微文字。

在美元纸币上,还有各种用字母、数字或者是图案做成的标记,它们中有的是用于辨认美元纸钞真伪的,而有的甚至只是用来宣扬宗教信仰。

一般的美元中,显著的位置有一句标语"In God We Trust"(我们信仰上帝)。此铭刻首次出现于 1864 年的两美分硬币上。这句话在硬币上人物头像的下方,纸币上位于反面中线的上方。自 1955 年起,美国国会使它成为法定的国家标语。而纸张钞票第一次出现这条标语,是在 1957 年系列发行的 1 元"银券",并在 1963 年系列的"联邦储备钞券"开始使用。

美钞下面还印有国库印记,联邦准备券的库印印在右边,其他券类的库印,1928 年版的在左边,1934 年版起一律改印在右边。

早期的美元库印为圆形,外围有 40 个齿。每个齿粗细大小均匀,圆内一圈有拉丁文字"THESAUR AMER SEPTENT SIGIL"。圆的中心是一个盾牌,盾牌被一个倒 V 字分为上下两个部分:上半部为一个天平,周围分布有 32 个圆点,倒 V 字内有 13 颗五角星;下半部分为一把钥匙,钥匙孔为一个"T"字形,周围有 17 个圆点;整个盾牌内有 49 个圆点。

1969 年版的美元库印开始进一步简化,文字改为英文"THE DEPARTMENT OF THE TREASURY,1789"(财政部,1789),盾牌外围的花纹取消。盾牌的上半部是 22 个圆点,下半部是 17 个圆点,共 39 个圆点。

1928 年和 1934 年版的美元是大库印,直径为 20 毫米;1935 年版及以后各版的美元一律改为小库印,直径为 16 毫米,图案和文字不变。库印的颜色有绿、蓝、黄、红、棕五种,按券类而不同。库印的上方是首都的地名"WASHINGTON,D. C."(华盛顿)。

美元纸币正面主景图案为人物头像,主色调为黑色。背面主景图案为建筑,主色调为绿色,但不同版别的颜色略有差异,如 1934 年版的美元背面为深绿色,1950 年版则背面为草绿色,1963 年版背面均为墨绿色。

各版各面值美元

1 美元券(1993)正面是首任美国总统乔治·华盛顿肖像。背面主景是美国国玺。

2 美元券(1976)正面是第 3 届美国总统托马斯·杰斐逊肖像,斯图亚特原作。背面是杰弗逊故居(1976 年以前版)、独立宣言签字会场(1976 年以后版)。

5 美元券(1995、1999)正面是废除美国奴隶制的第 16 届总统亚伯拉罕·林肯肖像。背面是位于华盛顿的林肯纪念堂。

10 美元券(1999)正面是美国第一任财政部长亚历山大·汉密尔顿肖像。背面是美国财政部大楼。

20 美元券(1995、1996、2004)正面是第 7 届美国总统安德鲁·杰克逊肖像。背面是白宫,美国总统府。

50 美元券(1990、1996)正面是第 18 届总统尤利斯·格兰特肖像。背面是美国国会大厦。

100 美元券(1988、1996)正面不是总统,而是著名科学家、金融家、政治家本杰明·富兰克林肖像,因为他曾在美国独立战争时期起草著名的《独立宣言》。背面是费城独立纪念堂。

500 美元券正面是威谦·麦金莱肖像。背面是面额小写"500"字饰,字体大小不一。

1000 美元正面是克利夫兰肖像。背面是美国国名及大写"One Thousand"字饰。

5000 美元正面是麦迪逊肖像。背面是面额小写"5000"字饰。

1 万美元正面是西蒙·P. 蔡斯肖像。背面是面额小写"10000"字饰。

10 万美元的金元券是美国财政部印刷局印制的最高面额钞票,投入流通总量为 42 000 张,仅在联邦储备银行内部只用于官方转账。正面是伍德罗·威尔逊肖像,背面是半块金币等纹饰。

在美国发行的各种美元币种中,联邦储备券系列包括 500、1000、5000、1 万美元面值,金币券包括 1000、1 万和 10 万美元面值。其他币种没有面额超过 100 美元的大额纸币。

1933 年 3 月 9 日,美国总统罗斯福签署总统令,终止了金币券的流通,不论面额全部收回。至 1940 年,金币券回收完毕。1946 年以后美国不再发行新的大面额纸币,至 1969 年,所有面额在 100 美元以上的大面额纸币全部退出流通。

美国流通硬币共有 1 分、5 分、10 分、25 分、半元、1 元 6 种面额。

美国历史上曾有 6 位著名总统的头像分别出现在这 6 种面额的硬币上。1 美分图案是美国历史上广为人知的林肯总统侧面头像,是林肯诞辰 100 周年(1909 年)开始发行的;5 美分图案是为纪念美国第三任总统,即美国《独立宣言》起草人杰斐逊离任回归故居 130 周年(1938 年)发行的;10 美分图案是实施"罗斯福新政"的罗斯福总统逝世一周年(1946 年)时发行的;25 美分是美国最常见的辅币,是美国开国总统华盛顿诞辰 200 周年时(1932 年)发行的。值得一提的是硬币的正面是统一的总统像,而背面除了美国联邦政府发行的 25 美分是一只鹰以外,各州政府发行的硬币上刻着本州最具特色的事物。例如纽约州硬币背后是自由女神像;半美元硬币原为美国自由女神像。目前,所常见的是美国历史上最年轻的总统肯尼迪的头像,美国于 1964 年起改用肯尼迪头像作半美元的图案;1 美元硬币有两种图案,一种是 1961 年发行的采用艾森豪威尔总统头像图案,由于币的外径太大

（直径 38.1 毫米,俗称大美金 1 元）,流通使用很不方便,因此,于 1981 年起重新发行小美金 1 元（直径为 26.5 毫米,比半美元外径还小些）,图案换成美国女权运动活动家苏珊·安东尼的头像。1999 年 11 月 18 日在费城造币厂首发了金黄色的美元 1 元硬币。金色美元图像为印第安妇女"萨卡加韦"背负褡褓中的幼子"巴蒂斯特",以表彰美国原著民妇女及她们对美国的贡献。

真假美钞的鉴别

如何识别真假美钞,主要有四种方法:

(1)手摸法。一张真美钞,它四个角上的数字摸起来应当有凹凸感。

(2)针挑法。在真美钞票面的空白处,有一些极小的红丝和蓝丝,这种金属为特制品,用针尖可以将其挑出,但却不易折断。

(3)擦拭法。真美钞票面正面右侧的绿色徽记和绿色号码,在白纸上用力一擦,纸上会留下绿痕。

(4)质感、直观法。真美钞的纸质较为细腻,且颜色呈深、浅色。用肉眼看,纸币上的正面人物肖像显得"有神";背面的花纹、建筑物图案及"In God We Trust"标语的印刷清晰度高,比例大小均匀。

综合所看,与上面情况有别者,则有可能是假美钞。

7. 横空出世——欧元的诞生

欧元是欧洲货币联盟国家单一货币的名称,是欧盟 16 个国家的统一法定货币。这 16 个国家是:奥地利、比利时、芬兰、法国、德国、希腊、爱尔兰、意大利、卢森堡、荷兰、葡萄牙、斯洛文尼亚、西班牙、马耳他、塞浦路斯和斯洛伐克,他们合称为欧元区。这些国家都是欧洲联盟的会员国。

1999 年 1 月 1 日起,欧元开始在奥地利、比利时、法国、德国、芬兰、荷兰、卢森堡、爱尔兰、意大利、葡萄牙和西班牙 11 个国家正式使用,并于 2002 年 1 月 1 日取代这 11 个国家的货币。

根据欧盟的规定,欧元现钞于 2002 年 1 月 1 日起正式进入流通,欧元区的各成员国原流通货币从 2002 年 3 月 1 日起停止流动。如今,欧盟 27 个成员国中已有超过半数的国家加入了欧元区,但是欧洲第二大经济体——英国及其他少数国家因考虑自身的利益关系等原因仍未进入欧元区。

欧元是自罗马帝国以来欧洲货币改革最为重大的结果。欧元不仅仅使欧洲单一市场得以完善,欧元区国家间自由贸易更加方便,而且更是欧盟一体化进程的重要组成部分。

　　尽管摩纳哥、圣马力诺和梵蒂冈并不是欧盟国家,但是由于它们以前使用法国的法郎或者意大利的里拉作为货币,现在也使用欧元并授权铸造少量自己的欧元硬币。一些非欧盟国家和地区,比如黑山、科索沃和安道尔,也使用欧元作为支付工具。

欧　元

　　欧元由欧洲中央银行和各欧元区国家的中央银行组成的欧洲中央银行系统负责管理。总部坐落于德国法兰克福的欧洲中央银行,有独立制定货币政策的权力,欧元区国家的中央银行参与欧元纸币和欧元硬币的印刷、铸造与发行,并负责欧元区支付系统的运作。

百　科　小　知　识

欧盟为什么要实行统一货币?

　　欧盟之所以要实行统一货币,主要是提升欧洲国家政治和经济地位的需要。第二次世界大战前,欧洲以其强大的经济实力为后盾,曾长期称雄于世界。第二次世界大战后,欧洲国家的世界地位大幅度下降,随着欧洲复兴计划的实施,欧洲各国越来越希望在政治、经济上联合起来,以达到与美国、日本等经济强国相抗衡的目的。从1958年的"欧洲共同体"发展到1991年的"欧洲国家联盟",欧洲各国在经济上合作不断加深。相应地,欧盟各国在经济上合作的愿望也越来越强。

在使用欧元的国家中,所有的欧元硬币的正面都是相同的,标有硬币的面值,称为"共同面",而硬币背面的图案则是由发行国自行设计的。欧洲实行君主立宪制的国家常常使用本国君主的头像,其他的国家通常用自己国家的象征。所有不同的硬币都可以在所有地区使用,比如铸有西班牙国王头像的硬币在出了西班牙以外的其他使用欧元的国家也是法定货币。

欧元硬币有 1 分、2 分、5 分、10 分、20 分、50 分、1 元和 2 元等 8 种面值。虽然 1 欧分和 2 欧分的硬币一般不在芬兰和荷兰使用,但仍然是法定货币。

每种面额的欧元纸币的设计在各国都是一样的。欧元纸币一共有 7 种。尽管大面额的纸币在某些国家并不发行,但仍然是法定货币。

欧元图案是由欧洲货币局公开征集而于 1996 年 12 月 13 日最终确定的。最终,奥地利纸币设计家罗伯特·卡利纳的方案被采用。按照卡利纳方案,票面值越大,纸币面积越大。各种纸币正面图案的主要

欧元硬币

组成部分是门和窗,象征着合作和坦诚精神;12 颗星围成一个圆圈,象征欧盟各国和谐地生活在欧洲;纸币的反面是桥梁的图案,象征欧洲各国联系紧密;各种门、窗、桥梁图案分别代表欧洲各时期的建筑风格,币值从小到大依次为古典派、浪漫派、哥特式、文艺复兴式、巴洛克式和洛可可式、铁式和玻璃式、现代派建筑风格;颜色分别为灰色、红色、蓝色、橘色、绿色、黄褐色、淡紫色。

欧元区内各国印制的欧元纸币,正面、背面图案均相同,纸币上没有任何国家标志。

硬币由欧元区各国铸造,所有硬币的正面都铸有欧洲经济货币联盟的标志,反面是各国的图案。

欧元纸币用绵纸制造,有特殊的手感,有一部分会凹凹不平,并有一条防伪线,且纸币上端的面值数字使用变色油墨印刷。欧元纸币共分为 5、10、20、50、100、200、500 欧元 7 种面值,尺寸和颜色各不相同。每种面值的纸币都显示一个欧洲建筑时期、一张欧洲地图和欧洲旗帜。

欧洲中央银行的首字母缩写用欧盟国家的官方语言的 5 种语言变体标志。纸币上印有欧盟的旗帜和版图,用 BCE、ECB、EZB、EKT、EKP 等 5 种欧盟使用的官方语言来表示欧洲中央银行的缩写字样以及中央银行行长的签名。对于欧元 7 种面

值的纸币,都采用了正面为门窗,背面是桥的设计方式,分别表现出了欧洲不同时期的不同建筑风格,代表了 7 个不同时期的欧洲文化历史:拱门和窗户图案象征着开放和合作的精神,欧洲联盟的 12 颗星星代表动力和欧洲国家的团结;纸币背面的桥形建筑代表着欧洲国家之间以及欧洲与世界的合作与沟通;纸币上印着货币的数额,后面分别用拉丁语和希腊语字母标注。

5 欧元:大小为 120×62 毫米,颜色为灰色,图案为古典时期建筑。

10 欧元:大小为 127×67 毫米,颜色为红色,图案为罗马式建筑。

20 欧元:大小为 133×72 毫米,颜色为蓝色,图案为哥特式建筑。

50 欧元:大小为 140×77 毫米,颜色为橘色,图案为文艺复兴时期建筑。

100 欧元:大小为 147×82 毫米,颜色 为绿色,图案为巴洛克式和洛可可式建筑。

200 欧元:大小为 153×82 毫米,颜色为黄褐色,图案为钢铁及玻璃式建筑。

500 欧元:大小为 160×82 毫米,颜色为紫色,图案为 20 世纪现代建筑。

欧元采用了多项先进的防伪技术,主要有以下几个方面:

水印:欧元纸币均采用了双水印,即与每一票面主景图案相同的门窗图案水印及面额数字白水印。

安全线:欧元纸币采用了全埋黑色安全线,安全线上有欧元名称(EURO)和面额数字。

对印图案:欧元纸币正背面左上角的不规则图形正好互补成面额数字,对接准确,无错位。

凹版印刷:欧元纸币正面的面额数字、门窗图案、欧洲中央银行缩写及 200、500 欧元的盲文标记均是采用雕刻凹版印刷的,摸起来有明显的凹凸感。

珠光油墨印刷图案:5、10、20 欧元背面中间用珠光油墨印刷了一个条带,不同角度下可出现不同的颜色,而且可看到欧元符号和面额数字。

全息标识:5、10、20 欧元正面右边贴有全息薄膜条,变换角度观察可以看到明亮的欧元符号和面额数字;50、100、200、500 欧元正面的右下角贴有全息薄膜块,变换角度观察可以看到明亮的主景图案和面额数字。

光变面额数字:50、100、200、500 欧元背面右下角的面额数字是用光变油墨印刷的,将钞票倾斜一定角度,颜色由紫色变为橄榄绿色。

无色荧光纤维:在紫外光下,可以看到欧元纸张中有明亮红、蓝、绿三色无色荧光纤维。

有色荧光印刷图案:在紫外光下,欧盟旗帜和欧洲中央银行行长签名的蓝色油墨变为绿色;12 颗星由黄色变为橙色;背面的地图和桥梁则全变为黄色。

凹印缩微文字:欧元纸币正背面均印有缩微文字,在放大镜观察,真币上的缩微文字线条饱满且清晰。

百科小知识

怎样识别欧元的真伪

同识别人民币一样,识别欧元纸币也同样要采用"一看、二摸、三听、四测"的方法。

一看:一是迎光透视,主要观察水印、安全线和对印图案。二是晃动观察,主要观察全息标识,5、10、20 欧元背面珠光油墨印刷条状标记和 50、100、200、500 欧元背面右下角的光变油墨面额数字。

二摸:一是摸纸张,欧元纸币纸张薄、挺度好,摸起来不滑、密实,在水印部位可以感到有厚薄变化。二是摸凹印图案,欧元纸币正面的面额数字、门窗图案、欧洲中央银行缩写及 200、500 欧元的盲文标记均是采用雕刻凹版印刷的,摸起来有明显的凹凸感。

三听:用手抖动纸币,真钞会发出清脆的声响。

四测:用紫外灯和放大镜等仪器检测欧元纸币的专业防伪特征。

在紫外光下,欧元纸张无荧光反应,同时可以看到纸张中有红、蓝、绿三色荧光纤维;欧盟旗帜和欧洲中央银行行长签名的蓝色油墨变为绿色;12 颗星由黄色变为橙色;背面的地图和桥梁则全变为黄色。欧元纸币正背面均印有缩微文字,在放大镜下观察,真币上的缩微文字线条饱满且清晰。

8. 洛阳纸贵——科威特第纳尔

科威特第纳尔是科威特的官方货币,也是世全球兑换汇率最高的货币,有"世界上最贵的货币"之称。

科威特第纳尔共有硬币与纸钞两种货币型式,其中 1 费尔目前已不再流通,而面额最大的是 20 第纳尔的纸钞。

硬币:5 费尔、10 费尔、20 费尔、50 费尔、100 费尔。

纸钞:1/4 第纳尔、1/2 第纳尔、1 第纳尔、5 第纳尔、10 第纳尔、20 第纳尔。

1939 年,科威特沦为英国的"保护国",使用印度卢比。1961 年 4 月,科威特开始发行科威特第纳尔,取代"特种印度卢比";6 月,科威特宣告独立。

科威特第纳尔

1963 年 4 月 26 日,科威特政府规定第纳尔含金量为 2.488 28 克,1 科威特第纳尔兑 1 英镑、兑 2.80 美元。

1967 年,英镑贬值,科威待宣布第纳尔含金量及对美元平价不变。同年 12 月美元贬值,科威特宣布第纳尔含金量不变。1972 年 6 月英镑浮动后,科威特宣布第纳尔不再盯住英镑,改与美元挂钩。1973 年 2 月美元再次贬值后,科威特宣布第纳尔含金量不变,对美元升值11.11%。1975 年 3 月,科威特第纳尔不再盯住美元,实行有控制自由浮动,与英镑、荷兰盾、法国法郎、瑞士法郎、原西德马克、日元等一揽子货币挂钩。1984 年 4 月 9 日,科威特第纳尔实行贸易汇率和金融汇率。

1991 年 3 月,科威特中央银行发行了第四版的第纳尔纸钞并宣布旧版纸钞无效。新币与美元比价为 1 第纳尔兑换 2.875 美元,旧第纳尔与美元的比价为 1:3.45 美元。

百 科 小 知 识

科威特第纳尔汇率(2009 年 2 月 3 日)

1 科威特第纳尔 = 3.372 68 美元

1 科威特第纳尔 = 2.632 643 82 欧元

1 科威特第纳尔 = 2.368 122 45 英镑

1 科威特第纳尔 = 301.320 468 日元

1 科威特第纳尔 = 23.092 797 6 中国人民币

1 科威特第纳尔 = 117.958 87 泰国铢

1 科威特第纳尔 = 4 690.792 77 韩元

1 科威特第纳尔 = 5.353 460 32 澳大利亚元

1 科威特第纳尔 = 26.153 524 港币

1 科威特第纳尔 = 6.722 503 49 新西兰元

1 科威特第纳尔 = 158.245 202 菲律宾比索

1 科威特第纳尔 = 19.622 294 6 丹麦克朗

1 科威特第纳尔 = 23.753 442 2 挪威克朗

1 科威特第纳尔 = 28.290 023 3 瑞典克朗

1 科威特第纳尔 = 3.922 427 88 瑞士法郎

1 科威特第纳尔 = 5.101 850 03 新加坡元

1 科威特第纳尔 = 6.722 503 49 新西兰元

1 科威特第纳尔 = 4.200 335 01 加拿大元

第五章　叱咤风云——世界著名银行家

1. 商业奇才——阿马迪·贾尼尼

"他，只有一张小学文凭，却能用不同的语言跟人打交道；他，父亲因为一美元的贷款给人活活打死，他却无息把钱贷给分文不名的贫民；他以一种极不正统的经营方式，打破了美国传统的民主，并在法律禁止垄断的空隙间，秘密建成了遍布欧美的意大利银行分行网；他在晚年的时候，终被推上了全美第一银行家的宝座，成为改写美国金融历史的巨人之一。"他，就是美国美洲银行的创始人的阿马迪·贾尼尼。

1870 年 5 月 16 日，阿马迪·贾尼尼出生在美国加州的一个意大利移民家庭。在他刚懂事的时候，家里就已经在经营一家旅馆。但后来好景不长，由于当时美国经济不景气，贾尼尼家里的旅馆生意陷入了困顿之中。于是，家里人卖掉了赖以生存的旅馆，父亲盘下 40 英亩土地，开始做起了衣食无忧的小农场主梦想。在那段车痛未愈、踌躇满志的日子里，虽然辛苦万分，但他们过得很充实，生活还能为继。

然而，祸不单行，命运多舛。1878 年，贾尼尼刚刚 8 岁。有一天，同村的一个葡萄农因还不起向贾尼尼父亲借的一美元贷款，竟然开枪打死了他。这件事情给贾尼尼幼小的童年留下了刻骨铭心的心灵创伤。正是这件事成为他后来成为银行家以后坚决反对放高利贷的关键原因。

在贾尼尼的成长道路上，他的母亲是个坚强的女子，一人既要照料 3 个孩子，又要管理果园。这样的生活过了一段时间以后，母亲嫁给了好心的马车夫斯卡蒂那。两年后，他们将果园和房子卖掉，搬到圣诺耶镇上居住。直到贾尼尼 12 岁，他们才在旧金山买了房子，开了一家"斯卡蒂那商行"，经营水果和蔬菜批发，做起了中间商。

年少的贾尼尼是个聪明而又懂事的孩子。他很能吃苦，待人热情，又有商业心计，很快成了商行里的重要帮手。一天，他向继父建议说，市场上柳橙和葡萄柚很紧俏，而圣阿那镇的塔斯丁公司果品最好，不如先进一批卖卖看。继父斯卡蒂那大吃了一惊，心想：贾尼尼这么小的年纪居然会有这样的荒唐想法？再加上果品进货路途遥远，谁会去买柳橙和葡萄柚。贾尼尼却认真地分析说，圣阿那镇人口少，这种东西一定很便宜，只要能运到这里来，售价会提高许多，赚头会很大。

斯卡蒂满腹狐疑地审视着文弱的贾尼尼，但他终于还是下决心先进了一部分果品。事实正如贾尼尼所预料的那样，这两种商品都十分畅销，原本在加利福尼亚州极为罕见的柳橙和葡萄柚也成了加州的特产,这不能不说贾尼尼从小就具备了敏锐的市场触觉。

从那以后,有了第一次成功收获的贾尼尼并没有满足一时的现状,他志存高远地进行新的改变,以便做更大的生意。为了减少中间环节,降低进货价格,他亲自跑到农家去收购果菜。脑子灵活的贾尼尼突发奇想:在农作物未采收之前,他先付一部分定金给农民,与他们订立收购契约。这样做,蔬菜和水果的价格就比码头上的批发价格便宜得多了。如此一来,贾尼尼不仅从商贩手中夺回了利润,而且他订购的农产品比商贩们买来的农产品还便宜。因为得到了定金,农民也很乐意,农作物的销路也有了保证,而且又可以减少或避免气候突然变化造成的经济损失。在当时,贾尼尼的这种做法是一个了不起的创举。因此,年仅19岁的贾尼尼被人们视为"经商的奇才、鬼才"。

在经营农产品契约买卖的过程中,少年老成的贾尼尼提出了"农民银行"的构想。在与农民交往中,他深感农民的疾苦。缘于自己也是意大利后裔的原因,贾尼尼对那些来自意大利的移民非常了解:他们为了买农具和种子,经常不得不将农田作为担保,向高利贷者借钱,而银行又不肯贷款给这些贫苦的农民。由此,贾尼尼萌生了向这些农民提供贷款的念头。他的想法是不收利息,用贷款的形式取得下一季收获的买卖契约。实际上,这便是他最初的"农民银行"的构想雏形。在以后的日子里,贾尼尼实现了这个构想。

1892年,年满22岁的贾尼尼和银行家科涅尔的女儿牵手结婚。这场意想不到的婚姻,改变了贾尼尼的事业航线。

1902年,贾尼尼的岳父科涅尔不幸去世,凭着岳父留下来的股份,贾尼尼进入哥伦布银行当了董事,他很快就得到下属的尊敬和爱戴,但和银行的创建者却经常因意见不合发生争执,最终贾尼尼决定离开。

机遇总是钟情于那些有着超前准备的人们。20世纪初的美国,大量的外国资本涌入旧金山,造成当地的美资银行与外资银行对峙的局面。但所有这些银行,不是从事投机,就是目光盯着大企业,没有一家银行会想到小本经营的贫苦农民。贾尼尼认为,只有把这些农民作为贷款对像,他未来的银行才能有立足之地。

于是,满怀激情的贾尼尼和他的9个朋友,商定大家合股开办银行。股东只占1/3股份,其余2/3在普通民众中募股,这些人包括鱼贩、菜商的老板和一些乡下农民。总的来说,以意大利移民为主要对象,名称就叫"意大利银行"。

经过一番蹒跚起步前的不凡周折之后,1904年10月17日,意大利银行正式宣布开业。阿马迪·贾尼尼以他超人的见解和人格魅力迅速扩大了意大利银行在民众中的影响,开拓出了一片新的领域。这正是阿马迪·贾尼尼的超人见解。以后的事实证明,正是由于他的这种经营思路,意大利银行得以从很低的起点上飞快地崛起,最终成为美国第一大银行。

1906年4月18日,旧金山发生了举世震惊的大地震。突如其来的地震造成了巨大的灾难性后果,但幸运的是,意大利银行的所在地没有造成很大损失。面对无情的惨状,贾尼尼亲自监督,将银行8万元现金转移到了安全地带,这次转移成功,为银行灾后恢复营业奠定了良好的基础。

两天后,各大报纸共同发起倡议,商讨灾后重建工作。贾尼尼不顾自己身份的低微,参加这次紧急会议。当时所有与会的商人要求银行发放贷款,但银行为了自身的安全,却不肯这样做,双方吵得不可开交,忽然,贾尼尼站了出来,说:"我是意大利银行的贾尼尼,我们会在明天正式开业!而且是露天营业!"一语惊四座,大家几乎不相信自己的眼睛和耳朵。

大灾过后的第4天,精明的贾尼尼马上在报纸上刊登了大幅广告:"意大利银行正式开业,时间照旧,露天营业,不受地震威胁!"出人意料的是,广告一经登出来,前来存款的人比取款的人还多,因为鉴于地震引起的火灾,人们认为钱还是存在银行比较保险。

经过这次事件,意大利银行声名鹊起,从一家小银行发展成为众人皆知的大银行。

1903—1097年,美国爆发了历史上最严重的经济危机。银行业内储户纷纷提取存款,形成雪崩之势,一发而不可收拾。侥幸逃过这场危机的贾尼尼惊异地发现,旧金山只有一家银行没有受到影响,这就是加拿大银行。为此,他专门前去考察,发现了其中的奥秘:原来加拿大银行在全国设有分行,分行形成一张网,从全国各地吸收存款汇集到总行,这样,银行就具有很大的机动支配能力。这和美国的金融体系大不一样。在美国,地方银行都把黄金集中到华尔街的大银行。华尔街一旦出现危机,各地银行也必然失去了保障。

随后,他开始了一次伟大的行动:逐步收购、兼并一些经营不善的地方银行。第一个被兼并的是贾尼尼的故乡圣诺耶的一家高利贷银行。1910年,贾尼尼又收购了旧金山银行和旧金山机械银行,此后不久,他又成功地收购了圣玛提欧银行。

1918年,贾尼尼在加利福尼亚州的意大利银行分行已经发展到24家,成为全美最大的分行制银行。1928年夏天,积劳成疾的贾尼尼离开了刀光剑影的纽约华尔街,回到风光旖旎的家乡意大利米兰休养。

后来,贾尼尼的意大利银行在经历了几次风波之后日益发展壮大,而每次风波都是贾尼尼凭借自己高超的智慧和过人胆识化险为夷。终于,意大利银行步入了发展的黄金期,它吞并了美洲银行,并将各分行全部改名为"美洲商业银行"。一个崭新的"美洲银行帝国"诞生。

1949年6月,奋斗了一生的"现代银行之父"——阿马迪·贾尼尼终于走完了他人生的最后一站,溘然长逝。此时,他的银行的总资产已达到了20亿元。在谢世的前一年,贾尼尼把他50万的存款全部捐献出来,用于医学研究和银行员工子弟的教育奖学金。

2. 大器晚成——桑迪·威尔

桑迪·威尔是世界著名的银行家。1933年3月16日,他出生于美国纽约的布鲁克林。

童年时期,桑迪·威尔和全家7口人一起挤在布鲁克林一所不大的房子里,生活十分苦难。

1905—1907年,桑迪·威尔的外祖父母因战祸逃离到被俄国占领的波兰。1947年秋天,威尔被送到科斯基尔军校去学习,"永不放弃"的校训激励着他在这里度过了大学时代的美好时光,也锻造了他坚韧执着的不屈精神。1951年,桑迪·威尔以班级第三名的成绩从科斯基尔军校毕业。在当时,随着航天技术的蓬勃发展,一股"太空热"席卷而来,也激起了桑迪·威尔浓厚的兴趣。因此,他满怀豪情地决定学习工程学。与此同时,他被哈佛大学和康奈尔大学录取,但他选择了康奈尔大学。

20世纪50年代初,康奈尔大学进入了发展的黄金时期,大学开设了十分难学的工程学课程,加上康奈尔大学的工程学学院以严厉闻名,桑迪·威尔学起来也就非常吃力。于是,他转学政治学。

1955年,桑迪·威尔大学顺利完成学业,在华尔街寻找合适的工作。自此,步入中年的桑迪·威尔开始了他在华尔街诸多公司做职员的人生旅程;直至50多岁,他才当上商业信贷公司的执行总裁。

10年的时间里,尽管多年的积蓄让桑迪·威尔无须再为生计而发愁,但生性好强的他显然不肯在沉默中了此一生。一个偶然机会,桑迪·威尔当上商业信贷公司的执行总裁。

在后来事业发展的道路上,桑迪·威尔曾企图吞并美洲银行与美国运通分庭抗衡,但均以失败告终。他一度陷入了极大的精神恐慌之中,因为他清楚地记得:从1985年到1986年有13个月他都处于失业的状态。

面对冷面的人生际遇,从商战废墟里爬出来的桑迪·威尔静下心来对自己的行为作一番冷静的深深思考,他花了10个月时间耐心地对商业信贷公司的市场资产、经营管理和服务质量作了全方位的调查。终于,他放弃了过去那些不切实际的幻想,把精力投入到了一些力所能及的行当。他收购了一家小型信贷公司,而后又兼并了一家保险公司。

不久,桑迪·威尔与数据控制公司达成了转让协议。他个人投资700万美元购买了商业信贷公司的股票,并成为商业信贷公司总裁办公室的新主人。

当商业信贷公司在国内站稳脚根后,威尔开始把目光投向海外市场,他用15亿美元的现金和股票收购了杰拉尔德·特赛集团属下的普瑞玛瑞卡公司。然而,最让桑迪·威尔引以为豪的,是他从杰拉尔德·特赛集团手中买下了史密斯·巴尼股票代理公司。

几度沉浮,1992 年桑迪·威尔把商业信贷公司更名为"旅行者集团"。他还收购了旅行者保险公司,1996 年,桑迪·威尔出资 40 亿美元收购了财产事故保险公司伊特纳。

在商业信贷公司改旗易帜的当年,公司的营业额即上升到 11 亿美元,纯利润达 4 600 万美元。

1996 年,旅行者集团凭借 213 亿美元的高额年收益跻身"财富 500 强"前 40 强。它的综合市值已达 340 亿美元,超过了另一家金融集团美国运通。

凭借着在金融市场上纵横捭阖的辉煌业绩,桑迪·威尔成为美国企业界近几年来无可争议的杰出管理者之一。

3.金融沙皇——约翰·皮尔庞特·摩根

约翰·皮尔庞特·摩根,简称"J. P. 摩根",人称"老摩根",作为美国近代金融史上最著名的金融巨头,老摩根一生做了太多影响巨大的事情。但最辉煌也最能体现 J. P. 摩根实力的是:在半退休时,他几乎以个人之力拯救了 1907 年的美国金融危机,成为一个曾影响美国经济的一代富豪。提起摩根的名字,全世界都为之震荡,洛克菲勒财团曾栽倒在他的脚下;钢铁霸主卡内基曾遭受他几乎致命的打击;不可一世的罗斯福总统曾向他妥协。墨西哥政府向他借钱,阿根廷政府向他借钱,甚至英国政府和法国政府都向他借钱。他被称为财大气粗的"金融沙皇"和"华尔街之子"。

17 世纪初,摩根家族的祖先在新大陆的淘金浪潮中移民美国,定居在马萨诸塞州。到约翰·皮尔庞特·摩根的祖父约瑟夫·摩根的时候,祖父卖了在马萨诸塞州的农场,定居哈特福。

像其他犹太人一样,摩根家族一直延续着赖以生存的商业传统。约瑟夫·摩根最初经营一家小咖啡馆。经过苦心经营稍有积蓄后,他先是出资一家很气派的大旅馆,然后又购买了运河的股票,成为汽船业和铁路股东。但是,真正显示约瑟夫·摩根作为投机者和冒险家本色的当属他在保险业的投资。尽管摩根的父亲基诺斯·斯宾塞·摩根没有爷爷那种魄力,但他也从 16 岁开始就闯荡波士顿的商行;23 岁时,他就开始自己经营一家资产为 5 万美元的干菜店的生意。后来,基诺斯·斯宾塞·摩根则投身英国伦敦,成为伦敦金融界令人刮目相看的金融大师。1837 年 4 月 17 日,J. P. 摩根,在这个有着悠久商业传统的家庭呱呱坠地。

1857 年,刚刚大学毕业的摩根旅行来到新奥尔良,靠咖啡生意大赚了一笔。为此,老摩根对儿子的能力大加赞赏。为儿子在华尔街开了一间摩根商行,在这里,摩根开始了他的发迹生涯。

1884 年 11 月,美国爆发大规模金融危机,市场上掀起了抛售证券抢购黄金的狂潮。于是,美国财政部的黄金迅速大量外流,国库频频告急。为了消除金库空虚带来的经济恐慌,无计可施的白宫找到老摩根,求他帮助筹集巨额资金。老谋深算的老摩根探知到国库存款甚少已陷入危机的情况后,决定趁火打劫。他一边操纵华尔街的银行家冻结资金,一边向政府提出由摩根银行取代财政部承办黄金公债的条件。这个"狮子大开口"的苛刻条件,虽然令克利夫兰总统感到非常难以接受,但还是不得不最终在老摩根面前甘拜下风。在与总统达成协议的当天,老摩根取出大量美元帮助政府成功救市,并一下子从黄金公债的市场差价中净赚 1 200 万美元。类似事件在 1907 年的挤兑恐慌中再次重演,又是老摩根凭借自己的财力和威望,阻止了这场足以将美国经济拖入深渊的金融恐慌。正是这一连串的危机事件,促使美政府考虑不能过度依赖一个人,而必须成立中央银行。

19 世纪后半期,美国的铁路发展速度很快,政府对几大铁路运营商进行重新规划。到 1900 年,在摩根直接或间接控制之下的铁路长达 10.8 万公里,差不多占当时全美铁路的 2/3。这种构想,石油大王洛克菲勒此前也有过,但并没有成功。而摩根并没有比洛克菲勒更雄厚的财力,但却完成了,因为他能调度掌控的资金往往高达几十倍甚至成百倍。若没有十分高明的手腕,是不可能运转自如的。后来"石油大王"洛克菲勒都承认,摩根调集资金的能力是自己所不能企及的。

1912 年,摩根财团控制着 53 家大公司,资产总额 127 亿美元。这些资产中,有金融机构 13 家,30.4 亿美元;工矿业公司 14 家,24.6 亿美元;铁路公司 19 家,57.6亿美元;公用事业公司 7 家,14.4 亿美元。摩根留下一个显赫的家族,留下首创的"联合承购国债"的华尔街的惯例。摩根家族的财富首先来源于金融业务,然后,转向对企业进行投资,占领美国支柱产业,维持巨大的财富来源,反过来又加强了摩根家族的金融霸权地位。摩根开创了"摩根时代",即金融寡头支配企业大亨的时代。

摩根的晚年很凄惨。1912 年,摩根财团的旗舰泰坦尼克号沉入海底。同年,国会开始调查对摩根的某些指控:摩根财团涉嫌刻意控制美国的财政命运,75 岁的摩根被迫出庭接受国会委员会的审讯,这导致他精神崩溃,在两个月后去世。

纵观一生,约翰·皮尔庞特·摩根就是这样矛盾地成长为一个精明的商人。他通过一个金融机构实现了个人影响力的延伸。从摩根的祖父约瑟夫到他的父亲,摩根家族经商都很成功。正是这种特殊的家庭氛围与商业熏陶,造就了摩根从年轻时就敢想敢干,很富有商业冒险和投机精神。